유네스코 지정
한국의 세계 기록 유산

신광철 저

 일진사

머리말

정신의 나라, 기록의 나라, 한국

한국은 정신의 나라이다. 한국 문화의 핵심은 정신이다. 자연과 인간이 독립적이면서도 함께하는 상생의 정신을 담고 있다. 한국 문화는 규모나 장식에 치우치지 않고 정신으로 승부한다. 한국 문화는 작지만 큰 아름다움을 창조해 낸다.

큰 아름다움을 만들어내는 원인은 인간과 자연의 공존을 통한 조화에서 찾을 수 있다. 이러한 한국미는 자연스럽고 천진하며, 소박하면서도 친근하다.

글자를 만들어 쓰는 민족, 금속 활자를 세계 최초로 만든 민족, 동북아시아의 의학의 종합을 이룩해 낸 민족, 역사와 백성 앞에 당당하고자 왕의 행적을 기록한 민족, 자유와 정의를 위한 열망을 이룩한 민족이 한민족이며, 한국인이다. 한국인은 창조적이며 역동적이다.

또한 순응과 적응을 절묘하게 조정하는 민족이다. 한국인은 스스로 위대하다. 나는 한국인에 대해 보다 깊게 이해하고 싶어 한국의 문화유산에 대하여 공부를 했고 책을 낸다.

문학을 하면서 보고 들었던 세계와 한국 문화에 관심을 가지고 본 한국의 모습은 확연하게 달랐다. 우리 문화 속에 들어 있는 한국적인 것들이 나를 흔들었다. 유형의 문화유산이 주는 충격도 컸지만 기록유산이 주는 세계는 더욱 깊고 넓었다. 이 조그만 나라에서 무려 9개의 세계기록유산이 있다는 것부터가 경이로운 일이다. 일본은 현재까지 하나도 없다. 지난 역사에서 문화 생산지 역할을 한 중국도 우리보다 적다. 한국은 정신의 나라였다.

특히 조선은 정신뿐만이 아니라 기록의 나라였다. 선비라는 존재가 주는 꼿꼿함과 지적인 당당함은 역사 앞에서도 당당하려는 의지가 차가울 만큼 명료하다. 고대에서부터 우리의 정신은 살아있었고 뛰어났지만 숱한 전란과 자연재해로 인해 남아 전하는 기록물이 조선에 국한되는 안타까운 현실에 있다. 그래서 우리나라의 기록물 중 조선의 기록물이 한국의 세계기록유산으로 대거 등재된 것이다.

우리가 가진 기록유산은 그 깊이를 가늠하기 어렵다. 백성에게 글자를 만들어 주겠다는 순수한 열정이 훈민정음으로 완성되었다. 천지인天地人, 하늘과 땅과 사람의 공존을 말하는 철학적인 글자이다. 입술과 목구멍의 모양을 따서 만든 과학적이면서도 체계적인 글자는 세계 어느 나라에도 없다. 글자를 만들게 된 동기와 과정 그리고 원리가 분명하게 전하는 글자 또한 없다. 훈민정음에 대한 내용은 지금까지 정설로 내려오던 이야기와는 사뭇 다른 내용이 제법 들어가 있다. 대립되는 의견일 수도 있지만 다른 시선으로 받아들여주었으면 한다.

동양 의술을 집대성한 동의보감, 세계 최초의 금속 활자로 인쇄된 직지,

전체적인 행사 모습을 그림으로 한눈에 읽을 수 있는 의궤, 왕조에 대한 세계 최대이자 최장 기록인 조선왕조실록, 왕의 언행과 정책을 역사가 평가하도록 기록한 승정원일기, 왕의 일기인 일성록 같은 위대한 기록문화유산을 만나면서 내가 한국인이라는 것이 자랑스러웠다.

세계가 인정한 기록유산을 만나는 일은 한국인으로서 꼭 필요하다. 나의 유전인자가 그 속에서 발원한 것이기 때문이다. 특히 이번에 등재된 '5.18 민주화운동 기록물'에 대한 내용은 고심했다. 아직도 살아 숨 쉬는 역사이므로 지금 평가하는 것은 어렵기 때문이다.

모쪼록 한국의 세계기록유산을 살펴봄으로써 우리 기록유산의 세계적 가치와 한국미를 이해하고 우리 문화에 대한 자긍심을 가질 수 있기를 바란다.

신 광 철(onul124@naver.com) 씀

차 례

한국의 미를 찾아서 • 8
훈민정음 • 15
조선왕조실록 • 45
직지심체요절 • 65
승정원일기 • 85
해인사 팔만대장경 • 103
조선왕조의궤 • 119
동의보감 • 137
일성록 • 157
5.18 민주화운동 기록물 • 173

부 록 • 189
김홍도 풍속도첩 • 190
완당세한도 • 205
임원경제지 • 218
천마도장니 • 233
윤두서 자화상 • 242
수운잡방과 음식디미방 • 255

한국의 미를 찾아서

산 자는 사람이라는 이름 위에 당당하도록 해야 한다. 사람에게 있어서 사람의 길을 가는 일만큼 아름다운 일은 없다. 타인의 삶이 아닌 나의 삶을 사는 것처럼 빛나는 일은 없다.

그러기 위해서는 정체성의 확립이 중요하다. 정체성은 정신이 발현된 모습의 구체적인 현상이다. 삶은 정체성을 지상에 구현하는 지난한 작업이며 과정이다.

문자는 삶의 핵심인 정신 현상을 기호로 기록한 것이다. 우리 민족은 독자적인 문자를 스스로 만들어 사용했다. 문자를 창제하기 이전에는 한자를 사용했지만 정신이 그 문자로 인해 파괴되지는 않았다. 한민족이 이룩해 놓은 위대한 정신은 그대로 기록되어 있다. 한민족의 우수한 기록 문화가 스스로 문화의 선봉에 있는 것에 자긍심을 가져도 좋다.

이번에 일성록과 5.18 민주화운동 기록물이 세계기록유산으로 등재되어 한국은 훈민정음과 조선왕조실록, 승정원일기, 조선왕조의궤, 직지심체요절, 해인사 고려대장경판 및 제경판 등에 이어 총 9개의 세계기록유산을 보유한 국가가 되었다.

우리나라는 아시아에서 가장 많은 세계기록유산을 가진 나라로, 세계기록유산의 등재 수량에 따르면 세계적 문화 강국이다. 이는 한국의 기록 문화와 한국인의 정신세계가 세계적 가치가 있음을 인정받은 것이다.

나 자신의 능력과 위대함을 스스로도 몰랐던 민족이 우리였다. 우리의 빛나는 업적이 이제야 빛을 보기 시작했다. 한민족은 문화 창조의 유전 인자를 가진 민족이며, 혁명을 두려워하지 않는 민족이었음을 비로소 확인하게 되었다. 창조적인 민족성과 진취적인 도전 정신이 한국인의 유전 인자 속에 흐르고 있다.

남한만으로 계산하면 중국, 미국, 러시아의 1/100 정도 면적이지만 문화와 경제 규모에서 결코 만만치 않다. 세계가 나아가야 할 길을 열어주고 있는 새로운 혁명성을 담고 있는 정보 통신 분야에서는 선도적인 위치에 있다. 기름 한 방울 나지 않는 나라에서 유화 제품 수출이 1위인 나라가 또한 한국이다. 도발에 가까운 정신적인 도전이 없이는 이룰 수 없는 일이다. 이러한 기질은 정신을 그대로 문자화한 기록유산이 세계적으로 인정받는 것에서도 증명된다.

창조적인 도전 유전자를 가진 한국인은 운명의 수레바퀴를 자체적인 역동성으로 돌리고 있다. 국가는 뛰는 자를 위하여 제도를 마련해 주고, 개인은 운명의 미개척지를 향하여 달려가는 일에 몰입하면 된다. 이러한 정신을 토대로 만든 기록유산은 세계적으로 뛰어난 가치를 지니고 있다.

훈민정음을 통해 아름다우면서도 과학적인 우주의 원리를 담고 있는 문자인 한글의 독창성을 알 수 있다. 스스로에게 채찍을 가하기 위하여 왕의 경우에 공적인 행위와 마찬가지로 사적인 행위에 대해서도 철저하게 기록하게 하여 후대에 평가하도록 한 조선왕조실록과 승정원일기, 일성록에서 선조들의 차가운 도덕적 지성을 배운다.

세계 최초의 금속 활자인 직지의 과학성과 정신문화의 보고라고 할 수 있는 팔만대장경경판 및 제경판의 예에서 한민족의 살아있음의 위대함을 확인하게 된다.

그리고 최근에 세계기록문화유산으로 제정된 동의보감에 담긴 깊은 사상과 의학은 사람과 우주의 만남을 주선해서 인체의 신비를 풀어주고 동양의학의 정점을 보여준다. 또한 동의보감은 새로운 대체 의학의 길을 열어줄 것으로 믿는 동북아 의술의 종합이다.

이 책의 본문은 유네스코에 등재된 한국의 세계기록유산에 대한 내용을 다루었고 부록에는 유네스코에 등재되지 않았으나 세계적으로 우수한 기록유산을 선정하여 소개하였다.

한국인의 마음에 담겨 있는 선을 찾아내어 독보적인 그림의 세계를 창조해 낸 김홍도 풍속도첩, 동아시아의 문화인 서화로 섬뜩한 단순과 거침의 미학을 보여주는 김정희의 세한도, 조선을 근대로 이끌 수 있었던 지식의 보물 창고인 백과사전, 임원경제지, 신라의 그림 수준을 알려주는 귀중한 자료인 천마도장니, 우리나라 초상화 가운데 최고의 걸작으로 꼽히는 윤두서 자화상, 우리의 전통 요리법을 소개한 『수운잡방』과 『음식디미방』에 대한 내용을 자세하게 수록하였다. 마음에 담아 둔 여러 기록유산을 소개하고 싶었지만 15개로 한정하여 소개한다. 정신의 금자탑인 우리의 기록유산은 위대하고 찬란하다. 우리가 가진 기록유산이 세계기록유산에 등재되는 기준은 다음과 같다.

먼저 세계적 가치의 여부가 있다. 세계적 가치를 충족하려면 다음의 기준에 적합해야 한다.

1. 변화의 시기를 반영하는 시간성 : 역사적으로 의미가 큰 시기를 이해하는 데 중요하거나 그 시기를 특별한 방법으로 반영하는 자료
2. 역사 발전에 기여한 장소나 지역 관련 정보 : 세계사 또는 세계 문화 발전에 기여한 지역에 대한 정보를 지닌 자료
3. 역사에 기여한 개인의 업적 : 세계사 또는 세계 문화에 기여한 인물에 관련된 자료
4. 세계사의 주요 주제 : 세계사 또는 세계 문화의 주요 사항을 기록한 자료
5. 형태나 스타일에 있어 표본 : 뛰어난 미적 양식을 보여주는 자료
6. 사회적, 정신적, 문화적 중요성 : 뛰어난 사회적·문화적 또는 정신적 가치를 가지는 자료

그 외의 기준에는 신빙성, 유일성과 영향력 등이 있다.

신빙성은 유물이 진품이며, 그 실체와 근원지가 정확한 자료여야 한다는 것이다. 유일성과 영향력은 등재될 유산이 유일하고 대체 불가능해야 하며 유물의 손실 또는 훼손이 인류 유산에 막대한 손실을 초래하고, 일정 기간 동안 세계의 특정 문화권에서 역사적 의미를 가진 자료여야 한다는 것이다. 추가 기준으로는 완성도 또는 완전성에 있어 탁월한 자료, 독특하거나 희귀한 자료 등이 있다.

까다로운 기준에 통과해야 세계기록유산으로 등재된다. 세계사적인 의미와 독특함을 가져야 등재가 가능하다. 하지만 서구 사회와 동양 사회의

기준은 다르다. 유럽의 세계기록유산을 살펴보면 이해가 된다. 독일의 경우 11건 중 일부를 살펴보자.

〈독일〉　베토벤 – 교향곡 9번 라단조
　　　　　괴테의 문학 작품
　　　　　42줄의 구텐베르크 성경
　　　　　영화 『대도시』
　　　　　그림 형제 이야기
　　　　　니벨룽겐의 노래

문학 작품이나 영화, 음악 악보가 세계기록유산으로 한 자리를 차지하고 있다. 우리의 세계기록문화유산이 가진 비중을 확인해 보면 우리 기록유산의 경우는 우리만의 독보적인 면과 유일성을 가지고 있다. 예를 들면 조선왕조실록은 500년 동안 한 왕조가 역동적으로 운영해 온 국가 기록물이다. 역사 앞에 당당하게 서고자 한 정신의 나라가 아니고서는 만들어내기 어려운 기록유산이다.

동의보감은 동아시아 의학의 집대성일 뿐만 아니라 서양 의학의 한계를 극복할 수 있는 대안으로서의 동양 의학의 종합적인 완성이다. 새로운 대체 의학의 세계를 열어갈 수 있게 해주는 의학서로서의 보고이다.

유럽국들의 세계기록유산은 문화 예술 작품들이다. 반면 우리의 문화인 춤과 음악, 문학은 물론 철학과 사상의 진보에 대한 내용도 인정을 받지 못하고 있다. 중국과 일본의 경우도 마찬가지이다. 그만큼 영향력 면에서 아시아는 떨어지고 있음을 확인할 수 있다.

동양의 문화가 가진 깊이와 넓이는 거대하지만 실증적이면서 논리 체계에 의한 과학적인 성장을 보인 서구 사회가 세계를 이끌어왔음을 보여주는 것이다.

다시 아시아의 세계가 열리고 있지만 아시아의 문화, 예술이 제대로 인정받지 못하는 것은 아쉬운 단면이라 할 수 있다. 이제는 우리가 가진 도전에 대한 강렬한 의지와 창조적인 기질을 발휘할 때다. 한민족의 독보적인 진취성으로 문화강국의 꿈을 꾸어 본다.

문화의 진보는 한순간에 이루어지지 않는다. 문화는 점진적이다. 물이 흐르다 웅덩이를 만나면 다 채운 후에 다시 흐르는 것과 같다. 문화는 다수의 민중이 정신이나 사상 또는 문화를 수용한 후에야 진로를 바꿀 수 있다. '나'라는 개인의 것이 아닌 민중의 것이기 때문이다. 자연스럽게 넘치는 것이 바람직하지만 이를 거부한 세력이 있을 경우에는 격렬하게 세상을 흔들며 넘치기도 한다. 문화의 창조자는 개인이지만 문화의 저변은 민중이라는 것을 확인할 수 있는 내용이다.

한국은 변화하고 있다. 변화의 중심에 있다고 해도 지나치지 않다. 정보와 통신의 발달을 주도하고 있는 한국은 문화적인 저력도 있다. 천년의 세월을 문화적인 민족으로 살아왔다. 다시 천년을 문화와 함께 살아가기 위해서 우리는 과감하게 바꿀 것은 바꿔야 한다. 개인적으로 가장 시급한 문제는 잘못된 문화적 관행을 제거하는 일이다.

우리나라 국보 1호는 우리나라에서 가장 뛰어난 국보이기 때문에 1호라고 많은 사람들은 알고 있다. 숭례문, 남대문은 우리나라에서 뛰어난 국보로 10위 안에도 들기도 어렵다. 일제 강점기 때 한국의 문화유산을 조사하기 위하여 일본인들이 번호를 매겨 놓은 순서가 그대로 국보의 번호가 되었다.

모두 바꿀 필요는 없다. 적어도 한국의 상징적인 국보를 하나 정해서 국보 1호로 하는 것이 중요하다. 반대하는 사람들이 있음을 안다. 남북이 통일되었을 때 새로 정하자는 사람도 있고, 모두가 중요한 국보인데 국보에 순위를 정할 필요가 있느냐는 주장도 있다. 국보 1호를 새로 정하면 나라의 상징물이 하나 생긴다. 한국이 위대한 문화유산을 가진 나라 중에 하나임을 선언하는 계기도 된다. 한국을 설명하면서 자연스럽게 문화를 설명할 수도 있다. 세계 어디에 내놓아도 부끄럽지 않은 문화유산이다.

여론 조사 결과로는 세계기록유산인 '훈민정음'이 뽑혔지만 훈민정음은 상징성으로는 한계가 있다. 시각적으로 드러낼 수 있는 유산이 아니라 글자의 원리이기 때문이다. 세계문화유산 중에서 하나를 고르거나 우리만의 독보적이면서도 인류의 창조물 중 가장 뛰어난 것을 하나 선정하는 것이 필요하다. 변화를 두려워하는 존재는 문화를 창조해 갈 수 없다.

스스로 일어서는 민족임을 보여 줄 때가 왔다. 문화는 국가적인 정책보다는 자유를 먹고 산다. 그리고 정신의 토대 위에서 창조된다. 한국의 세계기록유산을 만나 한국을 다시 보고 내가 한국인임이 자랑스럽게 되기를 바란다.

한국의 세계기록유산

훈민정음

세종의 마음, 조선을 닮은 글자

한글은 만든 사람, 만든 목적이 분명한 글자로, 가장 과학적이고 독창적이며, 철학이 반영된 글자임은 물론 백성을 사랑하는 세종 임금의 마음이 담겨진 글자이다. 왕이 자신의 나라 백성을 위하여 글자를 만드는 전설 같은 이야기가 일어난 곳이 한민족의 터전, 조선이다. 언어학자도 감히 엄두를 낼 수 없는 글자를 만드는 신화 같은 이야기를 현실로 이룬 사람이 세종이다.

『훈민정음 언해본』에 따르면, 한글의 본래 이름인 훈민정음의 뜻은 "백성을 가르치는 바른 소리"이다. 지금의 한글은 세종이 1443년 28자를 창제하고 1446년 반포한 것으로 세종의 어여쁜 마음이 조선을 닮아 낳은 글자이다. 즉 한국인의 심성으로 덥혀진 마음이 한글로 발현되었으며 한민족의 체온이 되어 숨 쉬고 있는 것이다. 훈민정음은 세상의 소리를 자음과 모음으로 새로이 만들어 문자로 백성의 세상을 밝혀주었다. 원리는 너무나 간결하지만 의미는 무궁하다. 자음은 입안의 구조에서 얻어낸 과학을 기초로 해서 만들어냈고, 모음은 하늘과 땅과 그리고 그 사이에 서 있는 사람을 천지인天地人으로 하여 조선인의 우주관을 그려내었다.

소리도 사람을 만나 사랑을 얻으면 생명을 가진다. 그 역사가 벌써 500년이 넘는다. 한민족을 하나로 묶어주는 것이 무엇이냐고 묻는다면 우선은 동일한 언어라고 답할 것이다. 한민족의 언어를 가장 적당한 기호로 표현한 것이 바로 한글이다.

훈민정음 자체를 문화재로서 국보로 정한다는 것은 무리가 따른다. 훈민정음은 구조물이나 건축물처럼 만들어진 실체가 존재하는 것이 아니라 언어 체계이며 언어 이론이기 때문이다. 우리가 일반적으로 이야기하는 문화재란 실체가 있는 유형이 전제되어진 것을 말한다. 다시 말해 유형 문화재를 말한다. 한글은 상징 체계이지 건축물이나 구조물로 이루어진 구체적인 물건이 아니다. 그렇다면 무엇을 훈민정음의 실체로 볼 것이냐가 중요한 문제가 되는데, 일반적으로 훈민정음 해례본을 든다.

세종 28년, 1446년에 정인지 등이 세종의 명을 받아 설명한 한문 해설서를 전권 33장 1책으로 발간하였는데 책의 이름을 '훈민정음'이라고 하였다. 해례가 붙어 있어서 훈민정음 해례본 또는 훈민정음 원본이라고도 한다.

세종은 새로 만든 문자에 대하여 창제의 목적을 밝힌 서문과 새 문자 하나하나에 대하여 개괄적으로 예시하고 설명한 글을 짓고, 집현전의 학자들에게 이에 대한 자세한 설명과 용례를 짓도록 하여 책을 만들었으며, 이것을 백성들에게 널리 공표하였다.

현재 훈민정음 해례본은 목판본으로 재료는 저지이며, 소재지는 서울 성북동 97-1 간송미술관으로 되어 있다. 소유자는 전성우, 개인 소유로 되어 있다. 국보 중에 국보라고 할 수 있는 이 훈민정음 해례본은 발견된 지가 그리 오래되지 않았다. 한글이 만들어진 원리와 구성을 알 수가 없어 한글은 수수께끼 같은 존재가 되었다.

한글이 완성된 모습으로 우리에게 다가온 것은 훈민정음 해례본을 발견하고서부터였다. 훈민정음 해례본의 발견은 극적이었다. 이 해례본이 발견되지 않았다면 한글의 원리를 구체적으로 알기 어려웠을 것이다. 그래서 한글의 창제 원리가 무엇인가를 담은 해례본은 우리에게 소중하다.

간송미술관 보화각
『훈민정음』을 비롯하여 10여 점이 국보로 지정되었으며 많은 유물들이 보물로 지정되었다.

　이 해례본은 경상북도 안동시 와룡면 주촌의 이한걸 씨 댁에 전래된 것으로, 1940년 여름 강학원에 수학하던 이한걸의 3남 이용준이 스승인 김태준에게 알렸다. 전형필이 구입하여 간송미술관에 소장된 것이다. 극적인 순간이었다. 보석과 같이 중요한 책이 오랜 기간 아무도 모르게 묻혀 있다가 세상에 드러나는 순간이었다. 그 순간의 심정을 적은 내용을 알 수 없어 헤아리기는 어렵지만 감개무량한 마음이었음은 말할 필요가 없을 듯하다.

　전래된 책에는 표지는 물론이고 권두 2장이 떨어져 나갔는데, 서예에 능한 이용준이 월인석보 권두의 훈민정음 해례와 세종실록 1446년 9월조를 참조하여 행간을 맞추어 베껴 보수한 후 전형필에게 넘겼다. 이 책의 권두

2장은 베껴 써 일부 잘못이 있게 되었다.

그 밖의 보존 상태는 베껴 쓴 표지 부분을 제외하고는 대체로 양호하다. 장정은 사침안정법四針眼訂法으로 만들었는데, 사침안정법이란 낱장들을 한 장 한장 접어 우측을 실로 꿰매는 형식의 장정법으로 보통의 고서 등이 취하고 있는 형식이다.

표지는 일반적으로 닥지를 여러 겹 붙여 두텁게 하고 주로 능화판 무늬를 찍어 화려한 장정으로 꾸몄으며, 귀중본의 경우에는 여러 색을 짠 비단을 사용하였다. 그리고 여기에 황백이나 치자 즙으로 노랗게 염색하여 좀이 스는 것을 방지했다. 이러한 방식을 사침안정법이라 하는데, 구멍을 4개 뚫어 철을 하고 베실이나 비단실, 목실 등을 튼튼하게 꼬아 붉게 염색해서 사용한 것을 말한다. 우리나라에서는 일반적으로 오침안정법을 쓰는데, 이는 중국과 일본의 선장본과 같은 장정이다. 전형필이 수장한 뒤에 개장한 듯하다.

해례본의 체재는 세종의 어제御製와 집현전 학사들의 해례로 이루어져 있다. 어제 부분은 훈민정음 28자의 예시와 그 사용법에 관한 개략적인 규정으로 이루어졌으며 한글 창제의 동기와 목적을 밝혔다.

이 책은 1962년 12월 20일 국보 제70호로 지정되었고, 1997년 10월 국제연합교육과학기구UNESCO에 의해 세계기록유산으로 등재되었다. 이렇듯 제자해는 한글 제작 원리를 밝힘으로써 세상에 하늘의 글자 원리를 드러냈다. 과연 글자가 한 개인에 의해 그것도 일사불란한 원리에 의해서 만들어지는 것이 가능한지 의문이었다. 그래서 더욱 신비롭게 느껴진다.

성음의 이치를 다한 것이라 한 대목이 우리의 눈길을 끈다. 소리를 글자로 만드는 일은 신비한 창조였다. 실제로 제자해의 28자에 관한 설명이 이 사실을 밑받침해 주기도 한다. 이 설명은 성음의 이치를 주로 중국에서 발달한 음운학에 기대고 있음을 보여준다.

훈민정음은 집현전 학자가 아니라 세종 가족들의 연구로 만들어진 작품이다

훈민정음을 만든 사람은 세종대왕과 집현전의 학자들이라고 알고 있다. 실제로는 그렇지 않은 것으로 보이는 정황이 여러 가지 있다. 세종은 500여 년 전에 이미 지금의 언어학자보다 어떤 면에서는 뛰어난 학자였다. 훈

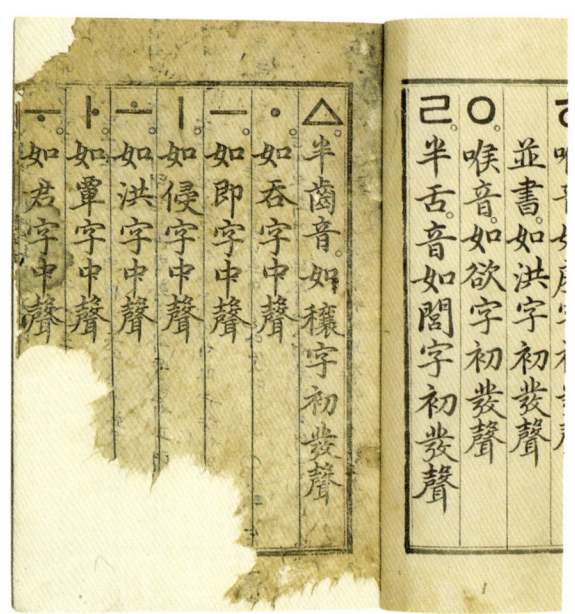

『훈민정음 해례본』의 '예의편'
세종은 당대 최고의 음운학자였으며, 한글은 동양 철학과 과학을 집대성한 음운학의 결정체이다.

민정음은 세종 자신이 자식들을 데리고 10년 동안 만들었다고 추정된다. 『직해동자습』이라는 책의 서문에 문종이 훈민정음을 만든 사람이라는 기록이 남아 있다. 이것은 신숙주와 함께 한글을 만든 장본인으로 지목되는 성삼문이 쓴 기록이라는 점에서 주목을 끈다. 성삼문은 이 글에서 한글을 만든 것이 세종과 문종이라고 적고 있다.

이것을 뒷받침해 줄 다른 기록은 없지만 한글 창제에 왕자들이 참여했음을 보여주는 또 하나의 증거인 셈이다. 또한 운회韻會를 번역하는 일에 참여한 왕자는 모두 세 사람으로, 훗날 문종이 되는 세자와 수양대군 그리고 안평대군이다. 이들이 번역 사업의 책임자가 된 것은 왕의 아들이었기 때문은 아니다. 다른 누구보다도 한글에 대해 잘 알고 있었을 가능성이 높은 것이다.

그렇다면, 바로 이들이 세종을 도와 한글 자모 스물여덟 자를 만들 때 참여했을 것으로 추정해 볼 수 있다. 한글 창제는 세종이 신하들 몰래 자식들을 데리고 10여 년 간을 추진해 온 비밀스런 연구의 결과였다.

훈민정음 창제를 둘러싸고 떠도는 이야기는 많지만, 그중 믿을 수 있는 내용은 드물다. 그런데 한 가문에서 구체적인 기록이 전해지고 있다. 바로 세종의 둘째 딸인 정의공주와 관련된 것이었다. 한글을 만들었다고까지 이야기되는 세종의 둘째 딸 정의공주는 죽산 안씨 가문으로 출가한다. 그런데 이 가문의 족보에 시집온 그녀가 세종의 명을 받아 한글 창제를 도왔다는 기록이 남아 있다. 『죽산안씨대동보竹山安氏大同譜』에 『정의공부유사貞懿公主遺事』가 실려 있는데, 그 삼칙三則 중 제이칙第二則이 다음과 같다. 1944년 이가원李家源의 번역을 덧붙인다.

世宗憫方言不能以文字相通 始製訓民正音 而變音吐着 猶未畢究 使諸大君解之 皆未能 遂下于公主 公主卽解究以進 世宗大加稱賞 特賜奴婢數百口.

세종이 지방말을 문자로 적을 수 없어 서로 통하지 못함을 딱하게 여겼다. 비로소 훈민정음을 창제할 때, 변음變音과 토착吐着을 아쉽게 다 연구하지 못했다. 제대군諸大君으로 하여금 풀게 하였으나 모두 하지 못하였다. 드디어 공주公主에게 내려 보내었다. 공주公主는 곧 풀어 바쳤다. 세종이 크게 칭찬하고 상을 내렸다. 특별히 노비수백구奴婢數百口를 하사하였다.

정의공주가 해결했다는 변음과 토착이 무엇인지에 대해서는 구체적인 언급이 없다. 한글 창제 과정에서 정의공주의 역할이 무엇이었는지는 정확히 알 수 없다. 그러나 이 같은 기록은 한글을 만드는 과정에 세종의 직계 가족들이 참여했음을 보여주는 중요한 단서이다. 집현전 학자들을 중심으로 추진된 한글 서적 편찬 사업에도 왕자들이 깊숙이 개입해 있었음을 확인할 수 있다. 이를 뒷받침하는 것은 한글을 창제한 다음에 처음 실시한 사업이 바로 운회를 번역하는 것, 이 일에 왕자들이 동원된 사실이다.

세종이 한글 창제 과정에서 문종, 대군들과 상당히 서로 의견 교환을 했지 않았나 생각한다. 세종 25년 말에 훈민정음을 공표하고, 훈민정음으로 사업을 하는데 그 총책임자로 세자와 왕자를 임명했다는 것은 그들이 내용을 알기 때문에 그러지 않았나 싶다. 그때 처음 집현전의 젊은 학자들이 참여했고 그 후 최만리 등의 반대 상소가 나왔다. 이러한 정황으로 볼 때 세종이 비밀리에 자식들을 데리고 훈민정음을 만들었다고 보인다.

세종이 10년 동안은 중요한 업무만을 관장하고 나머지는 대신들이 처리하도록 한 것으로 봐도 그러하다. 종합하면 한글 창제는 세종 가족들의 비밀스런 작업이었기 때문에 발설하지 못하게 하고 아주 소수의 관계자들만 관여했으리라 본다. 집현전 학자들의 주도하에 만들어졌다는 것과는 상당한 거리가 있는 내용이다.

훈민정음의 명칭은 두 가지의 의미로 사용된다. 그 하나는 '한글'이라는 문자를 일컫는 말이고, 다른 하나는 세종이 한글을 만든 뒤 그 내용을 반포하기 위하여 세종 25년, 1443년 12월에 발간한 책의 이름이다. 여기서는 책으로서의 '훈민정음'에 대하여 간략히 알아보기로 한다. 세종과 여러 한글 창제 당사자들은 중세 국어의 음운을 분석하고 여기에 중국 음운학의 지식을 적용하여 한글 창제에 성공하였다. 세종과 그 보필자들은 이 새로운 문자를 세상에 널리 알리기 위한 해례서를 발간하였는데, 그 책의 이름이 바로 '훈민정음'이다. 이 책은 한문으로 되어 있으며 해례편이 있다고 해서 흔히 책이름을 '훈민정음 해례본' 또는 '원본 훈민정음'이라고 한다.

이 책은 1443년, 세종 25년 9월에 완성되었다. 내용은 어제御製 서문과 새로운 문자의 음가 및 운용법을 밝힌 부분인 본문으로 되어 있다. 흔히 이 부분은 '예의例儀편'이라고 한다. 이어 이것을 각각 '제자해制字解', '중성해中聲解', '종성해終聲解', '합자해合字解', '용자례用字例'로 나누어 해설한 '해례'가 이어져 있으며, 권말에 정인지의 서문이 실려 있다.

해례의 끝에는 정인지의 훈민정음서 후서가 있다. 이 후서는 세종의 한글 창제의 동기와 목적 및 한글의 우수성을 설명한 뒤에 세종의 명에 따라 집현전 학자들이 해례를 짓게 된 경위를 밝히고 있다.

이 밖에도 새로운 문자의 제자 원리, 음가, 운용법, 각 문자들이 표시하는 음운 체계 등이 자세히 설명되어 있다. 현존본은 아직까지는 유일본이다. 목판본인 이 유일본도 원래 완전한 것이 아니고 맨 첫 장이 낙장되어 있던 것을 나중에 붓글씨로 적어 넣었던 것인데, 적을 때 실수로 세종 어제 서문의 끝 자 '이耳'가 '의矣'로 되고 말았다. 이 책의 집필자는 정인지, 최항, 박팽년, 신숙주, 성삼문, 이개, 강희안, 이선로 등 주로 집현전의 젊은 학자들이다.

"훈민정음 해례본解例本의 맨 앞 두 장이 떨어져 나간 것은 조선 연산군 때가 아니라 18세기 이후다."

"훈민정음 해례본의 종이 뒷면에 쓰여진 글은 18세기 전후에 한글로 '십구사략언해十九史略諺解'를 옮겨 적은 것이다."

국보 70호이자 유네스코 세계기록유산인 '훈민정음 해례본'에 얽힌 궁금증들이 풀리게 됐다. 맨 앞의 두 장이 언제 떨어져 나갔는지 낱장 뒷면에 빽빽하게 적혀 있는 한글은 무슨 내용인지 국어학자 및 문화재 전문가들이 늘 궁금해 했던 내용들이다. 훈민정음 해례본에는 훈민정음의 창제 동기와 의미, 용법 등에 관한 내용이 담겨 있다. 해례본은 세종 때 목판으로 찍어낸 해례본 가운데 유일하게 남아 있는 것이다.

당시의 우리나라는 『성리대전性理大全』 등을 통하여 중국의 송학 사상을 매우 높은 수준으로 받아들이고 있었던 시대였다. 해례편의 내용에는 송학 이론을 적용한 부분이 상당히 많으나, 제자 원리, 모음자의 음가에 관한 설명 등은 현대 음성학이나 언어학의 이론과도 부합되는 과학적인 것이었다.

오늘날 이 지구상에서는 여러 종류의 글자가 쓰이고 있지만, 이러한 여러 글자 가운데에서 한글은 만든 목적이 뚜렷하고 만든 사람이 분명한 글자의 하나다. 또 새로 만든 글자에 대한 해설책도 편찬되었다. 이러한 예는 매우 드문 일이다. 새 글자 훈민정음은 세종이 친히 만들었고, 만든 목적이 훈민정음 해례본解例本 예의편例義篇 첫머리와 정인지의 서문, 그리고 신숙주의 문집인 보한재집 등에 자세히 나타나 있다.

훈민정음은 창작이 아니라
세종이 옛 글자를 개선한 것이다

다만 지금까지 이해되지 않는 부분이 있다. "발음의 원리는 따로 만들었으나 글자는 전자篆字를 본떴다" 는 세종의 발언 내용이다. 훈민정음을 만든 세종 자신의 발언이라는 점에 무게가 실린다. 1750년에 발간된 신경준이 지은 『훈민정음 운해』에도 우리나라에는 "예로부터 사용하던 속용 문자가 있었다."고 하였다. 한문 외에도 민간에서 사용되던 문자가 있었음을 보여준다.

그렇다면 백성을 위해서 언어를 연구했던 세종이 세간에서 사용되던 이런 문자를 참고하였을 것이다. 아직은 이설로 있다. 간략하게 소개하면 이렇다. 한글의 탄생은 아직도 비밀에 싸여 있지만 이설에도 귀를 기울일 필요가 있다. 정설이 가진 문제점이 많기 때문이다. 그리고 그것을 뒷받침해 주는 사실적인 근거가 있기 때문이다.

세종이 언문청을 설치하고 신고령, 성삼문에게 명하여 언문을 만들게 하였다. 초종성初終聲 여덟 자, 초성 여덟 자, 중성 열두 자의 글자 모양은 인도의 범자梵字 : 산스크리트어 글자를 본으로 하였다.

성종 때 성현이 지은 『용재총화慵齋叢話』의 한 구절이다. 즉, 한글의 자모는 인도의 산스크리트어에서 빌려왔다는 내용이다. 이뿐만이 아니라 훈민정음의 창제에 대한 기록을 찾아보면 중량감을 가진 기록들이기 때문에 가벼이 넘어갈 수 없는 부분이 눈에 띈다.

是月上親制諺文二十八字, 其字倣古篆
이 달에 임금께서 친히 언문 28자를 만드셨다. 그 글자는 '고전古篆'을 모방하였다.

이 글은 훈민정음 해례본에 적혀 있는 내용이다. 이 기록에 따르면 훈민정음은 '고전'을 모방했음을 알 수 있다. 그러면 이 '고전'은 무엇을 의미하는 것일까? 이 '고전'의 의미를 맨 처음으로 '옛날의 전자篆字'로 해석한 이는 최만리이다. 세종실록에 실려 있는 최만리의 상소문 중에 다음과 같은 내용이 있다.

諺文皆本古字, 非新字也, 則字形雖倣古之篆字, 用音合字, 盡反於古, 實無所據
언문은 모두 옛 글자를 본으로 삼은 것으로 새 글자가 아닙니다. 글자의 모양이 비록 옛날의 전문篆文을 모방하였지만 음을 운용하거나 글자를 합하는 데는 전혀 옛것과 반대가 됩니다. 실로 근거되는 바가 없습니다.

〈세종실록 권 103 26년(1444) 2월 庚子〉

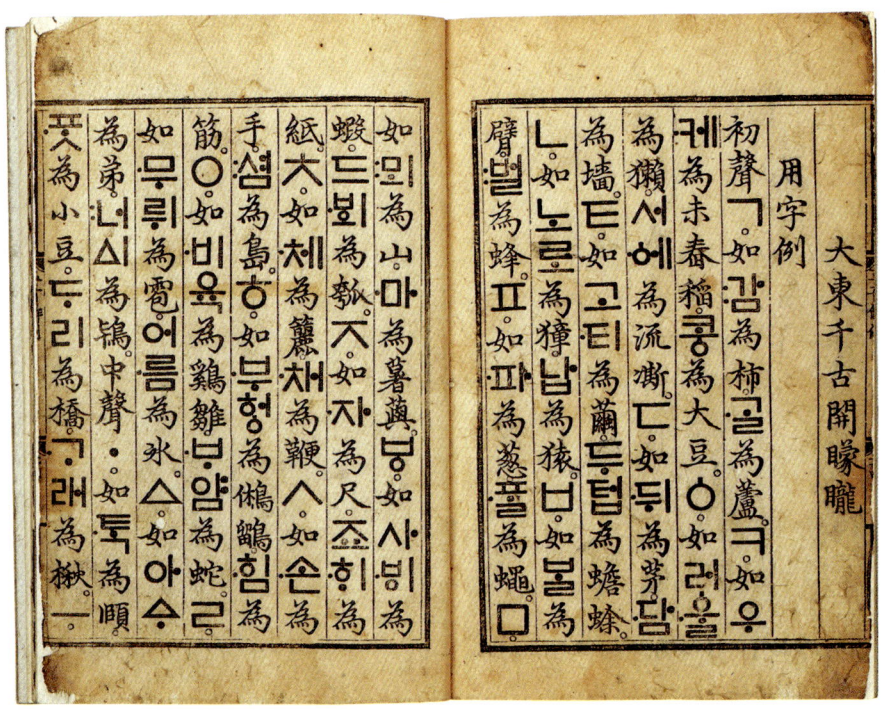

『훈민정음 해례본』의 용자례
당시의 어휘 94개를 실제로 예를 들어 용례를 보이고 있다.

　최만리는 상소문에서 적고 있다. 그러면 이제 이러한 내용들이 현재 어느 정도 근거가 있고, 사실적인가 확인해 보면 허황된 주장이라고 이야기하기에 어려움이 있음을 보게 된다.

　한 곳도 아닌 성현의 용재총화, 훈민정음 해례본 그리고 실록에까지 일관성 있게 적혀 있는 것을 아니라고 할 근거는 또 무엇인가 싶다. 놀라운 사실과 만나게 되는데, 아직은 이설이다.

　더욱 놀라운 것은 인도의 서북부 수라스트란 반도에 위치한 구자랏주 바도다라시에 가면 번연히 한글로 된 간판들을 만나게 된다. 지금 이 시간 한

글과 같은 글자가 그곳 사람들에 의해 통용되고 있는 것이다. 한글과 다르지 않은 글자를, 다르게 발음하고 있지만 분명 한글과 모양이 같다. 일간지에 대서특필된 적도 있고 그것을 확인한 글도 몇 차례 있었다. 그럼에도 이러한 사실은 그리 알려지지 않았다. 이를 어떻게 설명할 것인가. 용재총화의 기록이 사실이란 이야기이다. 시가지의 간판을 가득 메운 낯익은 한글 자모들을 인도의 한 지역에서 만나게 되는 것을 상상해 보라. 한글이 모두 세종에 의해 만들어졌다는 교과서만을 배운 사람이 다른 나라의 도시 전체가 한글과 같은 글자들로 넘쳐나고 있는 광경을 목격한다고 생각해 보라. 얼마나 충격적이고 난감한 일인가를.

인도에서는 이를 산스크리트 문자 또는 구자라트 문자라고 부르는데, 2500년 전 아쇼카대왕 이전부터 있던 글자이며, 훗날 아쇼카대왕 때 가장 많이 쓰였던 글자로 기록하고 있다. 성현이 지은 용재총화慵齋叢話의 내용과 일치한다. 이 글자는 일본 남부 일부 지방의 여러 곳에서 발견된다. 더욱 놀라운 것은 이 글자가 한민족의 고대 문자라는 것이다. 정설을 벗어나서 가설의 세계로 들어가 본다.

세종은 고대 조선국의 가림토 문자가 우리의 글자임을 알고서 집현전 학자인 신숙주와 성삼문을 시켜 중국에 13번 답사하도록 하여 전해오는 조선국의 비문을 탁본하여 가지고 오게 했다. 세종은 38자의 가림토 문자 중에 10자를 삭제하고 28자만을 골라 훈민정음이라고 발표한 것이 한글 창제의 진실이라는 주장이다.

조선왕조실록에도 짤막하게 한글은 고대 조선국의 글을 따온 것이라고 기재되어 있는데, 이 조선국 글자가 인도의 서북부 수라스트란 반도에 위치한 구자랏주 바도다라시 지역과 일본에 전해졌고 조선에서는 극히 사용이 제한된 이 글자를 다시 세종이 가져다가 훈민정음을 만들었다는 주장이다.

한 발 더 나아가야 할 지 망설여지지만 욕을 먹더라도 기왕에 시작한 이설에 대한 글을 조금 더 보기로 한다. 한글은 4300년 전 조선국 3대 단군 환검인 가륵단군이 9환국 3한의 여러 부족 국가의 말이 잘 통하지 않으므로 신하인 삼랑 벼슬의 을보륵에게 글을 만들도록 명했다. 을보륵은 환국의 천부인 사상을 응용하여 천부인天符印으로 글을 만들었다.

천天은 하늘 상징인 ㅇ에서 ㅇ, ㅎ 등이 부符는 땅의 상징인 ㅁ에서 ㄱ, ㄴ, ㄷ, ㄹ, ㅁ, ㅂ, ㅌ, ㅍ, ㅋ 등이 인印은 사람 상징인 ㅅ에서 ㅅ, ㅈ, ㅊ 등이 모두 38자의 정음인 글을 만들었다. 이를 가림토 문자 혹은 가림다 문자라 부른다. 이는 우리가 배운 한글 모음이 하늘(·), 땅(ㅡ), 사람(ㅣ)의 3가지 형상을 기본으로 결합하여 만들었고, 자음이 입과 혀의 모양을 본떴다는 원리와는 다르다.

한글의 원형인 가림토 문자는 2050년 전 인도의 구자라트 지방으로 건너가 구자라트 문자가 되었고, 1250년 전 일본 남부의 신대 지방으로 건너가 신대 문자가 되었다. 일본 신대 지방의 700년 전 각종 유물에 한글 원형인 가림토 문자가 유물로서 전해 내려오고 있고, 한글 원형인 신대 문자를 같이 사용하고 있다. 지금도 일본 일부 지방에서 신성시하는 이 글자가 새겨진 것을 자료로 확인할 수 있다.

또한 우리나라에도 이러한 비슷한 글자가 발견되고 있는 것이 사실이다. 최만리의 상소문에 쓰여 있는 대로 단군 시대에 옛 글자가 있었고 세종대왕이 모방했다는 그 글자가 정통 사학계에서는 위서僞書라고 거들떠보지도 않는 『태백유사』, 『환단고기』에 실려 있는 바로 그 자모였다는 내용이 엄연한 사실이라는 이야기다.

한글이 당시에 민간층에서 일부 쓰여졌을 가능성이 있다는 것이다. 그러면 이러한 한글의 원리를 누구에게 도움을 받았을까 궁금해진다. 조선일보에 칼럼을 기재하고 있는 조용헌의 글 내용을 보면 한발 더 가까워지는 것을 보게 된다.

속리산 복천암에 전해져 오는 '신미대사(1403~1480) 한글 창제설'을 요약하면 이렇다. 신미信眉는 속성이 영산김씨인데, 영산김씨 족보를 추적해 보면 '집현원 학사'로 '득총어세종得寵於世宗'이라고 기록되어 있다. '집현전 학사'였고, '세종의 총애를 받았다'는 말이다. 이처럼 집안 내에서는 신미가 집현전 학사였다고 내려오지만, 『조선왕조실록』에는 그가 집현전에서 일했다는 기록이 없다. 불교 승려는 무대 뒤로 사라질 수밖에 없는 시대였던 것이다.

세종은 죽기 전에 유언으로 신미에게 '우국이세 혜각존자祐國利世 慧覺尊者'라는 법호를 내렸다. 하지만 유생들의 줄기찬 반대로 인해서 '우국이세祐國利世(나라를 위하고 세상을 이롭게 한다.)'라는 표현은 삭제되고, '혜각존자'라는 단어만 후세에 전해지게 되었다. 신미는 까다롭기로 소문난 범어梵語와 티베트어로 된 불교 경전에 정통했던 대학자였으므로 혜각존자라 할 만하다. 이러한 인물이니까 세종 사후에도 세조가 불교 승려인 신미를 만나러 속리산까지 찾아왔던 것이다.

1443년 한글이 창제되고 나서 불과 몇 달 후에 집현전 실무 담당자인 부제학 최만리를 중심으로 한 유학자들이 적극적으로 반대하는 상소를 올린다. 그 반대 배경에는 훈민정음의 원리적 근거가 유교가 아닌 불교였기 때문이고, 그 불교의 한가운데에 신미가 있었다는 주장이다. 공교롭게도 한글 창제 무렵에 간행된 국가적인 번역 사업이 불교 경전이라는 점을 주목하지 않을 수 없다. 예를 들면 24권 분량의 『석보상절釋譜詳節』이 그렇고, 『능엄경언해楞嚴經諺解』도 그렇다. 『월인천강지곡月印千江之曲』도 찬불가 아닌가. 쉬운 한글을 만들었으면 『논어』, 『맹자』와 같은 유교 경전들을 번역해서 백성들이 읽게 해야지, 왜 하필이면 불경을 번역했단 말인가.

'월인석보'는 세종의 어지가 108자이고, '훈민정음'은 28자와 33장으로 이루어져 있다. 사찰에서 아침저녁으로 종을 칠 때 그 횟수는 28번과 33번이다. 하늘의 28수宿와 불교의 우주관인 33천天을 상징하는 숫자이다.

또한 한글과 범어의 상관관계를 30년 동안 추적해 온 강상원 박사의 주장을 소개한다. 범어와 한글은 표현하는 문자만 서로 다를 뿐, 발음은 대부분 같다는 것이다. 예를 들면 이렇다. 윷놀이할 때 '윷'이라는 말은 범어의 'yudh'에서 왔다. 범어로 'yudh'은 '별들의 전쟁'이라는 뜻이다. 정초에 하는 윷놀이는 하늘의 북극성을 중심으로 28수宿를 도는 과정이다. 28수를 한 바퀴 돌면 1년이 지난다. 윷놀이는 28개 별을 정초에 미리 짚어 보는 놀이이므로 별들의 전쟁이기도 하다. 아리랑은 범어의 'ari'와 'langh'이 합해졌다. 'ari'는 '사랑하는 임'이라는 뜻이고, 'langh'은 '서둘러 떠나다'라는 뜻이다. 그러므로 아리랑은 '사랑하는 임이 서둘러 떠나다'라는 의미가 도출된다.

'머슴심'의 '머ma'는 '관리하다'이고, 심sime은 '힘'이다. 따라서 머슴은 힘, 노동력을 관리하는 사람이 된다. '아사달'은 '난공불락의 성'이라는 뜻이다. '밥'은 범어의 'vame'에서 왔는데, 이는 '어머니의 젖'을 가리킨다. 밥 먹었느냐는 '젖 먹었느냐'의 뜻이었던 것이다. 쌀농사를 짓게 되면서 어머니의 젖이 쌀로 대체된 셈이다. 앞으로 논쟁해 볼 가치가 있는 흥미로운 주장이다. 신미 창제설의 결정적인 근거는 신미가 당대 최고의 범어전문가였고 훈민정음이 범어에서 유래했다는 주장과 일치한다. 한자 문화권에서는 범어라고 하는 산스크리트어는 인도 옛 언어로 힌두교, 불교, 자이나교의 경전이 이 언어로 되어 있다.

백성을 위해 글자를 만든 어진 왕

이제는 이설을 접어두고 세종의 뜻에 의하여 창제된 훈민정음에 대해 알아본다. 훈민정음 해례본 예의편訓民正音 解例本 例義篇 첫머리에서 세종대왕은 다음과 같이 말씀하였다. 한글을 만든 동기는 『훈민정음해례』 서문에 잘 드러나 있다.

나랏말ᄊᆞ미 듕귁(中國)에 달아 문ᄍᆞ(文字)와로 서르 스ᄆᆞᆺ디 아니홀ᄊᆡ,
이런 젼ᄎᆞ로 어린 빅셩(百姓)이 니르고져 홇배 이셔도,
ᄆᆞᄎᆞᆷ내 제 ᄠᅳ들 시러 펴디 몯ᄒᆞᇙ노미 하니라.
내 이ᄅᆞᆯ 윙(爲)ᄒᆞ야 어엿비 너겨 새로 스믈 여ᄃᆞᆲ ᄍᆞ(字)ᄅᆞᆯ 밍ᄀᆞ노니
사ᄅᆞᆷ마다 ᄒᆡ여수ᄫᅵ 니겨 날로 ᄡᅮ메
뼌한(便安) ᄒᆞ고져 홇 ᄯᆞᄅᆞ미니라.
國之語音 異乎中國 與文字不相流通
국지어음 이호중국 여문자불상유통

故愚民 有所欲言 而終不得伸其情者 多矣

고우민 유소욕언 이종부득신기정자다의

予爲此憫然 新制二十八字 欲使人人易習 便於日用耳

여위차민연 신제이십팔자 욕사인인이습 편어일용이

나라말이 중국과 달라 문자로는 그 소통이 서로 잘 되지 않는다.

이런 까닭에 어리석은 백성들이 제 뜻을 펼치려 해도 충분히 펼 수가 없다.

내 이를 안타깝게 여겨 새로 스물여덟 자를 만들어

사람들로 하여금 쉽게 익혀 날마다 편하게 쓰도록 할 것이다.

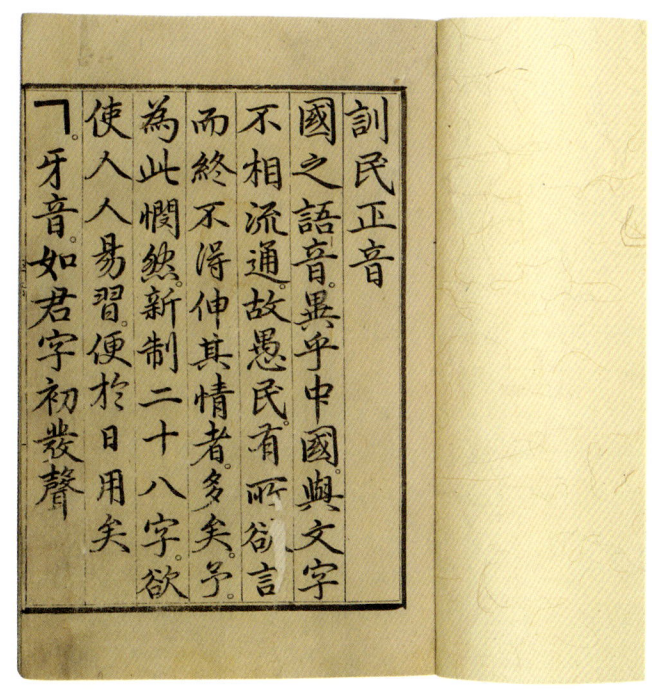

세종대왕 어제 서문
훈민정음은 신비한 글자로, 단순하면서 전체를 표현할 수 있고, 쉬우면서 오묘한 이치를 담고 있다.

28자이지만 얼마라도 응용이 가능하다. 한글이 창제되어 어려운 한문책의 뜻도 쉽게 알 수 있게 되었다. 또 한자음도 분명해졌고, 음악도 음계가 고르게 되었으며, 바람 부는 소리나 닭울음소리도 다 적을 수 있게 되었다.

먼저 한글의 우수성에 대하여 쓴 글을 인용해 본다. 의미 있고 세계화를 향하여 가고 있는 우리에게 시사하는 바가 크다. 이제는 감상적인 것보다는 학자로서의 전문성을 발휘하여 세계에 알리는 데 큰 역할을 했으면 하는 바람이다.

여기 '이호중국異乎中國'에 대한 해석에서 중국은 명나라를 지칭하는 고유명사가 아니다. 나라의 중심인 한양으로 중부 지방을 이야기하고 있다는 것으로 보아야 한다. 당시에는 명나라를 일러 중국이란 말을 쓰지 않고 중화나 명나라로 지칭했다. 또는 대국이란 말을 쓰기도 했다. 중국이란 나라는 애초에 없었다. 그리고 이를 뒷받침하는 글이 있다. '세종민방언 불능이 문자상통 시제훈민정음 世宗憫方言 不能以文字相通 始製訓民正音'이라는 기록이다. 정의공주의 시댁 족보에 기록되어 있는 내용으로 앞에 언급한 바 있다. 분명하게 훈민정음을 창제한 이유를 밝히고 있다.

굳이 해석을 하면 '방언, 즉 지방 사투리를 한문으로 적어 서로 통하지 않아 안타까운 마음에 훈민정음 만들기를 시작했다'는 내용이다. 문맥상으로 보아도 정의공주 시댁의 족보에 적힌 글과 같은데 보다 구체적으로 적은 것만 다를 뿐이다. 훈민정음의 창제 이유는 지방 사투리를 한문으로 적으면 생동력이 살아나지 않고 번역해서 한문으로 적으니 서로 뜻을 이해하기 어려워 훈민정음을 만들었다는 것이다.

또한 국지어음國之語音은 나라말과 소리를 말한다. 곧 훈민정음으로 적은

'나랏말ᄊᆞ미 듕귁中國에 달아'는 나라말의 존칭으로서의 '말씀'이 아니라 '말을 쓰다'의 명사형으로 적은 글이다. 결국 나라말을 쓰는데 나라의 중부 지방(한양과 경기도)과 다른 지방의 말이 서로 달라 문자인 한문으로는 서로 통하지 않는다는 말이다. 이렇게 해석해야 한다.

나라말을 씀(적음)이 중부 지방과 달라 문자로는 서로 간에 소통이 되지 않는다.

지방 사투리와 경기도 말이 달라서 글로 표현할 수 없다는 말이다. 먼저의 해석대로 하면 말이 맞지가 않는다. 조선과 중국의 말이 애초에 말이 다른데 문자로 소통이 안 되는 것이 문제가 될 수가 없다. 문자로 적을 때 소통이 되지 않는 것이 아니라 말이 통하지 않아 문자로 적어야 소통이 오히려 된다.

한글의 우수성과 독창성이 국제 학계, 특히 구미 학계에서 인정받기 시작한 것은 지난 1969년대에 들어서의 일이다. 여기서 우선 큰 몫을 한 것이 미국 하바드 대학의 교과서로 출판된 라이샤워Reischaue와 페어뱅크Fairbank의 공저였다. 이 책의 한국에 관한 부분에서 라이샤워는 15세기 한국의 문화에 대해 논하면서 이렇게 적었다.

Hangle is perhaps the most scientific system of writing in general use in any country.

한글은 아마도 오늘날 사용되고 있는 모든 문자 중에서 가장 과학적인 체계다.

4년 뒤 1964년에 네덜란드 라이덴 대학의 포스Frits Vos가 향가, 이두, 한

글을 포함한 우리나라 문자의 역사와 언어를 다룬 3편의 논문을 발표하였다. 이 논문들은 미국 중부의 11개 대학이 참여한 위원회가 1963년 여름에 연 세미나에서 발표된 중국, 일본, 한국의 언어와 문자에 관한 논문들을 모은 책 속에 포함되어 있다. 그중 '한국 문자 : 이두와 한글' 부분에 이렇게 적었다.

They invented the world's best alphabet!
한국인들은 세계에서 가장 좋은 알파벳을 발명하였다.

라이샤워의 글에 나오는 '아마도perhaps'가 없어진 대신 감탄 부호가 있음이 우리의 눈길을 끈다. 이것은 그 당시의 구미 학계의 분위기에서는 매우 대담한 발언이었다. 알려지지도 않은 한글에 대한 발언이기도 했고 서구 사회의 문자가 최고의 문자라고 자부하던 사람들의 입에서 나온 논문이었기 때문이다.

이러한 내용은 그대로 묻혀 버렸을는지도 모른다. 위의 논문집은 동양의 언어와 문자에 관심이 있는, 극히 한정된 수의 학자들 사이에만 알려져 있었다.

그런데 하나의 작은 돌풍이 일었다. 미국을 비롯한 전 세계의 언어학자들이 보는 미국 언어학회 회지(Language 42권 1호, 1966)에 시카고 대학의 맥콜리가 이 논문집의 서평을 쓰면서 포스의 말에 전적인 동의를 표한 것이다. 포스가 최상급형을 쓴 것은 정당화될 수 있다고 하고 그것은 벨의 가시언어 기호visible speech보다 4백년이나 앞선 것임을 지적하였다.

한글은 각 음의 음성적 특징을 시각화함에 있어, 벨의 그것만큼 철저하지는 못하지만, 자못 높은 수준의 조음음성학적 분석의 기초 위에서 창조적으로 만든 알파벳으로 높이 평가한 것이다. 끝으로 그는 한국에서 한글날이 공휴일로 지정되어 있는 사실에 유의하였다. 실제로 맥콜리는 개인적으로 한글날을 명절로 지켜 왔다고 한다. 지금은 한글날이 없어진 우리의 슬픈 현실과는 다르다.

한 중진 학자의 짤막한 글이 그러한 위력을 발휘할 줄은 미처 몰랐다. 이 서평이 나온 뒤에 간행된 언어학 개론서에 한글이 등장하기 시작한 것도 주목되지만 세계사 내지 문자론의 영역에 한글이 새로이 자리 잡았다. 이것을 대표하는 저서로 샘슨Geoffrey Sampson의 『문자 체계Writing Systems』를 들 수 있다.

이 책은 제3장에서 인류의 초기 문자들, 4장에서 음절 문자音節文字, 5장에서 자음 문자子音 文字, 6장에서 음소 문자音素 文字를 논한 뒤에 7장에서 자질 체계資質 體系(featural system)라 하여 한글을 다루고 있다.

자질 체계란 이 책의 저자가 만든 새로운 술어다. 종래의 분류 체계로서는 다른 어느 문자와도 다른 한글의 특성을 드러낼 수가 없어서 고민한 끝에 새로운 체계를 설정한 것이다. 종래 음운론에서 몇 개의 자질의 묶음으로 음소를 정의하여 왔는데, 한글 글자들이 이 자질을 표시하고 있음에 착안하였던 것이다.

샘슨의 이론은 우리나라 학자들에게 하나의 큰 교훈을 주는 내용이었다. 우리나라 학자들은 구미의 이론의 틀을 받아들여 그 틀에 사실을 맞추려고 애써 왔다. 알파벳과는 확실히 다른 면이 있음을 느끼면서도 이 느낌을 이론화하려는 노력을 하지 못했던 것이다. 그런데 샘슨은 한글 체계를 어느 정도 알게 되었을 때, 지금까지의 이론의 틀로는 만족스럽게 설명할 수 없음을 깨닫고 그 틀을 바꾸었다.

한글 글자의 모양이 알려진 18세기 말엽, 19세기 초엽 이래, 그곳 학자들은 줄곧 한글이 어떤 다른 문자의 계통을 따르는 것으로 믿어 왔다. 이것은 그들 자신의 문학사에서 얻은 관점을 한글에도 적용한 것에 지나지 않았다. 이에 대하여 우리나라의 현대 학자들은 한글의 독창성을 계속 주장하여, 한때는 편협한 민족주의자라는 낙인이 찍히기도 하였다. 60년대에 들어 구미 학자들이 한글의 독창성을 인정함에 이르러 우리의 오랜 숙원이 풀리게 되었다.

우리나라 사람으로서 한글과 벨의 기호 사이의 유사성을 처음으로 지적한 안백산은 한글이 도리어 정치하고 결점이 적다고 평한 바 있다. 세종 임금이 중국 음운학에 대한 깊은 조예를 가지고 있었음은 여러 글에 나타난다. 해례를 주의 깊게 읽어 보면 과거의 연구에 만족하지 않고 새로운 독자적인 연구를 하였음이 역력히 드러난다.

이것은 아마도 이 이론을 한국어에 적용하는 과정에서 이루어진 것이 아닌가 짐작된다. 중국어만을 대상으로 했던 중국의 음운학 이론을 한국어에 적용함으로써 하나의 일반 음운 이론을 발전시키게 된 것이라고 하겠다.

이 음운 이론은, 그 당시에 동양과 서양을 통틀어 유례가 없는 높은 수준의 것이었다. 세종이 발전시킨 대표적인 이론은 중성에 관한 것이었다. 음절의 이분법을 기본으로 했던 중국 음운학에는 중성이란 개념 자체가 없었다. 이에 관한 이론은 세종이 처음으로 수립한 것이다.

이렇게 볼 때, 세종이 독자적인 문자 체계를 만들 구상을 하게 된 것은

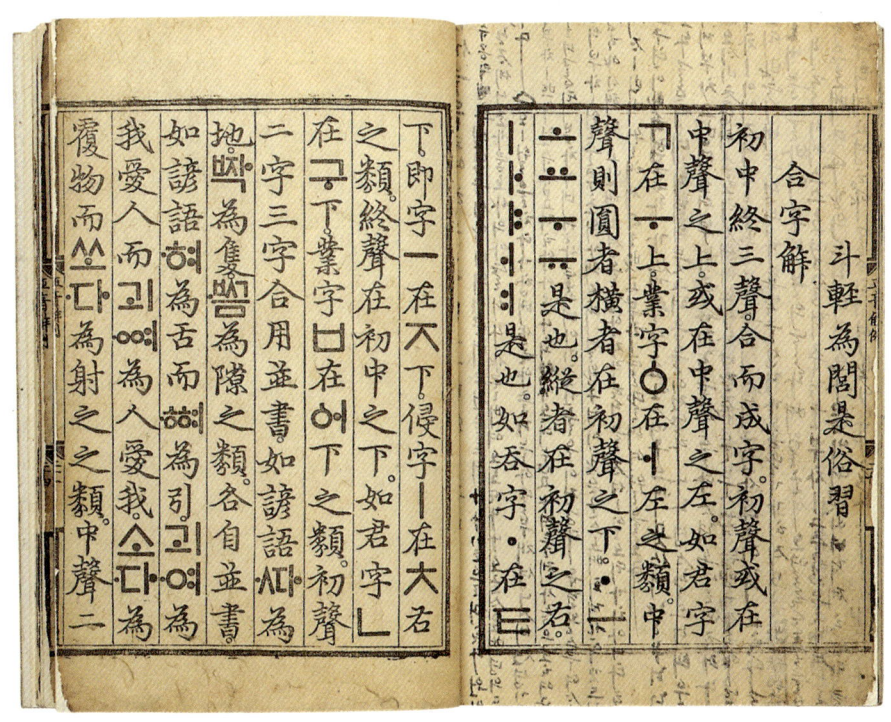

『훈민정음해례본』의 합자해
초성·중성·종성의 세 소리가 합쳐 글자를 이루는 방법을 설명하고 있다.

음운학에 관한 깊은 연구가 있었기에 가능했던 것이다. 여기서 문자학도 빼놓아서는 안 될 것이다. 중국은 문자의 나라로서 이에 관한 학문이 발달되어 있었다. 세종 임금은 이 방면의 이론도 널리 섭렵하여 핵심만을 추려서 새 문자의 창제에 적용했다.

요컨대, 세종 학문의 특징은 모든 것을 그 근본에 있어서 파악하는 것이었고 이것이 한글 창제의 기초가 됨으로써 한글은 일찍이 인류가 만든 가장 독창적인 문자 체계가 된 것이다.

훈민정음 창조의 원리는 질서정연하다. 음성을 초성·중성·종성으로 나누었다. 3분하여 글자를 만들었다는 것은 독창적이다. 또한 종성은 따로 만들지 않고 초성자를 그대로 종성에 이용하여 글자의 간소화를 고려했다. 그러면 초성과 중성을 어떻게 만들었는가를 기본적인 것만을 살펴보기로 한다.

초성은 17자다. 첫소리 글자를 만드는 원리는 치밀한 조음음성학의 이론과 철학의 협력에 있다. 첫소리 글자는 먼저 발성 기관의 다섯 군데의 조음자리에서 각각 소리를 낼 때 그 발성 기관의 모양을 본떠 만들되, 그 자리에서 나는 소리 중 가장 약한 소리를 기본 5 글자로 삼았다.

이 기본 글자와, 소리의 세기에 따라 기본 글자에 획을 더한 9 글자와, 획 더함이 없는 3 글자, 모두 17자를 확정했다. 기본 5 글자는 다음과 같이 발성 기관을 본떠서 만들었다.

ㄱ — ㅋ	ㄱ은, 혀뿌리가 목구멍을 막는 모양을 본떴다.	아음(牙音)
ㄴ — ㄷ — ㅌ	ㄴ은, 혀끝이 윗잇몸에 닿는 모양을 본떴다.	설음(舌音)
ㅁ — ㅂ — ㅍ	ㅁ은, 입술의 모양을 본떴다.	순음(脣音)
ㅅ — ㅈ — ㅊ	ㅅ은, 이의 모양을 본떴다.	차음(齒音)
ㅇ — ㆆ — ㅎ	ㅇ은, 목구멍의 모양을 본떴다.	후음(喉音)

위의 다섯 글자를 기본으로 하고, 그 같은 조음점 계열의 소리글자는 소리가 세어지는 차례에 따라 획을 하나씩 더하여 만들어 내었다. 세기에 따라 획을 더하는 원리를 적용했다.

그리고 발성 기관의 모양을 본떠서 만든 ㆁ·ㅿ·ㄹ를 합쳐서 모두 첫소리 17자가 만들어졌다. 아주 간단한 원리를 적용해서 심오한 세계를 만들어 가는 초성을 만들었다.

　세종이 이설에서 말하고 있는 것처럼 본래 있던 글자를 본떠서 만들었다고 해도 대단히 위대한 것임에는 틀림없다. 이전의 가졌던 원리를 한 단계 발전시켜서 새로운 체계를 확립했기 때문이다.

　우선 세계 어느 나라 글자도 발음 기관의 모양을 본따서 만들어진 예가 없다. 세종은 이미 500년 전에 발음 기관이 어떻게 움직이는지를 정확하게 알고 있었다. 다섯 글자를 기본으로 삼고, 소리가 강해지면 기본자에 획을 더하는 원칙이다.

다시 세계적으로 인정받기 시작하는 한글

　유네스코에서 문맹 퇴치에 공이 큰 사람이나 단체에 주는 상의 이름을 '세종대왕상' 이라고 붙였다.

　마침내 지난 1997년 10월 1일, 유네스코에서 우리나라 훈민정음을 세계 기록유산으로 지정하기에 이르렀다. 언어 연구학으로는 세계 최고인 영국 옥스퍼드 대학의 언어학 대학에서 세계 모든 문자를 순위를 매겨 합리성, 과학성, 독창성 등의 기준으로 진열해 놓았는데, 그 1위는 자랑스럽게도 한글이었다.

　미국에 널리 알려진 과학 전문지 『디스커버리』 1994년 6월호 「쓰기 적합함」이란 기사에서, '레어드 다이어먼드' 라는 학자는 '한국에서 쓰는 한글이 독창성이 있고 기호 배합 등 효율 면에서 특히 돋보이는 세계에서 가장 합리적인 문자' 라고 극찬한 바 있다. 그는 또 '한글이 간결하고 우수하기 때문에 한국인의 문맹률이 세계에서 가장 낮다'고 말한다.

또 소설 『대지』를 쓴 미국의 유명한 여류 작가 펄벅은 한글이 전 세계에서 가장 단순한 글자이며 가장 훌륭한 글자라고 하였다. 그리고 세종을 한국의 레오나르도 다빈치로 극찬하였다. 그런가 하면 시카고 대학의 메콜리 J. D. McCawley 교수는 미국 사람이지만 우리나라의 한글날인 10월 9일이면 매해 빠짐없이 한국의 음식을 먹으며 지냈다고 한다. 중국은 1950년 상반기에 중국인들의 문자 완전 해독률이 5% 정도에 이르는 국가적인 문제를 해결하기 위하여 북한과 베트남을 방문했다. 두 나라의 문맹타파율에 높이 감명을 받아 중국도 문자 개혁을 해야 한다고 건의하였다. 그 하나의 방법으로 한글을 중국의 국어로 검토했다.

이러한 생각은 이미 19세기에 조선을 방문한 바 있는 원세개도 가진 바 있다. 원세개는 1882년 임오군란이 발생하자 조선에 파견되어 1894년 청일 전쟁이 끝날 때까지 조선에 머물면서 한글을 접하게 되었다. 청조가 멸망하고 원세개가 실권을 장악했을 때 한글을 중국인들의 문명 해결 방법으로 도입하려 했으나 뜻을 이루지 못했다.

한자는 표의 문자이므로 모든 글자를 다 외워야 하지만 한글은 영어와 마찬가지로 표음 문자이므로 배우기가 쉽다. 그래서 한글은 아침 글자라고도 불린다. 모든 사람이 단 하루면 배울 수 있다는 뜻이다. 10개의 모음과 14개의 자음을 조합할 수 있기 때문에 배우기 쉽고 24개의 문자로 약 8,000 음의 소리를 낼 수 있다.

하지만 인류의 위대한 글자인 한글을 기리는 한글날이 없어졌다. 한글날의 정확한 날은 1940년 7월 훈민정음 해례본을 찾음으로써 확인되었다. 우리에게 1940년 7월은 의미 있는 날이다. 한민족이면 모두가 사용하고 있는 한글의 뿌리인 훈민정음의 실체를 찾은 날이기 때문이다. 바로 훈민정음 해례본이 발견된 날이다.

그 어디에서도 찾을 수 없었던 훈민정음의 실체는 1940년 7월에 경상북도 안동에 있었다. 우리에게는 경사스러운 일이었다. 그것에는 훈민정음의 비밀이 다 들어있었기 때문이다.

한글날도 그 훈민정음 해례본에 근거해서 정해졌다. 훈민정음 해례본 끝에 '정통 11년 9월 상한 正統 十一年 九月 上澣'이라는 기록이 있어 한글 반포날이 새롭게 밝혀졌다. 상한은 상순을 뜻한다. 1945년 8월 15일 광복이 되자 한글학회는 '정통 11년 9월 상한'을 상한의 끝 날인 9월 10일로 잡았다. 이를 양력으로 환산한 결과 10월 9일이 되므로 이날을 최종으로 확정한 것이다.

한국의 세계기록유산

조선왕조실록

세계 최대, 최장 규모의 왕조 기록

　조선왕조실록은 기록물로서도 대단하지만 역사 앞에서 당당하게 정치하라는 압력 수단의 하나였다는 점에서 위대하다. 말과 행동 및 정책을 기록하여 후세에 평가받도록 한 정신이 담겨 있어 더욱 그렇다. 조선왕조실록은 조선 태조로부터 철종에 이르기까지 25대 472년간 끊이지 않고 기록되었다. 1392년 개국 이래로부터 1863년까지의 역사를 연월일의 순서에 따라 편년체로 기록한 조선 시대의 대표적인 역사책이다.

　완질의 분량이 1,893권 888책이며 글자 수로 따지면 약 6,400만 자에 이르는 방대한 기록이다. 이를 2백자 원고지에 옮기면 그 높이가 63빌딩의 세 배에 달하는 거대한 분량이다. '권'은 오늘날 1부, 2부, 3부 하는 '부'에 해당하고 '책'은 오늘날 말하는 분책 단위, 즉 1권, 2권 하는 '권'에 가깝

조선왕조실록 오대산사고본
오대산본은 27책으로, 태조부터 명종까지 실록은 선조 36년 7월부터 39년 3월 사이에 전주사고본을 토대로 만든 4부 중 하나이다. 그 이후 고종 2년(1865년)에 만든 『철종실록』에 이르기까지 실록이 편찬되는 대로 첨가되어 온 것으로 선조 39년부터 1910년 일제 시대까지 계속 오대산사고에 보관되어 왔다.

다. 반면에 26대 고종과 마지막 국왕 27대 순종의 실록도 있지만 일제 강점기에 만들어진데다가 조선왕조실록처럼 엄격한 과정을 거치지 않았기 때문에 사료적 가치를 인정받지 못하고 있다.

조선왕조실록이 인류 역사에 남을 만큼 귀중한 자료가 될 수 있는 가장 주요한 이유는 설명할 필요 없이 조선 시대의 정치, 외교, 경제, 군사, 법률, 종교, 통신 등 각 방면의 역사적 사실을 망라하고 있는 실증적인 기록이며 역사의 산실이라는 점 때문이다. 그 시대의 칼날 같은 논쟁과 축제의 분위기까지도 느낄 수 있을 만큼 생생한 분위기와 언행이 제3자적인 관점에서 사실적으로 적혔다는 점에서 진실로 특별하고도 중요한 역사서라고 할 수 있다. 어쩌면 소설 같은 입체적인 분위기마저도 일부 느낄 수 있는 기록물이다. 이는 세계적으로 유례를 찾기 어려운 역사 기록물이자 우리의 소중한 기록유산이다. 한 국가나 왕조에 대한 기록으로써는 가히 세계 최대이자 최장이라 할 수 있겠다.

조선왕조실록은 국보 151호로 지정되어 있고 1997년 10월 유네스코에 세계기록유산으로 등록되었다. 「세계문화 및 자연유산의 보호에 관한 협약」에 따라 협약 가입국의 자연 및 문화유산 가운데 현저하게 보편적 가치가 있다고 인정받아 유네스코 세계기록유산에 등재되었다.

조선왕조실록을 편찬하기 시작한 것은 태조가 죽자, 그 다음해 태종 8년, 1408년 8월에 하륜에게 태조실록의 편찬을 명함으로써 비롯되었다. 이어 정종실록과 태종실록은 세종 5년, 1423년 11월부터 편찬이 시작되었다. 조선 초기의 태조·정종·태종의 3대 실록은 처음 각각 2부씩 등사하여 1부는 서울의 춘추관에, 1부는 고려 시대부터 실록을 보관했던 충주사고에 보관했다. 세종 27년, 1445년에 다시 2부를 등사하여 전주와 성주에 새로운 사고를 설치하여 1부씩 분장하였다. 세종실록 이후는 각 왕의 실록을 편찬할 때마다 활자로 인쇄하여 춘추관·충주·전주·성주의 네 사고에 보관하였다.

조선왕조는 사고를 보호하기 위하여 부단한 노력을 기울였다. 그랬음에도 임진왜란이 일어나 춘추관·충주·성주사고가 불에 타서 소실되고 전주사고본만이 남게 되었다. 전주사고본은 태조대에서 명종까지의 13대 실록을 기록한 것으로 전주 유생인 안의·손홍록 등이 정읍의 내장산으로 옮겨 병화를 면했다. 그것을 이듬해인 1593년 7월, 임진왜란으로 혼란한 상황에서 조정에서 인계 받아 해주로 운반했다가, 강화도, 다시 묘향산으로 이장하면서 보관하였다.

전쟁이 끝나자, 선조 36년, 1603년 7월부터 선조 39년, 1606년 3월까지 13대 실록을 다시 3부씩 출판하고, 최종 교정본과 병화를 면한 전주사고의 원본 실록을 합쳐 5부를 만들었다. 이들 실록은 다시 춘추관을 비롯하여 강화도의 마니산, 경북의 태백산, 평북의 묘향산, 강원도의 오대산에 각각 1부씩 보관하였다.

춘추관·태백산·묘향산에는 선조대에 출판된 신인본, 마니산에는 원본인 전주사고의 실록, 오대산에는 교정본을 보관하였다. 이 실록을 후대에 전하기 위하여 얼마나 많은 노력을 기울였는가를 보면, 우리 조상들의 역사에 대한 인식이 얼마나 깊었는지 알 수 있다. 많은 사람들이 우리의 기록 문화의 부족을 이야기하지만 우리처럼 전쟁과 외침이 많은 나라에서 기록물을 보존하기란 얼마나 어려운가를 확인할 수 있다. 기록을 제대로 하지 않아서가 아니라 전쟁의 참화에 남아난 것이 없다고 보는 것이 더 타당하다.

이 실록만 해도 대단한 기록일 뿐 아니라 승정원일기나 동궐도 같은 것만 보아도 기록에 얼마나 철저했는가를 짐작할 수 있다. 다만 조선왕조에서 일제 침탈기에 접어들어서는 상황이 달랐음을 인정한다. 우리의 환경이 얼마나 버겁고 혼란스러운 역사를 이끌어왔는가를 보면 이해할 수 있다. 우리의 가옥 구조는 목조로, 수명이 짧을 뿐만 아니라 화재에 직접적인 피해를 입을 수 있는 구조이다.

청자도 마찬가지이다. 고려 시대에 다량 제작되었고 집안의 재산이나 가보로 이어질 만큼 귀중하게 다루어진 청자가 한 점도 조선 후기까지 전하

『조선고적도보』에 실린 오대산사고
한국 전쟁으로 모두 불에 탔으나, 일제가 발행한 『조선고적도보』에 당시 남아 있던 오대산사고의 사진이 실려 있어서, 옛 모습 그대로 복원될 수 있었다.

는 것이 없었다. 무덤에서 출토된 고려청자를 보고 어느 나라 자기냐고 도리어 물었다는 고종의 이야기만 들어도 실감할 수 있는 것이다. 지금 우리에게 전해지고 있는 상당수의 유물들이 일본인의 손에 들어갔다가 다시 반환된 것임을 알아야 한다. 조선왕조의 지극스런 정성과 노력에도 불구하고 실록의 보관은 쉽지 않았다.

규장각에 현존하는 조선왕조실록은 임진왜란 당시 병화를 모면한 전주사고본이다. 이는 그 후 강화의 마니산사고를 거쳐 정족산사고에 간직되어 온 원본을 비롯하여 임진왜란 이후 전주사고본에 의거하여 새로 찍은 3본 중 봉화 태백산사고에 간직되어 온 신인본, 그리고 그때의 교정본으로서 오대산사고에 간직되어 온 것의 잔존분과 파지로 존치되어 온 것을 장책한 잔여분에 해당한다.

사관은 독립성과 기술에 대한 비밀성을 제도적으로 보장받았다

조선왕조실록의 기초 자료 작성에서 실제 편술까지의 편수 간행 작업에 직접 참여했던 사관은 독립성과 기술에 대한 비밀성을 제도적으로 보장받았다. 이러한 이유 때문에 냉정하고 객관적인 시각을 확보하여 역사서로서의 진실에 가까이 접근할 수 있었다.

원래 사관은 중국의 전설 시대인 황제 때부터 있었다고 한다. 우리나라에서도 삼국사기에 고구려 영양왕 시대 '유기留記', 백제 근초고왕 시대 '서기書記', 신라 진흥왕 시대 '국사國史' 등의 사서가 편찬되었다고 기록되어 있는 것을 볼 때 어떠한 형태로든 사관이 있었을 것으로 추정하지만 본격적인 역사 편찬의 주무부서인 춘추관은 설치되지 않은 것으로 보인다. 기록에 의하면 춘추관은 고려 초기 광종 시대에 비로소 설치되었다. 송나라 제도를 적용시켜 운영했지만 무신 시대를 거치면서 기사의 내용이 정치권의 영향을 받아 다소 객관적이지 못하다는 평가를 받기도 하였다.

조선은 기록의 나라였다. 그러므로 본격적인 사관은 조선 시대부터 시작되었다고 보아도 과언이 아니다. 조선 시대의 사관은 전임사관과 겸임사관이 있었다. 전임사관은 예문관의 전임관으로 춘추관의 기사관을 겸임하였던 봉교(정7품 2명), 대교(정8품 2명), 검열(정9품 4명) 등 8명이 있었다. 겸임사관은 서울과 지방의 각 관청에 소속되어 본직을 수행하면서 춘추관의 직책을 겸임했으며 대체로 60여 명 정도였다.

실록을 만들 때 가장 중요한 것은 '가장사초'이다. 폭발력을 지닌 '사초 중의 사초'였다. 왕의 개인적인 일이나 조정에서 일어나는 비밀스러운 일을 기록한 사초는 사관이 집에 보관했다가 왕이 숨진 뒤 실록을 편찬할 때 제출했다. 이것을 가장사초라 한다. 가장사초는 사관이 집에 보관했다가 실록청이 열리면 그때 제출했다. 그만큼 은밀하고 세상에 알리기에는 두려운 내용도 있었다.

가장사초는 사관의 역사 의식이 적극적으로 반영된 자료로 일정 기간에 제출하지 아니한 자에게는 자손을 금고하고 은 20냥을 벌금으로 물게 하는 법까지 세워 자료를 제출케 했다. 가장사초가 존재할 수 있었던 것은 왕이 실록을 보지 못하게 했기 때문에 가능했다. 왕에 대한 신랄한 비판마저도 쓸 수 있게 한 실록의 정직함은 여기에서 출발한다.

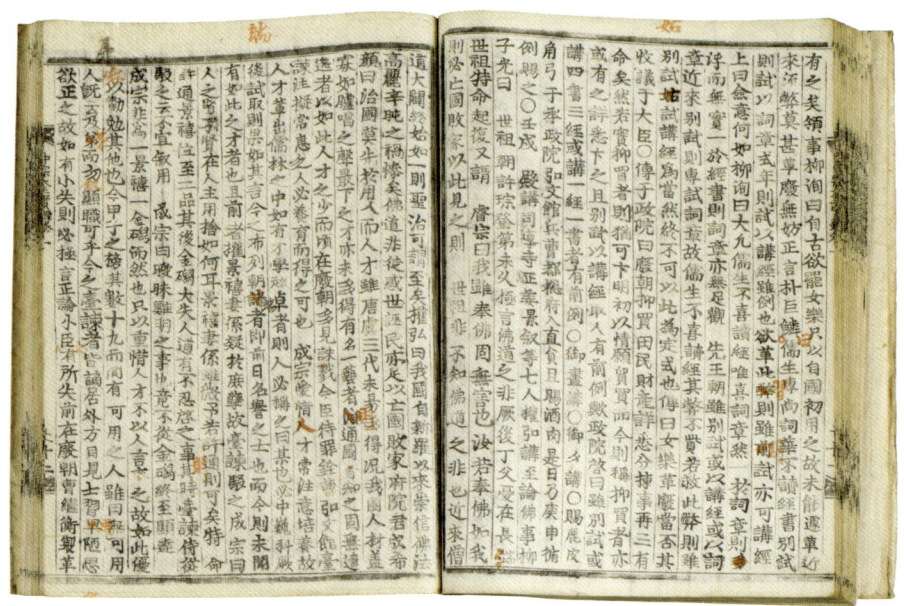

오대산사고본 중종실록
조선왕조실록을 임진왜란 중에 구한 사람은 이름 없는 유생 안의와 손홍록이었다. 집안의 머슴과 수십 마리의 말을 이끌고 800여 권의 서책을 위기에서 구했다.

실록 편찬은 세 단계로 나뉘어졌다. 각종 자료 가운데서 중요한 사실을 초출하여 초초를 작성하는 것이 첫째 단계이고, 둘째 단계는 초초 가운데 빠진 사실을 추가하고 불필요한 내용을 삭제하는 동시에 잘못된 부분을 수정하여 중초를 작성하는 것이며, 셋째 단계는 총재관 등이 중초의 잘못을 재수정하는 동시에 체재와 문장을 통일하여 정초를 작성하는 것이다.

실록은 왕이 죽은 직후에 편찬된다. 그런데 왕이 죽은 직후에 실록을 편찬하는 것은 여러 가지 문제가 있었다. 왕은 비록 죽었어도 그를 모신 신하들이 여전히 살아 있으며 반정과 같은 사건이 생길 경우에는 선왕에 반대하는 측들이 권력을 쥐고 있으므로 공정성이 결여되기 십상이었다.

태조실록을 편찬할 때 실록의 편찬 시기에 대한 논쟁이 일어났다. 태종 8년, 1408년 태조가 사망했다. 태종은 이듬해 영춘추관사 하륜에게 태조실록을 편찬하도록 명했다. 그러나 사관들은 태조 시대의 신하들이 살아 있기 때문에 올바르게 편찬할 수 없으니 3대 후에 편찬하는 것이 옳다고 건의했다. 태종은 이 문제를 논의에 붙였다. 사관들은 당대 역사를 당대인이 편찬하는 것은 필화의 우려가 있으므로 불가하다고 자신들의 주장을 견지했다. 즉 태조로부터 태종까지 3대이기는 하나 겨우 18년밖에 되지 않았으며, 편찬관 중에는 자신과 관련된 일이 있을 수 있으므로 동시대인이 동시대의 인물을 논하는 것이 불가능하다는 논리였다.

이에 반해 하륜은 사관이 당시의 사실을 모두 기록할 수 없었을 것이며, 원로 대신들이 살아 있을 때 편찬해야 본말을 기록할 수 있다며 왕의 사후에 곧바로 편찬해야 한다고 주장했다. 태종은 두 견해에 대해 하륜의 손을 들어주었다. 이때부터 왕의 사후에 실록을 편찬하는 선례가 만들어져 왕이 사망하면 곧바로 편찬되는 원칙이 이어졌다.

왕이 두려워하는 것은 하늘과 역사다

실록의 편찬은 다음 국왕 즉위 후에 실록청 또는 찬수청, 일기청에서 담당하였는데, 보통 실록청의 총재관은 재상이 맡았고 관계관을 배치하여 편찬하였다. 사초는 왕이라 할지라도 함부로 열람할 수 없도록 비밀을 보장함으로써 실록의 진실성과 신빙성을 확보했다.

중국·일본·베트남 등 유교 문화가 지배적이었던 국가에서는 모두 실록이 편찬되었다. 하지만 실록을 후손 왕이 볼 수 없다는 원칙을 지킨 나라는 조선왕조뿐이었다. 태조·세종·성종 등 숱한 국왕들이 실록을 열람하려 했으나, 사관들의 목숨을 건 반대에 부딪혀 결국 보지 못했다. 다만 연산군이 무오사화 때 사초의 일부를 본 것이 유일한 경우였다. 권력자가 자신에 대해 좋은 평가를 기대하는 것은 당연한 욕구이다. 조선 시대의 국왕들은 그 유혹을 물리치고 공정한 역사 편찬을 지지하고 도와주었다. 역사 앞에 당당하고자 한 목적을 위하여 엄숙한 절제력을 받아들였다.

사초는 치세 중인 국왕에 대한 당대 기록이다. 실록은 국왕이 죽은 후에 편찬되는 역사서이다. 그러나 이성계는 자신이 조선을 건국했기 때문에 조선왕조실록은 아직 시작도 하기 전이었다. 태조 이성계는 쿠데타로 조선을 건국했으므로 사관들의 자신에 대한 평가가 좋지 않을지 모른다는 우려를 갖고 있었다.

그래서 이성계는 태조 4년, 1395년 당태종의 고사를 들어 국왕도 사초를 볼 수 있다면서 즉위 이후의 사초를 모두 제출하라고 명했다. 국왕이 사초를 보면 직필이 불가능하다면서 대신들이 반대하자, 왕은 일단 이를 수용했지만 3년 후 다시 사초를 보겠다고 고집하면서 기어이 사초를 제출하게 했다.

신하의 반대에도 불구하고 태조가 사초를 굳이 보자고 한 것은 자신이 집권하기 전 고려말의 상황이 사초에 어떻게 기록되었는가가 궁금했기 때문이다. 태조는 자신의 즉위 과정에서 국왕과 신하가 몰래 나눈 대화를 사관이 제대로 기록할 수 없기 때문에 자신이 사초를 읽어야 한다고 주장했다. 태조는 제출된 사초의 상당 부분을 수정하게 했다. 이성계를 미화시켜 조선 건국의 정당성을 확보하는 내용으로 바꾼 것이다.

태종도 태조실록을 편찬하는 과정에서 사관들에게 또 사초를 고치도록 했다. 태종도 개국 당시의 기밀은 자신만이 알고 있기 때문에 사관이 쓴 사초는 부정확하다는 것이었다. 역사 앞에 두려웠던 사람들이었다. 이것이 결국 『조선왕조실록』의 중요성과 의의를 실추시키는 요인이 되었다. 정당하지 못한 집권이 후대에 전해질까 두려워한 것이다.

세종은 당대 기록인 사초는 보려고 하지 않았으나 선대의 실록만은 보고자 했다. 실제로 태조실록을 열람한 후 세종 13년, 자신의 아버지인 태종실록이 완성되자 '전대의 제왕들 중에 선대의 기록을 보지 않은 사람은 없는 것 같다' 면서 태종실록을 보려고 했다. 이때 맹사성이 국왕이 실록을 본다면 사관들이 두려워 직필하지 못한다며 세종의 실록 열람을 반대했다. 세종은 맹사성의 건의를 수용했다.

그러나 세종 20년 다시 실록을 보자고 했다. 세종은 자신이 이미 태조실록은 보았는데 태종실록은 왜 볼 수 없느냐고 반문했다. 당대의 역사인 사초를 보는 것은 안 되지만 선대 실록을 보는 것은 잘못이 아니라는 논법도 제시했다. 이번에는 황희와 신개가 세종의 실록 열람을 반대했다. 그들은 '선대의 실록은 비록 당대는 아니나 편수한 신하들이 모두 살아 있다. 만약 왕이 실록을 본다면 이들의 마음이 편치 못할 것이다' 라고 반대했다.

세종은 이들의 간언을 받아들여 태종실록을 보지 못했다. 세종이 몇 차례에 걸쳐 실록을 보려고 했음에도 끝내 신하의 반대로 뜻을 이루지 못한 일화는 조선왕조에서 중요한 전례로 작용했다. 이후 왕이 실록 열람을 요청하면 신하들은 세종의 예를 들어 국왕의 실록 열람을 견제했다. 전제 군주제에서는 이러한 규칙이 제대로 지켜지기가 결코 쉽지 않았다.

중국의 경우 황제가 신하들의 반대를 물리치고 실록을 보는 일이 많았다. 자신이 적은 기록에 의해 후환이 두려운 사관은 황제의 비위에 거슬리지 않도록 기록해야 했고 이 과정에서 직필이 아니라 곡필을 할 수밖에 없었다. 중국의 『황명실록』은 2,964권이나 되는데도 불구하고 글자 수는 총 1,600만 자에 불과했다. 기록이 부실했기 때문이다.

조선왕조실록은 1,893권 888책이지만 글자 수로 따지면 약 6,400만 자이다. 『황명실록』은 조선왕조실록에 비하면 4분의 1 수준에 불과하다. 그만큼 왜곡되고 비위에 맞춘 글을 쓰다 보니 실속이 없는 기록이 되었다.

공자가 지었다는 『춘추春秋』에서 원형을 찾을 수 있는 춘추필법이란 대원칙을 지켜 실록을 썼다. 춘추필법이란 참 간단한 것이다. 착한 것을 착하다, 나쁜 것을 나쁘다고 그대로 쓰는 것이다.

원칙은 간단하지만 정말 어렵다. 좋은 것을 좋다고 쓰는 것은 쉽지만 나쁜 것을 나쁘다고 쓰는 것은 목숨을 걸어야 한다. 조선왕조실록에도 원천적인 문제점이 있었다. 실록을 기록하는 사람을 적도록 되어 있는 사초 실명제가 그랬다. 작성자가 분명하게 노출되는 상황에서 사관이 소신껏 사초를 작성하는 것이 어렵다. 실록의 권위와 공정성을 위해 여러 차례에 걸쳐 사초 실명제의 폐단이 논의되었다. 의외로 대신들에 의해 거절되었다. 대신들은 왕과 마찬가지로 항상 자신에 대한 내용이 사관들에 의해서 어떻게 적혀질지를 우려했다. 이에 대한 견제 장치가 필요했기 때문이다.

원래 '실록實錄'이란 명칭은 어떤 특정한 역사책을 지칭하는 것이 아니다. 이 말의 한자어 뜻을 그대로 풀면 사실을 기록한 책이다. 대체로 실록

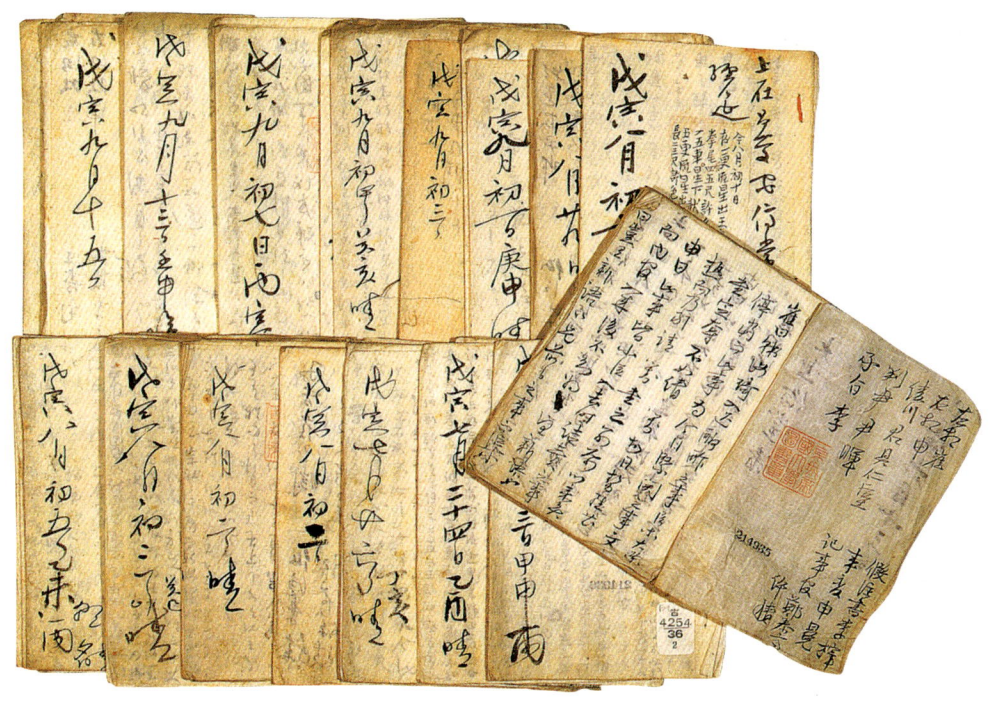

인조무인사초
사관이 작성하여 집안에 보관했던 가장사초의 원본으로, 1636년(인조 14년) 6월 13일부터 9월 17일까지의 사초를 날짜별로 1책씩 묶어 놓았다.

이란 왕의 재위 기간 동안 발생한 사실을 국가에서 주도하여 편년체로 편찬한 이른바 관청에서 주도하여 작성한 관찬 역사를 뜻한다. 우리나라에서는 이미 고려 시대부터 역대 왕의 실록을 편찬하는 것이 제도화되어 있었다. 고려의 실록들이 조선 초까지도 전해서 고려사 연구의 가장 중요한 사료인 『고려사』와 『고려사절요』를 편찬하는 기본 자료가 되었다. 하지만 고려 시대의 실록은 정사를 편찬한 후에 모두 소각하는 관례에 따라 소각되어 불행하게도 지금은 남아 있지 않다.

『조선왕조실록』은 내용과 기재 방법이 엄밀하게 정해져 있었다. 반드시 기재해야 하는 내용은 대부분 정치적인 성격을 가진 것으로 왕의 공식 일정, 국가의 공식 행사, 주요 정치적 사건, 고위 관료의 인사, 천재지변 등이다. 그러나 조선왕조실록은 단순히 정치적 사실만 기록한 것이 아니라 조선 시대의 다양한 학문 분야와 사회 현상에 대한 내용을 담고 있다. 조선이 500년이란 세월 동안 유지되어 온 여러 이유 중에 하나일 것이다.

조선왕조실록이 가진
세계기록유산으로서의 가치

조선왕조실록의 세계적 기록유산으로서의 의의를 살펴본다. 첫째로 조선왕조실록은 25대 군주의 실록이다. 472년 간의 역사를 수록한 것이기에 한 왕조의 역사적 기록으로 세계에서 가장 장구한 세월에 걸친 실록이다. 아쉽게도 마지막 왕인 고종과 순조는 빠졌지만 세계적으로 알려진 중국의 『대청역조실록大淸歷朝實錄』의 296년보다도 훨씬 긴 기간의 역사 기록이다.

둘째는 조선왕조실록은 조선왕조 500년을 총망라해서 기록해 놓은 기록의 총합이다. 일본의 『삼대실록三代實錄』, 남원조南院朝의 『대남실록大南實錄』이 있지만 빈약하고 중국의 『황명실록皇明實錄』은 2,964권으로 된 막대한 양이나 기록 내용은 부실하다. 앞서 설명했듯이 조선왕조실록이 총 6,400만 자인 것에 비해 『황명실록皇明實錄』은 총 1,600만 자에 불과하다. 다음으로 조선왕조실록은 국왕으로부터 일반 백성에 이르기까지의 다양한 기록을 담고 있으며, 정치, 외교, 사회, 경제, 학예, 종교 생활부터 천문, 지리, 음악, 과학적 사실과 자연재해나 천문 현상까지 세부적으로 적어 놓았다.

이렇게 우리에게 귀중한 자료가 500년에 가까운 긴 시간 동안 완전하게 보존되어 온 것도 세계적으로 유례를 보기 힘든 일이다. 선왕의 실록 편찬 사업이 끝나면 최종 원고 4부를 인쇄하여 서울의 춘추관과 불의의 사고에 대비하기 위해 깊은 산중에 지어 놓은 사고에 보관했다. 정치에서부터 아주 작은 일까지 적어 놓아서 조선 시대 전반을 이해하는 데 이보다 훌륭한 기록물은 찾아볼 수 없다. 동북아의 외교적 관계가 수록되어 있는 국제적 성격의 기록물이며 중국을 비롯한 일본, 몽고 등 동아시아 제국의 역사 및 관계사 연구에도 귀중한 기본 자료이다. 여기서 조선왕조실록의 실제 기록 형태를 보면 이해가 훨씬 쉬워지리라 생각된다.

성종 177 16/04/09(경신) / 영의정 윤필상 등이 합사하여 잠자리를 다시 하기를 청하다.

의정부 영의정 윤필상 등이 와서 함께 아뢰었다. "『가례家禮』에 이르기를, '대상大祥 뒤에 잠자리를 다시 한다.'고 하였습니다. 신 등이 지금 듣건대, 성상께서 대상을 지나시고도 오히려 잠자리를 다시 하지 않는다 하니, 청컨대『가례家禮』에 따라 행하소서."

왕이 말했다.

"경 등이 아뢴 바가 옳다. 대비大妃께서도 말씀하시기를, '문종文宗께서도 대상 뒤에 잠자리를 다시 하셨으니, 조종祖宗의 전례를 따르지 않을 수 없다.'고 하셨다. 그러나『예기禮記』에 이르기를, '담제禫 뒤에 잠자리를 다시 한다.'고 하였으므로, 내가 감히 따르지 못한다." 하였다. 윤필상 등이 다시 아뢰었다. "『예기』는 옛사람들이 행한 일을 모두 실었고, 『가례』는 주자가 예문禮文을 절충하여 만든 것인데, 주자가 어찌『예기』의 말을 보지 않았겠습니까? 그리고 조종께서 행하시고 대비께서도 말씀하셨으니, 청컨대

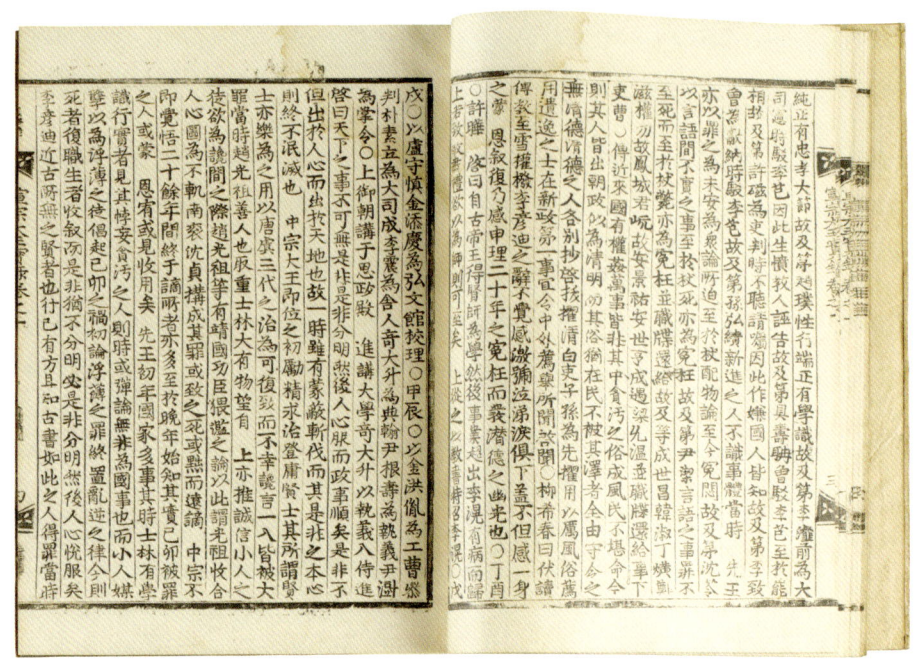

오대산사고본 선조실록
조선왕조실록은 때론 정사를 묵직하게 서술하였고 때론 소설의 한 부분처럼 실감나게 그대로 적었다.

『가례』에 따르소서."

　임금이 상을 집행하는데 예절을 다하여, 3년을 마치도록 내전內殿에 들지 않고 항상 숭문당에서 잠자리를 처하되, 오직 환시宦寺만이 시측侍側하고 있었는데, 지금에 이르러서도 오히려 그러하므로 의정부에서 청한 것이었다.

　성종실록의 한 부분이다. 성종 16년 4월 아흐렛날 신하와 왕의 대화 내용인데, 「영의정 윤필상 등이 합사하여 잠자리를 다시 하기를 청하다」라는 내용으로 되어 있다. 소설의 한 부분을 읽는 착각을 불러일으킬 정도로 실감나게 기술되어 있다. 그리고 왕과 신하의 대화에서 왕의 잠자리에 대해 이야기하고 있음을 확인할 수 있다. 지금 입장에서 보면 왕과 왕비의 잠자리를 함께 하느냐 하는 문제는 극히 사적인 일이지만 당시 왕의 잠자리는 한 나라의 명운을 좌우할 수 있는 것이기도 했다.

이와 같이 조선왕조실록은 높은 사실성을 가지고 정황과 세세한 내용까지도 그대로 기록해 두어 정사뿐만 아니라 대신들의 집안일 그리고 백성들의 소리를 간접적으로 확인할 수 있도록 기술되었다.

조선왕조실록은 전문 관료인 사관에 의해서 사실성을 보장받은 지식인의 기록이라는 점에서 비판적이고 보편성을 획득한 기록이며, 진실성을 상당 부분 가진 역사서이다.

위에서 본 바와 같이 왕과 신하의 대화 내용, 그리고 정황이 한번에 그려지도록 기록한 역사서는 어디에서도 찾아보기 힘든 아주 특별한 역사 기록물이다. 군주마저도 함부로 열람할 수 없었던 것은 조선의 역사를 후대가 이해하는 데 큰 역할을 했을 뿐 아니라 군주의 독주를 막을 수 있는 견제 역할로서도 충실했다.

실록 편찬의 체제와 격식

조선왕조실록에는 태조실록 이래 대체로 준수되어 온 일정한 편찬의 체제와 격식이 있다. 성종실록은 기사의 다과를 불문하고 1개월 치를 1권으로 편성하였기 때문에 그 권수가 대단히 많았다. 당해 국왕의 성명, 자호字號, 부모와 출생 연월일 및 성장과 교육 과정, 세자로의 책봉, 입후된 왕의 경우 친생부모와 입후의 과정 등 인물 정보를 비교적 간략히 기록하였다.

실록은 전형적인 연대기 자료 같이 보이지만, 단순한 일기나 일지류의 사실 기록이 아니라 기록자 혹자 편찬자들의 비판적 안목과 사관이 많이 가미된 역사서이다.

편년체 기사와 별도로 지志를 붙인 것은 세종실록과 세조실록에만 있고, 단종실록에는 위호位號 복위의 과정과 관련된 문헌을 부록으로 붙이기도 했다. 연월일의 표기는 왕의 연도, 계절, 달, 날짜의 차례로 쓴다. 왕의 연도는 대체로 유년칭원법踰年稱元法에 따라 당해 왕이 즉위한 다음 해를 원년으로 쓰지만, 세조나 중종, 인조와 같이 전왕의 정통성을 부인할 경우에는 즉위년부터 바로 원년으로 쓴다.

왕의 연도 표기 아래에는 중국 황제의 연호를 세주로 표시하였다. 특별히 설명을 요하는 주석 부분에는 작은 글씨로 세주細註를 붙였다. 대체로

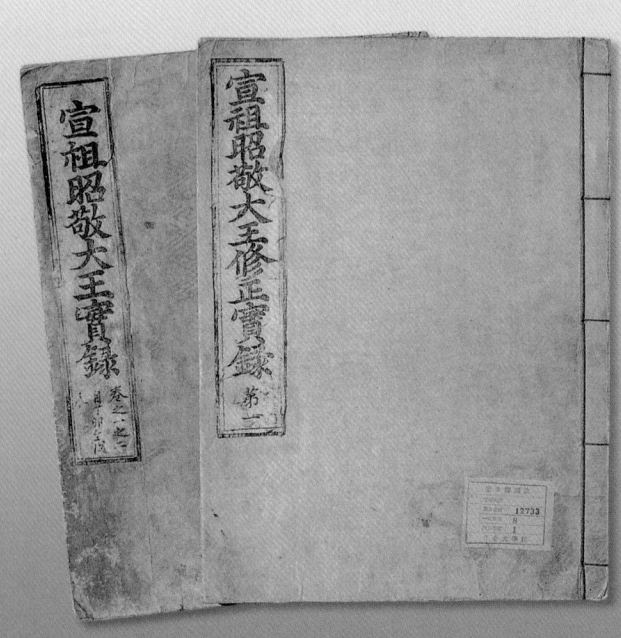

「선조수정실록」, 「선조실록」
선조실록은 선조의 재위 41년간의 실록이며, 선조수정실록은 선조실록 중에서 내용을 수정 보완하여 새로 편집한 실록이다.

사신왈史臣曰로 시작되는 사관들의 논평, 즉 사론은 문단 전체를 상단으로부터 한 자씩 내려서 썼다. 논평을 세주에 기록한 경우도 많다. 그 부록으로 그 왕의 행록行錄·행장行狀·시장諡狀·애책문哀冊文·능지문陵誌文 등의 전기류 자료들을 수록하였다.

실록에 수록되는 내용은 매우 다양하다. 국왕과 신하들의 인물 정보, 외교·군사 관계, 국정의 논의 과정, 의례의 진행, 천문 관측 자료, 천재지변 기록, 법령과 전례 자료, 호구와 부세賦稅·요역의 통계 자료, 지방 정보와 민간 동향, 계문啓聞·차자箚子·상소와 비답批答 등 헤아릴 수 없이 많은 종류의 내용들이 포함되어 있다.

실록을 만들 때마다 일정한 범례를 만들어 기사의 취사선택에 관한 기준을 정하기는 하지만, 국정의 운영이나 사회의 동향에 관한 거의 모든 정보들이 실록에 수록된다.

조선왕조실록은 정족산본 1,181책, 태백산본 848책, 오대산본 27책, 기타 산본 21책을 포함해서 총 2,077책이 일괄적으로 1973년에 국보 제151호로 지정되었으며, 1997년 유네스코 세계기록유산 국제자문위원회에 의해 『훈민정음』과 더불어 세계기록유산에 선정되었다.

방대한 양의 조선왕조실록은 위정자가 바른 정치를 펼 수 있도록 한 사대부의 승리를 의미하는 기록물이었다. 왕의 독주를 견제하는 장치로 이보다 확실하게 만든 장치는 있을 수 없다. 역사 앞에 당당하라는 계시였고 감시였다. 조선을 사대부의 나라라고 하는 것도 이러한 견제 정치에서 찾을 수 있다. 조선왕조실록은 강자와 약자의 공존을 도모한 위대한 기록이다.

한국의 세계기록유산

직지심체요절

세계 최초의 금속 활자, 직지

1999년 말 타임지가 지난 1000년간 인류 사상 최대의 영향을 미친 발명으로 꼽은 건 구텐베르크의 금속 활자였다고 발표했다. 즉, 금속 활자의 발명을 인류를 발전시킨 위대한 사건으로 본 것이다. 서양의 많은 연구소와 매체들은 위대한 발명으로 구텐베르크의 인쇄술을 꼽았다. 월스트리트저널, 워싱턴포스트, BBC도 가장 위대한 발명으로 구텐베르크의 혁명을 꼽았다.

구텐베르크의 위대함을 인정하는 이유는 금속 활자의 발명을 지식·정보의 혁명적 대량 생산과 보급의 출발점으로 보기 때문이다. 서양의 역사

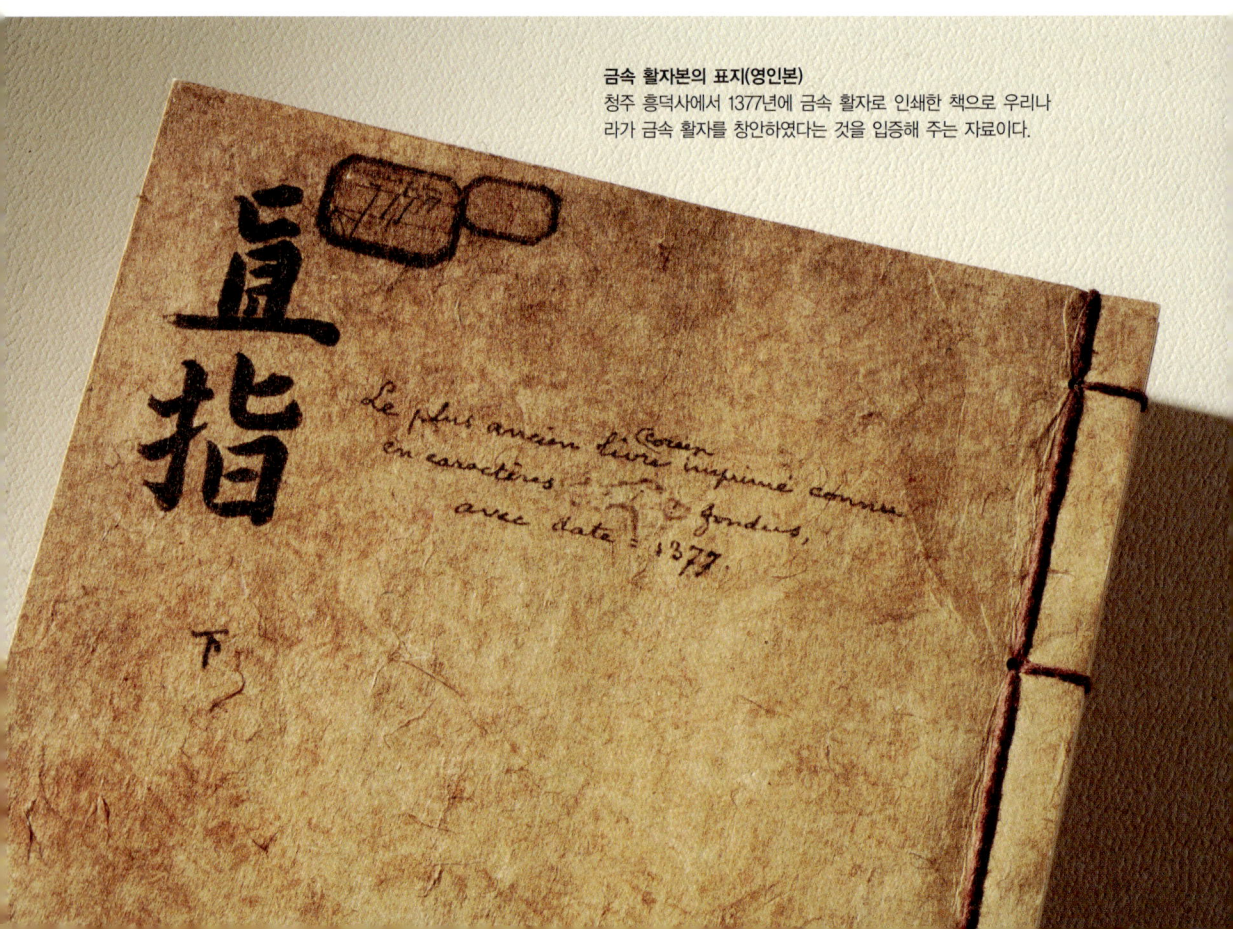

금속 활자본의 표지(영인본)
청주 흥덕사에서 1377년에 금속 활자로 인쇄한 책으로 우리나라가 금속 활자를 창안하였다는 것을 입증해 주는 자료이다.

가들은 구텐베르크의 금속 활자 발명과 인쇄술의 혁명을 서양사의 큰 획을 그은 르네상스, 종교 개혁, 산업 혁명, 시민 혁명과 같은 선상에 놓고 있다.

금속 활자의 발명으로 인류는 위대한 전진을 하게 되었다. 하층민에게도 인식의 지평이 넓어지는 계기가 되었고 인간의 자유와 평등 사상이 전파되어 폭발적인 변화가 생겼다. 왕과 귀족 그리고 성직자들만의 독점적인 정보를 일반 시민들이 함께 공유하게 되면서 기회는 일반 시민에게도 찾아왔다. 변화는 새로운 흐름을 만들어냈다. 하지만 세상을 변하게 한 금속 활자의 발명은 어디에서 일어났는가. 바로 한국이다. 한국인이 발명한 금속 활자에 대하여 발언한 내용이 있다. 다음은 신문 기사로 실린 직지에 대한 앨고어 미국 부통령의 발언 내용이다.

앨 고어 전 미국 부통령은 한국에서 일어나고 있는 디지털 혁명은 커뮤니케이션 부문에서 인쇄술에 이어 세계에 주는 두 번째 선물이라고 밝혔다. 고어 전 부통령은 이날 서울 신라호텔에서 열린 '서울디지털포럼 2005'에서 한국의 정보 기술 발전에 대해 놀라움을 표시하면서 "서양에서는 구텐베르크가 인쇄술을 발명한 것으로 알고 있지만 이는 당시 교황 사절단이 한국을 방문한 이후 얻어온 기술"이라고 말했다.

그는 "스위스의 인쇄 박물관에서 알게 된 것"이라며 "구텐베르크가 인쇄술을 발명할 때 교황의 사절단과 이야기했는데, 그 사절단은 한국을 방문하고 여러 가지 인쇄 기술 기록을 가져온 구텐베르크의 친구였다"고 전했다. 따라서 그는 "한국의 디지털 혁명은 역사적으로 보면 두 번째로 획기적이고 혁신적인 기술 발전에 기여하는 사례가 될 것"이라며 "전 세계가 인쇄술에 이어 한국으로부터 두 번째로 큰 혜택을 보게 되는 것"이라고 밝혔다.

놀라운 발언 내용이다. 충격적이었다. 한국인이 금속 활자를 발명하고 금속 활자의 발명과 지금의 디지털 혁명에 한국이 기여하고 있다는 것도 대단한 일이지만 더 놀라운 것은 금속 활자가 유럽으로 전파된 사실을 공표한 내용이었다. 구텐베르크의 금속 활자와 인쇄술이 한국에서 전해진 것이며 교황 사절단이 한국을 방문한 후 얻어 온 기술이라는 사실의 공표였다. 이 사실을 듣게 된 경위도 스위스 인쇄 박물관에서 알게 될 것이라고 출처까지 밝혔다. 더불어 한국의 정보 기술 발전에 대하여 이야기했다. "전 세계가 인쇄술에 이어 한국으로부터 두 번째로 큰 혜택을 보게 되는 것"이라며 과거의 금속 활자 발명과 현재의 정보 기술 발전에 대한 찬사를 했다. 더 이상의 사실 확인은 어려웠다.

앨 고어의 이 같은 연설은 2008년 출판된 국내 소설 『베니스의 개성상인』의 집필 동기가 되었다. 소설을 쓴 작가 오세형은 앨 고어의 연설을 단서로 수년간에 걸쳐 개연성을 찾기 위한 연구를 했다. 로마교황청의 기록에서 "구텐베르크의 친구인 니콜라우스 쿠자누스 추기경은 로마교황청의 사절단 일행이었고, 로마 교황청에는 1452년 '신원이 그 이상 알려지지 않은 인물'이 니콜라우스 쿠자누스 추기경의 소개로 '42행 성서'가 성공적으로 마무리되었음을 고해 금속 활자의 완성을 공식적으로 인정받았다"는 기록이 있음을 확인했다고 한다.

세계 최초의 금속 활자로 찍은 '직지'의 정확한 이름은 '백운화상초록불조직지심체요절白雲和尙抄錄佛祖直指心體要節'이다. 역대 여러 부처와 고승들의 법어, 대화, 편지 등에서 중요한 내용을 뽑아서 편찬했다. 중심 주제인 직지심체는 사람이 마음을 바르게 가졌을 때 그 심성이 곧 부처님의 마음임을 깨닫게 된다는 것이다. 백운화상이 원나라에서 받아온 불조직지심체요절 1권의 내용을 대폭 늘려 상·하 2권으로 엮었다. 백운화상이 사망한 후에 제자 법린 등이 청주 흥덕사에서 간행한 금속 활자본을 바탕으로 간행했다. 그 해가 1377년이다. 어른 손바닥만한 크기로 정확한 크기는 세로 21.4센티미터, 가로 15.8센티미터이다.

프랑스 국립 박물관 도서관 소장품 중에 우리나라 고려말 때 인쇄된 불경 직지 하권이 소중히 보관돼 있다. 직지 하권 말미에 인쇄되어 있는 19자가 이 책의 역사를 말해주고 있다.

宣光七年 丁巳七月 淸州牧外 興德寺 鑄字印施
선광7년 정사7월 청주목외 흥덕사 주자인시

한국의 금속 활자가 세계에 인정받을 수 있도록 한 글이다. 글자 수는 불과 19자이지만 19자가 갖는 문화사적인 의미는 크다. 이를 해석하면 '고려말 우왕 3년, 1377년 7월 충북 청주 흥덕사에서 간행한 초본'이란 내용이며 여기에서 주자鑄字는 금속 활자를 말한다. 고증을 거친 끝에 직지는 서양의 구텐베르크가 금속 활자로 찍었던 '42행성서'보다 73년이 앞선 금속 활자본임이 입증되었다.

직지는 세계 최초로 금속 활자를 발명한 나라가 우리나라였음을 공인받는 계기가 되면서 세계 출판 역사를 다시 쓰게 한 획기적인 책이 되었다. 한민족이 문화의 변방이 아니라 중심적인 역할을 스스로 개척해 온 나라임을 증명하는 계기가 되었다. 인쇄술은 당대에 가장 선진적인 기술이었다. 지금의 정보 산업과 마찬가지였다. 직지가 보여준 예에 의해서 확인할 수 있듯이 중국이 전해준 기술의 바탕 위에 한 단계 앞선 인쇄술을 가진 선진국이 되었다.

세계기록유산으로 자국에 없는 경우는 직지가 유일하다

직지는 어떻게 해서 알려지고 어떤 경로를 통해 프랑스 국립 박물관에 보관되어 있을까?

프랑스 파리에 있는 국립 도서관의 서고 깊은 곳에서 한 동양 여성이 다른 사람의 관심을 받지 못했던 책 한 권을 집어 들었다. 중국 책이 있던 곳에서 한국 책을 찾아내는 극적인 순간이다. 직지는 한국의 책이 아닌 중국 서적 속에 묻혀 있었다. 직지가 세계 최초의 금속 활자본이라는 것을 안 사람은 없었다. 묻혀 있었던 귀중한 책을 발견한 사람이 있었다. 직지의 귀중함을 안 사람도 직지가 한국의 흥국사에서 발행한 책이라는 것을 안 사람도 박병선 박사였다.

직지는 박병선 박사에 의해서 세상 밖으로 모습을 드러냈고 한국인의 위대함을 알렸다. 직지는 오직 개인의 노력과 관심으로만 찾아낸 것이다. 책의 표지에는 '직지直指'라는 두 글자가 선명했다. 1967년이었다. 그것이 직지가 세상으로 얼굴을 내민 첫 장면이다. 박병선 박사는 발견 당시 소스라치게 놀랐다고 한다. 1377년 청주 흥덕사에서 금속 활자로 인쇄되었다는 문구 때문이었다. 한국 여성 최초로 파리에서 유학했던 '직지의 대모' 박병선 박사와 직지의 첫 만남은 이렇게 이루어졌다. 중국 책으로 여기던 직지가 세계 인쇄 역사를 뒤흔들 우리나라의 문화유산임을 알아차렸다. 박병선 박사는 프랑스 국립 박물관 특별 연구원으로 채용되어 고서들을 접할 기회가 있었다.

박병선 박사에 의하여 얼굴을 드러낸 직지가 만천하에 알려지게 된 것은 세계 도서의 해를 기념하기 위하여 1972년 5월 29일 프랑스 국립도서관에서 열린 '책의 역사전'에서였다. 박병선 박사가 직지를 찾아낸 지 5년이 되어서야 가능했다. 누구도 이를 인정해주는 사람이 없었기 때문이다. 고증이 필요했다.

한국 인쇄술에 대한 연구는 거의 없었다. 스스로 알아내고 확인해야 하는 어려운 작업이었다. 결국 한 사람의 고단한 노력에 의하여 직지가 발명된 지 400년 만에 자랑스러운 실체를 드러냈다. 금속 활자본 직지는 상·하권 중 하권뿐이고 첫 장이 찢겨나간 상태였지만, 1455년 구텐베르크 성서를 70년 이상이나 앞서는 세계 최고最古의 금속 활자본이라는 사실을 증명하기에는 부족함이 없었다.

프랑스가 가져간 외규장각 도서를 1979년에 베르사유 박물관에서 발견해낸 사람도 박병선 박사였다. 동북아 국가들의 활자 전문 서적을 뒤져 찾아낸 직지가 공인을 받는 것도 쉽지 않았다.

직지의 하권 맨 끝에 "선광7년정사7월청주목외흥덕사주자인시宣光七年丁巳七月淸州牧外興德寺鑄字印施"라는 간기가 있어 고려 우왕 3년, 1377년 7월에 청주목 외곽 흥덕사에서 간행된 것을 알 수 있었으나 정작 직지를 간행한 흥덕사에 관한 근거가 없었다. 청주대학교 박물관이 실시한 발굴 조사에서 흥덕사가 있었던 자리를 찾아냈다. 그 자리에서 '서원부 흥덕사書原府 興惠

寺'라고 새겨진 쇠북과 '황통 10년 흥덕사皇統十年 興德寺'라고 새겨진 큰 그릇 뚜껑을 땅속에서 찾아내어 이곳이 직지 하권 끝에 씌어 있는 청주목의 흥덕사 절터임이 확인되었다.

  태조는 개경에 법왕사, 왕륜사, 흥국사 등 10개의 사찰을 지었다. 태조 때 직접 지시에 의하여 지은 사찰인 흥국사에서 직지를 찍어낸 기록과 그 실체가 확인되었다. 흥국사가 있던 절터도 확인되었다. 흥덕사가 있었던 터에

고인쇄 박물관 전시실
우리나라 고인쇄 문화의 발달 과정을 한눈에 볼 수 있도록 신라, 고려, 조선 시대의 목판본, 금속 활자본, 목활자본 등의 고서와 그림, 사진 등을 시대 순으로 전시한 박물관이다.

민족의 자랑인 직지를 기리는 인쇄 박물관을 지었다. 한 사람의 집요하고도 정성스러운 노력에 의하여 직지가 세계 최초의 금속 활자임이 밝혀졌고 청주시에서는 흥덕사지에 1992년 3월 17일 고인쇄 전문 박물관을 지었다. 세계 최초로 금속 활자 인쇄를 창안하여 발전시킨 문화 민족임을 널리 알리고, 우리 선조들의 위업을 후세에 길이 전함으로써 우리나라 인쇄 문화 발달사를 익히는 과학 교육의 장으로 활용되고 있다.

청주 고인쇄 박물관은 고서, 인쇄 기구, 흥덕사지 출토 유물 등 2,600여 점의 유물을 소장하고 있다. 아담하면서도 고풍과 현대풍을 가미시킨 건물은 시선을 끈다.

직지는 조선 시대의 금속 활자 인쇄 방법과는 달리 한 판에 같은 글자의 동일한 꼴이 전혀 나타나지 않는다. 활자의 크기와 획의 굵기가 일정하지 않고 활자의 모양이 정교하게 주조된 것이 있는가 하면, 주조를 실수하여 그 모양이 가지런하지 않거나 일그러지고 획의 일부분이 끊긴 것이 자주 발견된다. 사찰 재래의 전통적 밀납주조법에 나타나는 일반적인 특징이다. 밀납주조법의 과정은 다음과 같다. 고문서 박물관의 자료를 인용한다.

① 글자본 선정 : 글자본을 정한 후 간행하고자 하는 책의 내용에 따라 글자의 크기와 수량을 정하여 종류별로 자본을 제작한다.
② 자본 붙이기 : 어미자의 제작에 필요한 두께와 크기의 낱개 혹은 연속된 판형틀을 만든다. 그리고 밀랍을 녹여 판형틀에 붓고 응고시켜 밀납판형을 만들고, 그 위에 결정된 자본을 뒤집어 붙인다.
③ 어미자 만들기 : 밀랍판형에 붙여진 자본에 따라 조각칼을 사용하여 양각으로 새긴다. 양각된 어미자의 획이나 굵기 등 내면을 잘 다듬고, 연

속된 밀랍판형인 경우에는 일정한 크기로 하나씩 낱개로 잘라내어 완성한다.

④ 밀랍 가지 만들기 : 밀랍봉을 사용하여 가지를 만들고 완성된 밀랍 어미자를 한 자씩 낱낱이 붙여 어미자 가지를 만든다. 이때는 밀랍 어미자를 녹여 낸 후 쇳물이 흘러 들어갈 수 있는 홈이 생기도록 밀납봉을 만든다.

⑤ 주형(거푸집) 만들기 : 모래, 황토 등을 혼합한 주물토를 밀랍 가지에 발라 주형을 만든다. 활자가 들어 있는 주형이 굳으면, 주형에 열을 가해 밀랍으로 된 밀랍 활자를 완전히 녹여 낸다.

⑥ 쇳물붓기 : 청동을 녹여 주형의 입구에 쇳물을 붓는다. 이때 주형의 온도와 녹여진 쇳물의 온도가 비슷해야 쇳물이 잘 들어간다. 즉 거푸집의 온도가 뜨거워야 공기가 차단되어 쇳물이 고루 잘 흘러가기 때문에 거푸집에서 밀랍 어미자 가지가 빠진 직후 쇳물을 붓는다.

⑦ 완성된 주조 활자 : 주형에 부은 쇳물이 식으면 단단해진 거푸집을 파내거나 깨어내서 완성된 활자 가지쇠를 들어낸다.

⑧ 활자 다듬기 : 완성된 활자가 식으면, 쇠톱 등을 사용하여 활자에 달린 활자를 하나씩 떼어낸다. 하나씩 떼어낸 활자를 일정한 크기로 줄로 깎고 다듬는다.

⑨ 조판 : 인쇄할 책의 내용에 따라 활자를 뽑아 인판틀에 조판을 하는데, 먼저 밀납을 계선 사이에 깔고 열을 가하여 녹인 후 활자를 배열하고 인쇄하기 쉽도록 수평을 잡는다.

⑩ 인쇄하기 : 활자면에 먹물을 칠하고, 그 위에 한지를 놓고 사람의 머리카락으로 만든 인체를 사용하여 골고루 문질러 애벌인쇄를 한다. 인쇄물을 교정을 본 후 수정하여 필요한 부수만큼 인쇄한다.

직지를 지은 백운화상의 마음

나는 생각한다. 시간을 멈추어 놓고 세상을 살 수 없고 마음을 멈추어 놓고 세상을 읽을 수 없는 것이 세상이다. 한국의 세계문화유산의 하나인 직지를 쓰면서 살아있음이 번개처럼 어느 한 곳을 강하게 찔러 번개가 닿은 곳은 타버리는 것처럼 몰입의 아름다움에 대하여 생각한다. 불가에서 말하는 깨달음은 부드러운 흐름의 몰입이어서 번개처럼 직접적이지 않고 밖으로부터의 몰입에 의한 강한 전환이 아니라 안으로부터의 발화다. 깨달음은 순간 타오르는 마음의 폭발이다.

수평선을 넘어가는 태양처럼, 산을 더듬으며 솟아오르는 달처럼 저변이 무르익은 다음에야 활화산처럼 폭발하는 것이 깨달음이다. 밖에서 오는 것이 없으면 안에서의 발화도 안 된다. 안과 밖이 만나는 지점에서 일어나는 사건이다. 번개처럼 음의 성질과 양의 성질인 극단의 세계가 하나로 만나는 순간이 깨달음이다. 양 극단의 만남은 전체를 아우르는 큰 통합이다. 통합이 없이 깨달음은 없다.

불조직지심체요절은 선禪의 핵심을 깨닫는 데 필요한 것만을 뽑아 간추려 적은 글이다. 직지, 즉 백운화상초록불조직지심체요절을 지은 백운화상은 어려서 출가하여 불학을 익히고 수도에 전념하였다. 백운화상은 국내에 머무르지 않고 중국으로 건너가 호주 하무산에 터를 잡고 있던 청공화상으로부터 직접 심법心法을 전수 받았다. 뿐만 아니라 도를 위해 먼 길을 마다않고 유학을 떠난 학승답게 스승을 찾아 나섰다. 인도의 승려인 지공화상에게도 직접 법을 물어 도를 깨달았다. 귀국한 후에는 보우와 나옹화상과 더불어 대선사의 반열에 오른다.

백운白雲, 하얀 구름. 흰 구름은 머물지 않는다. 구름은 흐르는 일로 세상을 마무리 짓지 않는다. 구름은 지상으로 떨어지기 위하여 흐른다. 자신의 몸이 무거워지면 낙하하는데 이미 구름이 아니라 비다. 지상의 식물들과 뛰어노는 동물들에게 생명의 근원인 물로 떨어지는 것이 비다. 다 비우기 위하여 도를 향해 정진하고 비운 후에 많은 사람들에게 깨달음을 전하기 위하여 백운화상은 저술에 들어간다. 백운화상의 몸은 이미 늙었다. 마음은 제자리에 있는데 몸은 늙어간다. 깨달음은 마음 안에 있는데 세상에 보여야 한다. 백운화상은 마지막 열정으로 저술에 매달린다.

백운화상은 나이 75세에 직지에 손을 댄다. 스스로 깨달은 선도禪道와 선관禪觀의 깨달음에 목말라 있는 사람들에게 보여주고자 매달린다. 어떤 깨달음도 누가 대신해줄 수는 없다. 세상을 바라보는 감성을 아는 사람은 본인이듯이 깨달음의 세계를 바라보는 것은 본인의 몫이다. 부처에게 기도하거나 매달려서 해결될 수 없는 것이 견성이다. 하지만 방법을 전수할 수는 있다. 걷기 위해서는 넘어지는 방법을 배우는 것이 아니라 다시 일어서는 방법을 배워야 한다. 생애 내내 넘어지다가 다시 일어서서 가야 하는 것이 살아있는 자의 몫이기 때문이다.

백운화상은 노구를 이끌고 75세에 시작하여 77세에 마무리한다. 1372년에 성불산 성불사에서 시작하여 1374년에 마무리하고는 여주 취암사에서 입적했다. 백운화상이 지은 직지는 상·하 2권으로 되어 있으나, 현재 하권만이 유일하게 프랑스에 소장되어 있다.

하권은 39장으로 이루어져 있는데, 첫째 장은 없고 2장부터 39장까지 총 38장만이 남아 있다. 백운화상이 가장 하고 싶었던 말은 한마디로 직지

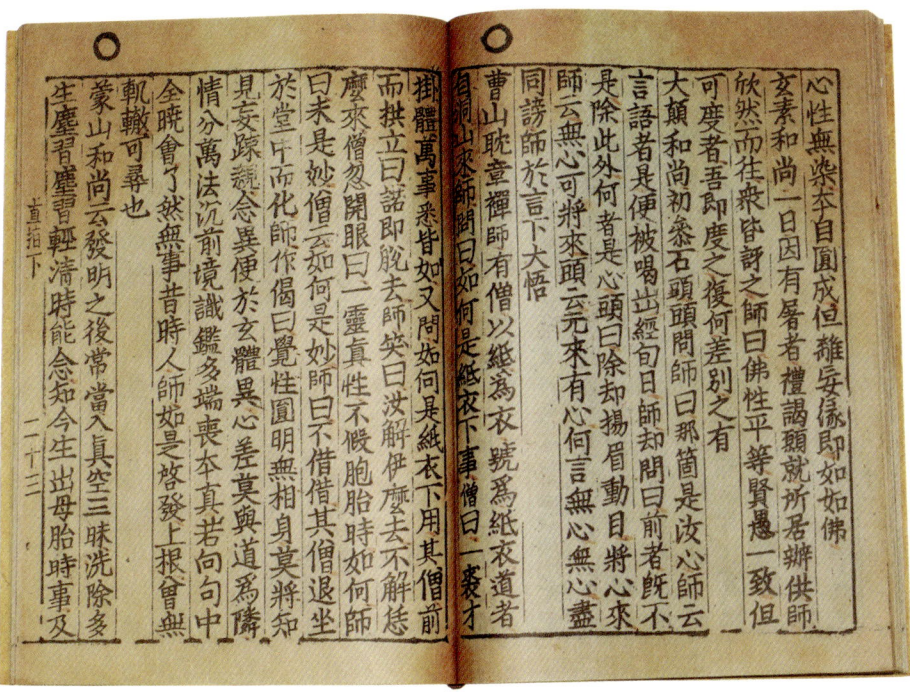

금속 활자본(영인본)
금속 활자는 한글처럼 자음과 모음의 조합이 아니라 한 자씩 만들어 같은 글자가 거의 없다.

였을 것이다.

불조직지심체요절의 '직지심체'는, '직지인심견성성불直指人心見性成佛'이라는 수신오도修身悟道의 대표적인 글귀에서 채록한 것이다.

直指人心 見性成佛 직지인심 견성성불
사람의 마음을 바로 보면 부처의 마음을 본다

부처의 마음도 사람의 마음 안에 있고, 부처의 마음도 사람의 마음임을 말하고 있다. 마음의 실체가 마음 밖에 있는 것이 아니라 마음 안에 있어

직지심체요절 77

마음을 다스리는 일이 진정 중요하고 마음의 움직임을 바로 파악하여 깨달음에 이르는 길이 선도이다.

부처의 마음을 이해하는 것이 아니라 내 마음의 일을 깨달아야 하는 것이기 때문에 깨달음의 길은 지난하다. 사람의 마음에서 오롯이 태울 수 있는 것은 자신의 마음이다. 내 마음만이 내가 만날 수 있고 내 마음만이 내가 다스릴 수 있다. 마음의 본체를 알아야 마음을 다스릴 수 있다. 마음을 바라보는 날이 깨달음의 날이다.

세상에서 가장 중요한 것은 자신이고 세상에서 가장 빛나는 것은 자기 자신이다. 그래서 자신의 마음의 때를 벗겨야 세상을 읽을 수 있다. 세상의 척도는 나 자신이기 때문이다. 내 마음이 본 대로 세상은 보인다. 깨달은 자도 깨닫지 못한 자도 간다. 하지만 깨달음과 깨닫지 못함은 본인 스스로의 본체이다. 내 마음을 바라보고 내 마음이 흐르는 것을 통하여 세상의 이치를 깨닫는 것이 선이다.

'요절要節'은 이런 부처의 가르침을 중요한 대목만 뽑아 모은 저서를 말한다. 백운화상은 세상이 혼란의 정점에 있을 때 마음 고요히 집필에 임했다. 백운화상이 집필에 들어간 공민왕 21년에서 23년은 공민왕의 말년으로 고려가 망해가는 시기였다. 공민왕의 집권 기간은 23년이었으니 공민왕이 죽은 해와 백운화상이 직지를 마무리하고 죽음에 이른 해가 같은 해이다. 세상의 어지러움과 백운화상의 일과는 관련 없이 흘렀다. 백운화상이 사망하고 나자 백운화상의 제자 석찬과 달담이 비구니 묘덕의 시주를 받아 청주 흥덕사에서 1377년 7월에 금속 활자로 인쇄하였다. 역사적인 순간이었다.

목판에서 금속 활자로의 전환은
첨단 기술의 창조를 의미한다

목판은 번거롭다. 나무를 베어내서 가지를 쳐내고 자르고 말리고 하는 과정이 복잡하며 오랜 시간 주위를 기울여야만 목재로서의 재질을 가질 수 있다. 또한 부피가 큰 목재는 보관 방법상 불편했다. 목판은 경비와 노력, 시간이 많이 필요했다. 금속 활자는 복잡한 과정을 거쳐서 제작되고 보관에도 어려움이 있는 목판 인쇄에 비해 만드는 과정이 짧고 보관에도 신경을 별로 쓸 필요가 없었다. 변형이 없어서 만드는 과정에만 신경을 쓰면 된다.

우리나라의 첨단 기술의 발전 과정은 밝혀지지 않는 특징이 있다. 도자기도 그랬고 금속 활자도 마찬가지다. 기술적인 능력을 가진 장인은 세인들의 집중적인 주목을 받는 직업이 아니었다. 직업인으로서 개발은 했지만 모든 공정의 감독이 관청이었기 때문이다.

우리에게 위대한 발명이 있었음에도 위대한 발명을 이끌어낸 발명자는 밝혀지지 않는다. 역사적으로 밝혀진 내용은 통치자의 지시 내용이다. 지금도 마찬가지이다. 최고의 정보 통신 기술을 가진 나라이지만 발명자는 세상의 이목을 받지 못한다. 미국의 빌 게이츠와 스티브 잡스와는 다른 풍경을 보여준다. 직지를 지은 사람은 백운화상이지만 직지를 책으로 만든 사람은 고려인이었다. 고려인 중에서도 장인이었다.

직지의 금속 활자는 범종과 고려 땅에 살고 있는 사람들의 도구를 만들어주던 대장장이와 서각을 하는 각쟁이의 능력과 노력의 결과였다.

한민족의 역사에서 개인의 자유가 만개한 적은 드물었다. 한민족의 능력은 뛰어났지만 능력을 발휘할 기회가 적었다. 관치와 기득권자인 왕권에 의하여 한민족의 타고난 예술성과 성과는 묻혔다. 결국 흉내내기 어려운 고려자기를 만든 사람도, 위대한 성덕대왕신종을 만든 사람도, 신라의 금관을 만든 사람도 알려지지 않았다.

역사 속에서 국가적인 사업으로 남의 나라 사람을 초대한 경우에는 알려지기도 했다. 백제의 장인 아비지 같은 경우가 그렇다. 뛰어난 장인을 기리기 위한 것이 아니라 신라에서 만들 수 없는 탑을 백제의 아비지에게 부탁했다는 내용이 알려졌을 뿐이다. 백제의 금동대향로는 진정 백제의 세공술이 절정을 이루는 작품이다. 하지만 역시 백제금동대향로를 만든 장인은 알려져 있지 않다. 척박한 상황에서도 우리 한민족의 위대함은 드러난다. 무시받고 천대받으며 생계를 위하여 이루어 낸 예술혼이지만 한민족은 위대했음을 곳곳에서 발견하게 된다.

우리나라에서는 당대에 세계 최고의 기술적인 능력과 창조성을 발휘해야만 제작할 수 있는 금속 활자를 어떻게 만들어냈을까. 그리고 금속 활자를 최초로 만든 장인은 누구일까. 우리나라에는 이미 삼국 시대부터 범종을 만들고 금속으로 세공한 공예품이나 무기 등을 만들어 왔다. 범종을 만든 사람들은 이미 숙련된 기술과 고도의 제작 과정을 익힌 사람들이었다. 범종의 제작자도 밝혀진 바가 없다. 장인의 이름이 자랑스러운 적이 우리 역사에는 없다.

예술은 인간의 감성을 극대화시켜 탄생시킨다. 하지만 우리의 장인들은 고달픈 노동으로 높은 예술적 경지를 즐길 틈도 없이 살아야 하는 현실 속에 있었다. 그럼에도 예술성과 인간성에 대한 깊은 이해가 있었다. 자연성에 기반한 예술성은 가히 최고의 경지였다. 이미 몇백 년 전에 아름다운 문양과 용의 형상을 새긴 종뉴가 있는 범종을 만든 사람들의 능력이면 금속 활자는 만들고도 남는다. 금속 활자는 관리도 쉽고 작은 부수를 쉽게 찍어 낼 수 있어 제작 욕구가 컸다. 실은 우리에게 알려진 직지 이전에 이미 금속 활자가 사용된 기록이 남아 있다. 우리에게 실체로 남아 있는 가장 오래된 금속 활자가 직지여서 그렇지 이미 사용하고 있었다. 이를 뒷받침해 주는 것은 개인 사찰에서 이미 금속 활자를 만들어 사용했다는 것만으로 금속 활자의 활용이 이미 상당한 수준에 이르렀다는 증거이다.

구체적인 기록이 남아 있다. 고려 문신 이규보의 시문집인 『동국이상국집』에서는 금속 활자로 인쇄한 인쇄본을 다시 목판으로 새긴 것을 번각본이라고 하며, 1239년에 발행한 『남명천화상송증도가』, 1234년에 간행한 『고금상정예문』을 금속 활자로 찍었다는 기록이 있다. 직지의 발간 연도가 1374년인 것을 보면 직지가 발간되기 훨씬 그 이전에 금속 활자를 만들어 사용했음을 알 수 있다. 금속 활자로 찍은 직지는 50부에서 100부 정도를 찍어 배포했을 것으로 보인다. 그중 한 부가 프랑스 국립도서관에 있으며 도서관에서도 귀중본으로 분류되어 단독 금고에 보관되어 있다.

조선 시대의 책값은 얼마일까

구텐베르크가 살던 시대에 서양의 책은 모두 필사본이었다. 손으로 직접 베껴 적어야 했다. 극소수의 사람들만이 소유할 수 있는 귀중품이었다. 먹고 살기도 시급한 상황에서 책을 사 본다는 것은 사치였다. 더구나 흔한 책이 아닌 것들은 구하기도 어려워서 부르는 것이 값이었고 거래도 많이 이루어지지 않았다. 고려 시대의 책값에 대한 기록은 알 수 없다. 조선 시대에 책값을 옷감이나 쌀로 계산했던 기록이 있다. 조선 중기의 학자 어숙권이 지은 책으로 1576년에 간행된『고사촬요』는 조선 최초의 도서 목록으로서 임진왜란 이전 전국 각지에서 발간된 도서의 간행 장소와 간행 연도를 추정할 수 있는 유일한 자료가 실려 있다. 그중에 책값 목록이 다음과 같이 적혀 있다.

『논어』 면포 한 필 반, 쌀 두 말
『맹자』 면포 한 필 반, 쌀 두 말
『성리대전』 면포 여섯 필
『대학』 쌀 한 말
『중용』 쌀 한 말 다섯 되
『삼강행실도』 면포 반 필, 쌀 두 말 다섯 되
『고문진보』 면포 반 필, 쌀 다섯 말

면포와 쌀은 서민에게는 중요한 물품이었다.『성리대전』은 면포 여섯 필이나 되었다. 보리나 감자, 고구마 같은 구황식품으로 연명하기도 힘든 상황에서 쌀은 더구나 귀했다. 우리나라에 서사書肆, 즉 서점이 처음 등장한 것은 1829년경이다. 그 전에는 서점이라는 게 없었다. 양반 같은 학문에 관심이 있는 사람은 교서관이라는 관청에서 왕의 명에 따라 책을 만들거나 수집, 보관, 보급하는 일을 했다. 책을 공급받는 대상은 성균관 유생, 고위 관리, 서원 등이며 이들에게 무료로 나눠주거나 돈을 받았다. 발행 부수도 1백 권 정도로 한정되어 구하기가 어려웠다. 임진왜란 후인 17세기에 접어

흥덕사지
청주 운천동에 있는 통일 신라 시대의 절터로, 현재 남아 있는 세계에서 가장 오래된 금속 활자본인 '직지심체요절'을 찍은 곳이다.

들어서야 일반 백성들이 인쇄된 책을 구할 수 있었다.

조선 시대 가장 흔하게 구할 수 있는 대중적인 책값은 얼마 정도 했을까. 조선 시대의 경우에는 필사본이 대세였다. 조선 후기에는 은비녀나 놋그릇을 맡기고 책을 빌려 읽던 부녀자와 일반 독자들이 있었다. 그중에서도 부녀자들이 열혈 독자였다. 음지에서 소설을 만들고 책을 만들던 작가와 독자의 만남을 주선했던 사람들이 있었는데, 바로 '책쾌'이다. 상업 목적의 필사본으로 서적 유통 시스템을 만들었던 서적 중개상의 이름이다. 수천 종의 책을 베끼고 빌려주는 일을 하는 세책점이 서울에만 서른 곳이 넘었다. 금속 활자를 세계 최초로 만든 민족임에도 책값은 비쌌다.

　세상을 바꾸는 것은 한 개인에 의하여 이루어지지 않는다. 천재의 뛰어난 상상력에 의한 위대한 발명도 사회적인 공감과 저변이 있어야만 가능하다. 우리의 위대한 발명품인 금속 활자도 마찬가지이다. 금속 활자의 발명으로 활자의 보관이 용이해져 인쇄술이 진일보했음에도 사회적인 성숙과 저변이 마련되어 있지 않아 관에서 보급하는 서적에 만족해야 했다. 한민족의 역량이나 창조 능력이 부족해서가 아니라 정보를 차단하고 취급할 수 없는 시대적인 상황이 발전을 막았다. 위대한 민족이지만 상상력을 맘껏 발휘하지 못하게 한 왕조 시대의 한계이기도 하다.

　흥국사지는 이제 다시 태어나고 있다. 흥덕사라는 사찰터는 그동안 문헌상으로 '청주목외 흥덕사'라고 전하였다. 흥덕사 터에서 확인된 유구로는 금당지·강당지·탑지 및 서회랑지 일부가 드러났다. 발굴 조사 결과 흥덕사지는 9세기에 창건되었고 15세기에 폐사된 것으로 추정된다. 이제 흥덕사지에는 흥덕사가 다시 부분적으로 창건되고 고인쇄 박물관이 들어섰다. 한국은 다시 한 번 세계 정보 혁명인 디지털 혁명의 선두에 서 있다.

한국의 세계기록유산

승정원일기

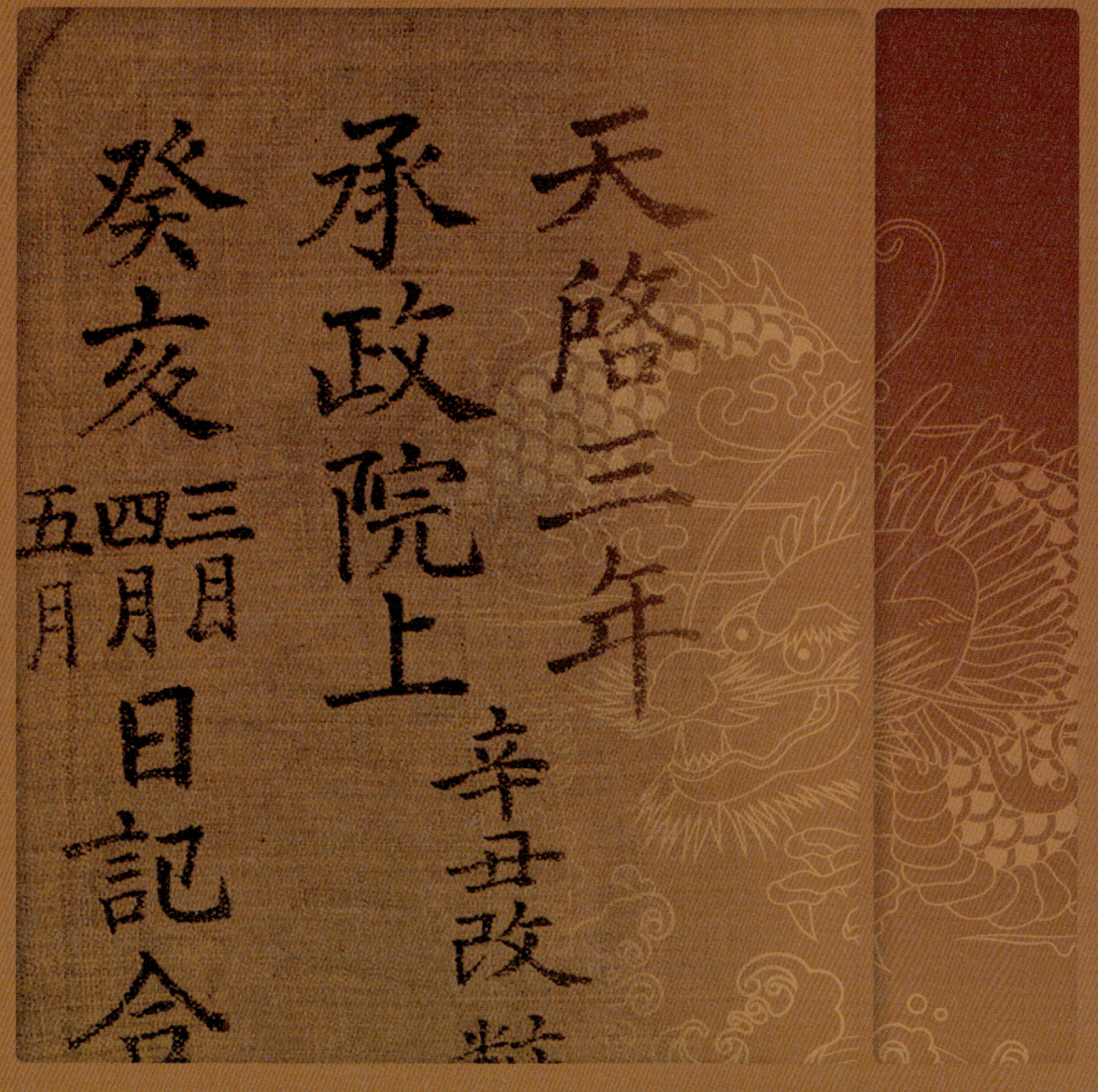

역사가 왕의 언행과 정책을 평가하도록 기록한 승정원일기

오늘 하루가 그대로 역사가 되는 것을 실감하게 하는 책이 있다. 역사는 사람의 시간이 퇴적되어 만들어진 과거 사건들의 퇴적물이다. 역사는 결국 오늘의 퇴적물이다. 오늘을 기록해 놓은 것이 일기이고 오늘이라는 날이 쌓여서 만들어진 기록물이 세계기록유산이 되었다. 우리가 알고 있는 『안네 프랑크의 일기』와 더불어 일기가 세계기록유산이 되었다.

『안네 프랑크의 일기』는 독일 출신의 유대인 소녀 안네 프랑크가 쓴 1942년 6월부터 1944년 8월까지의 일기이다. 네덜란드가 독일에 점령당해 있던 2년 동안 독일군의 눈을 피해 은신처에 숨어 살면서 은신처의 생활과 자신의 마음을 모두 털어놓았다. 안네의 일기는 1944년 8월 1일로 끝이 나 있으며 수용소로 끌려간 안네는 열다섯 살의 어린 나이로 세상을 떠나게 된다. 안네의 일기에는 사춘기 소녀의 전쟁에 대한 두려움, 부모님과의 갈등, 이성 친구에 대한 고민, 가족에 대한 사랑, 자신에 대한 반성들이 생생하게 드러나 있다. 1947년에 네덜란드어로 출판된 이후 각국어로 번역되어 세계적인 반응을 불러일으켰으며 미국 등 여러 나라에서 연극·영화화되었다.

승정원일기는 같은 일기이지만 안네의 일기와는 성격이나 규모가 다르다. 『안네 프랑크의 일기』는 2년여의 개인 사생활 일기이지만 승정원일기는 1623년부터 1910년까지 288년 간의 왕실에 대한 공적인 기록이다. 안네의 일기가 한 권이라면 승정원일기는 3243책으로 요즘 식으로 표현하면 3243권이다. 승정원일기는 288년 동안의 기록이지만 472년을 기록한 조선왕조실록의 4배에 달하는 많은 양이다. 일기로 상상하기 어려운 무려

288년이란 기간을 빠짐없이 기록한 일기이다. 288년 동안 일반 백성들에게는 지존인 왕의 측근을 비롯한 왕과 관계된 일들을 기록한 일기로 특별하기도 하지만 또한 날씨와 천문을 기록한 아주 희귀하고 세계적으로 드문 기록으로 독특하다. 심지어 승정원 사람들의 근무 상황인 지각, 조퇴까지 아주 세밀하게 기록했다.

승정원일기는 역사관이나 정체성에 의해 변형되지 않은 살아 있는 역사의 기록이어서 더욱 독특하고 희귀하다. 글자 수가 무려 2억4000여 만 자로 288년 간 살아 있는 역사의 보물 창고이다. 승정원일기는 사람의 호흡처럼 일상적이고 밀착된 조선 왕가의 기록이며 조선 역사의 증인이기도 하다. 288년이란 기간 동안 날마다 적은 글이어서 워낙 내용이 방대하다. 조선왕조실록 전체 분량의 4배나 된다.

워낙 방대해서 승정원일기를 번역하는 데 매년 20책 안팎씩으로 계산하면 100년이 더 소요될 것이라고 한다. 어마어마한 양에다가 세세한 내용까지 기록한 것을 보면 우리의 기록 문화는 상상을 초월할 정도로 촘촘하고 꼼꼼하다. 한 왕조의 공식적인 기록물이 4종이나 세계기록유산으로 등록된 것은 우리나라가 유일하다. 조선왕조실록, 조선왕조의궤, 승정원일기, 일성록이 함께 세계기록유산으로 등재되었다. 2종이 함께 기록된 나라도 없다. 우리 민족의 기록 문화가 얼마나 탁월했는가를 증명해 주고 있다.

한국은 훈민정음과 조선왕조실록, 승정원일기, 조선왕조의궤, 직지심체요절, 해인사 고려대장경판 및 제경판, 승정원일기, 일성록, 5.18 민주화운동 기록물이 등재됨에 따라 9개의 세계기록유산을 보유한 국가가 되었다.

동궐도
본궁인 경복궁 동쪽에 있는 창덕궁과 창경궁을 그린 것으로 궁궐 건물을 연구하는 데 중요한 자료이다.

　기록 문화는 유형의 문화유산과 다른 가치를 가진다. 문화의 핵심인 정신세계의 기록물로 문화강국의 면모를 어느 것보다도 확실하게 보여줄 수 있는 증거품이다. 한 사람이 이 세상을 살아가는 이유는 정체성 확립과 실천에 있다. 나를 바로 바라보고 나를 이 세상에 바르게 세우는 일이 무엇보다 우선한다. 그리고 바르게 세워진 자신을 가지고 이 세상을 살아가는 이유가 당당해야 한다. 살아 있는 이유를 찾지 못하고 살아가는 것은 살아야 할 가치를 잃어버린 것과 다름없다. 한 사람이 이 세상에 태어난 이유는 반드시 있고, 그 이유를 위하여 실천하는 것이 존재의 이유이다. 한 사람이 살아가는 것은 정신적인 신념에서 온다. 육체는 신념의 실현을 위한 도구일 뿐이다. 정신의 구체적인 증거물이 바로 기록 문화유산이다. 기록 문화유산이 풍성한 우리나라는 문화 강국임을 자임한다.

국정 운영에 관한 기술은 물론
왕의 감정적인 면까지 세세하게 기록

『승정원일기』는 실록의 1차 사료로, 왕의 비서실 역할을 하던 승정원에서 작성한 일기이다. 승정원일기는 왕에게 올라가는 보고와 결재 사항을 자세히 기록했을 뿐더러 날씨에서부터 국왕이 새벽에 기침하여 하루 동안 진행한 갖가지 일들, 즉 임금의 거처와 나들이, 경연과 신료 접견, 각종 회의와 지방에서 올라온 상소 등 모든 내용을 격식에 맞춰 정리했다. 국사편찬위원회 박홍갑 편사연구관 등이 펴낸『승정원일기』에 나오는 대목이다.

조선 세조 때 공신 홍윤성은 부인이 있는 데도 양주 좌수의 딸을 탐냈다. 처녀는 첩이 아니라 정식 아내로 맞아들일 것을 요구했고, 홍윤성은 이를 들어주기로 하고 숭례문 밖에 집을 구해 함께 살았다. 홍윤성이 죽은 뒤 적처 자리를 놓고 큰 다툼이 벌어졌다. 후처는 모든 면에서 불리했지만 기발한 아이디어로 승부했다.

좌수의 딸이 내민 결정적인 무기가 '승정원일기'이다. 좌수의 딸은 언젠가 세조가 홍윤성을 따라 자신의 집에 와서 술을 마신 적이 있다. 이를 기록한 승정원일기에 '부인'이 술을 쳤다고 했는지 '첩'이 술을 따랐다고 했는지 확인해 보면 누가 적처인지 알 것 아니냐고 한 것이다. 승정원일기를 조사해 보니, 과연 '부인'이라고 기록돼 있었다. 사건 심리를 하던 성종은 어쩔 수 없이 2명 모두를 적처로 인정하고 재산을 반씩 나누게 했다.

홍윤성 적처 다툼은 승정원일기의 유용성을 알려주는 예이다. 왕의 업무 내용은 끝이 없음을 본다. 그리고 승정원일기의 특별함은 개인에 관한 일이라고 여겨지는 것까지도 빠짐없이 적었다. 주서는 춘추관 기사관을 겸하여 승정원을 거친 문서나 실록 편찬에 참고했던 국내외 각종 기록들을 검토, 정리하는 임무를 수행했다. 주서가 기록한 매일의 일기는 한 달 분을 정리하여 국왕에게 올려 재가를 받았다.

일기의 내용은 당대 국정 운영에 대한 극비 사항과 왕가의 생활을 포함하고 있어 밖으로 유출되는 것을 엄격히 금지시켰다. 인조에서 경종대까지의 초기 기록은 2달 또는 3달의 기록이 한 책으로 편집된 예도 있었지만 영조대 이후에는 한 달 분량의 일기가 1책으로 편집되는 것이 원칙이었다. 편찬된 승정원일기는 승정원에 보관하였다. 조선 전기에는 경복궁 근정전의 서남쪽 월화문 밖에, 조선 후기에는 창덕궁 인정전 동쪽의 승정원에 보관하였다. 조선왕조실록과 달리 승정원일기는 원본 한 부만을 작성하고 보관했다.

조선 전기에 기록된 승정원일기는 전쟁과 정변으로 대부분 소실되었다. 이후에도 영조와 고종 때 등 몇 차례에 걸쳐 화재를 만나 승정원일기의 일부 책들이 소실되었다. 조선 시대에 기록에 얼마나 철저했는가를 알 수 있

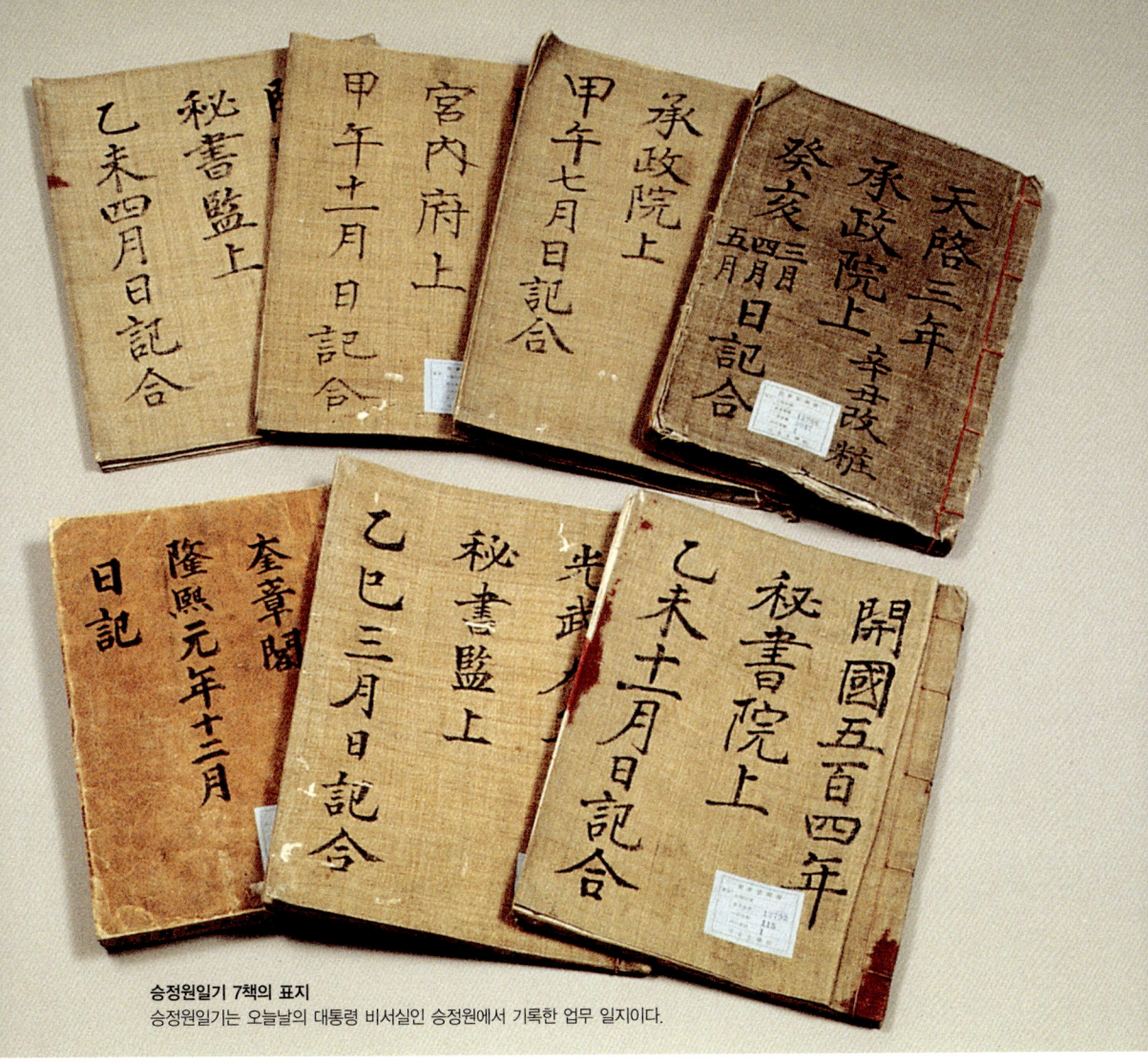

승정원일기 7책의 표지
승정원일기는 오늘날의 대통령 비서실인 승정원에서 기록한 업무 일지이다.

는 잣대는 승정원일기의 소실과 복원에서 볼 수 있다. 전쟁으로 타버리거나 사고로 없어진 승정원일기를 복구하기도 했다. 역사 앞에서 당당하지 않고서는 기록에 당황스러워하기 마련이다. 우리의 선조들은 그만큼 지조를 강조했고 역사 앞에서 당당해지기 위하여 행동 하나하나 언행 하나하나를 기록했다. 지조를 실천하는 자만이 기록 앞에서 당당하고 바른 길을 가려 노력하기 때문이다. 비굴한 모습을 기록에 남기는 것은 후손들에게 치명적인 명예 훼손이었다.

사라진 승정원일기는 그때마다 춘방일기春坊日記와 조보朝報 등을 널리 수집하여 빠진 부분을 채워 나갔다. 승정원일기는 매일 쓰여졌기 때문에 하루, 한 달, 일 년의 정치 상황을 파악할 수 있다. 국왕의 움직임을 읽을 수 있도록 국왕의 건강이나 심리 상태 및 국왕의 정무를 보던 장소와 시간대별로 국왕의 이동 상황을 기록했다.

정치의 주요 현안이 되는 자료나 중앙이나 지방에서 올린 상소문의 원문을 거의 그대로 수록하고 있어 역사 자료로 어느 것보다도 가감이 없어 진실적인 가치가 돋보인다. 국가의 중대사였던 날에 대한 재현이 가능하게 하는 것이 승정원일기이다. 인물들의 등장과 발언은 물론 동태까지도 확인할 수 있어 극적인 효과를 그려낼 수 있다.

또한 날씨와 천체 상황까지도 적어 더욱 실감나는 상황이 그려진다. 그만큼 승정원일기는 실체적이고 진실에 접근해 있는 기록이다. 승정원일기가 사료적 가치로도 중요하지만 독보적인 이유는 무엇보다 꾸미지 않고 있는 그대로를 적었다는 점과 일 년 365일을 빠짐없이 적었다는 점이다.

승정원일기의 날씨 기록은
기상 연구의 귀중한 자료

날씨는 아침저녁으로 100여 가지 방법으로 적어 상세하게 적었다. 매일의 날씨는 청晴(맑음), 음陰(흐림), 우雨(비), 설雪(눈) 등으로 기록되어 있다. 날씨가 오전과 오후가 다르게 변했을 경우에는 '오전청오후설午前晴午後雪' '조우석청朝雨夕晴' 등으로 하루 중 일기의 변화를 자세히 기록했다. 비가 내린 경우 측우기로 수위를 측정한 결과까지 꼼꼼히 정리하였다. 비의 경우에도 좀 더 세분하여 보슬비, 부슬비, 가랑비 같이 나누어 적었다. 전근대사회에서 한 곳에서 날씨 강우량을 이렇게 오랫동안 적은 예가 없다.

승정원일기는 서울의 일기 상태를 288년 동안 꾸준하게 적은 기상 일기이기도 하다. 동북아 기상 연구에 꼭 필요한 사료적 가치가 있고 일기 연구에는 필수적인 자료이다. 또한 천문을 적은 것으로 저녁 8시부터 새벽 5시까지의 별의 움직임을 상세히 기록하였다. 승정원일기가 역사 기록물로서의 가치를 뛰어넘어 자연 과학 연구에도 소중한 유산이 될 수 있음을 보여준다.

왕의 숨결까지 느끼게 하는 방대하고도 치밀한 기록인 승정원일기의 자료적 가치를 보다 돋보이게 하는 요소는 날씨뿐만 아니라 매일의 담당자를 기록한 것이다. 기록한 사람을 명확하게 해 보다 진실성에 접근하려 했다.

다른 나라의 경우 날씨에 대한 기록이 없어 몇백 년 전의 날씨 상태를 확인할 수가 없다. 우리의 경우는 승정원일기에 기록된 날씨를 분석하면 기후 변화를 연구하는 데 도움이 된다.

예를 들어 1500년대 후반부터 1750년대까지 지구에는 빙하기가 있었는데, 이를 소빙기라고 하는 주장이 나왔다. 이를 확인하는 자료로 승정원일기가 결정적인 역할을 하리라 본다. 과학적인 방법으로 꽃가루나 나이테, 해수면 변화를 대상으로 밝혀낼 수밖에 없지만 날씨 상태를 구체적으로 적은 승정원일기가 열쇠를 가지고 있는 셈이다.

지금까지 한국의 기록유산 중에서 조선왕조실록이 중요한 자리를 차지했다고 하면 앞으로는 보다 실체적이고 꾸밈없이 적은 승정원일기가 중요한 위치를 차지할 것이다. 각색된 조선왕조실록과는 달리 승정원일기는 그대로의 상황과 진실을 담고 있기 때문이다.

승정원일기는 왕의 신변에 대하여 자세하게 기록하였다. 몸의 불편함과 병이 생기고 치료되는 과정, 완치 또는 악화되는 것까지도 적었다. 어찌 보면 왕의 사생활을 승정원이 대신 적은 것이라고 할 수도 있다. 이런 치밀함이 한의학 연구에도 도움이 되어 어떤 사람은 한의학 정보의 보고라고도 한다.

왕 중심으로 기록한 승정원일기에는 왕이 어떻게 아프고 어떻게 탕약을 조제했는지에 대한 내용이 담겨 있다. 한의학 입장에서는 당시 첨단 의술과 최고 의료진인 어의들의 처방이 고스란히 적혀 있고 약과 침술 또는 뜸의 처방과 그 처방에 대한 결과도 그대로 적혀 있어 유용한 자료가 된다.

왕의 근황이나 일정을 현장 촬영할 수 없었던 조선 시대에 승정원일기는 현재 입장에서 보면 녹화 영상이며, 왕의 통치 방법과 인간관계의 집적물이다. 왕에 의해 행해지는 모든 통치 상황과 왕과 왕족의 일들이 기록되는 것은 세계적으로 유례를 찾아보기 힘들다.

국정 운영과 관련된 모든 정보와 그날의 날씨와 천재지변, 왕의 병증과 처방, 왕과 신하들의 신상과 언동 등이 속기록처럼 실려 있다. 역사학뿐만 아니라 과학, 풍속, 언어, 문화 등 여러 분야의 연구 자료로 가치가 있다.

정론직필의 산 증거물, 승정원일기

　승정원일기는 정론과 직필의 증거물이다. 정론은 정당하고 이치에 합당한 의견이나 주장이고 직필은 붓을 꼿꼿이 잡고 글씨를 쓰는 방식으로 무엇에도 영향을 받지 아니하고 사실을 있는 그대로 적는 것을 말한다. 승정원은 그 어느 부서보다도 객관적이면서도 있는 상황을 그대로 왕에게 알려 왕이 올바른 판단을 하고 올바른 길로 갈 수 있도록 보좌하는 역할을 수행하는 곳이다. 왕의 최측근으로서 국정을 수행하는 데 중요한 역할을 맡은 부서이다. 오늘날로 하면 대통령 비서실이라고 할 수 있다. 왕의 국정 수행에 도움을 주고 방향을 제대로 잡도록 하는 것은 물론 행동과 언행을 관찰하고 파악해서 국정에 빈틈이 없도록 해야 한다.

　정론직필의 주체는 왕의 곁에서 언행을 낱낱이 기록한 사관과 주서라고 할 수 있다. 이들은 왕의 바로 옆에서 왕의 말을 실시간 한문으로 번역해 속기록해야 한다. 그런 까닭에 승정원일기는 가장 빠르고 쉽게 적을 수 있으나 고도의 한문 실력을 가진 사람이 쓸 수 있는 초서로 되어 있다. 동시통역과 속기록 기사 역할을 동시에 해야 하는 역할이었다. 속기록이 이미 600여 년 전에 있었다. 먹을 갈아서 먹물을 찍어 써야 하는 불편한 방법의 기록임에도 대화 내용을 한문으로 동시 번역하면서 기록했다는 것은 상상하기 어려울 만큼 독보적이다.

　지금처럼 볼펜이 아니라 글씨의 크기가 몇 배나 커지는 먹물을 찍어가며 써야 했다. 요즘으로 말하면 속기사와 동시통역사의 능력을 동시에 갖춰야 가능하다. 주서는 문과 급제자 가운데에서 성적이 뛰어나고 혈통이 좋은

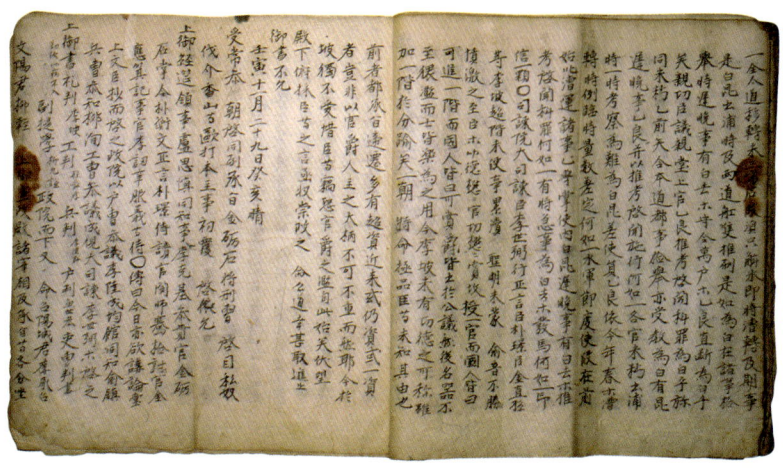

당후일기
승정원일기의 다른 이름으로, 승정원 주서(注書)의 집무실이 승정원의 뒤에 있었던 데서 붙여진 이름이다.

인물이 주로 선발됐다. 사관과 주서 자리는 일은 고되지만 승급이 보장되는 자리였다. 승정원의 핵심적인 구성 인원인 6승지는 동벽東壁 및 서벽西壁으로 나뉘었는데, 도승지와 좌승지·우승지는 동벽, 좌·우 부승지와 동부승지는 서벽이라 하였다. 승지의 품계는 정3품이지만, 종2품으로서 승지가 되는 경우도 적지 않았다. 승지들은 자기 고유 업무 외에도 다른 직무를 겸직하는 예가 많았다.

승정원일기의 편찬은 승사承史라 칭하는 승지와 주서가 공동으로 담당하였다. 최종 기록은 주서들이 맡았다. 승지는 무관도 임명될 수 있었으나 주서는 반드시 학문과 문장이 검증된 문관을 임명하는 것을 원칙으로 했다. 조선은 기록의 나라였다. 실록이나 승정원일기의 체계와 치밀함은 지금의 기록 관리 체계를 오히려 앞서는 면이 있다. 왕의 일과를 기록한 승정원일기가 있다면 왕세자의 일과를 기록한 춘방일기春坊日記도 있다.

승정원에서 발간한
오늘날의 잡지나 신문인 조보朝報

조선 시대에 신문 형태의 출판물이 있었다. 전근대적 신문이라고 할 수 있다. 왕조 국가에서 신문은 상상할 수 없는 일이다. 놀랍게도 발행처가 승정원이다. 오늘날의 대통령비서실에서 신문을 발행한다고 한다면 뜻밖일 것이다.

승정원에서 승정원이 전국 관청으로부터 직무상 수집한 자료를 조보로 제작했다. 제작은 필사에 의존했다. 필사의 임무는 조보소의 기별서리寄別書吏들이 맡았다. 제작 및 편집 형태는 독자의 지위나 거주지에 따라 달랐다. 서울의 독자들이 보던 조보는 승정원에서 매일 1회 발행했으며 발행 시간은 오전이었다. 지방의 독자들이 보는 조보는 주로 5·10일, 또는 1개월 분의 기사가 한 번에 배포되므로 오전·오후 기사의 구분은 없고 날짜 표시가 되어 있다. 모두 한문만 사용했으나 한문식 표현 외에 이두식 표현이 사용되기도 했다.

이와 같이 독특한 글씨체가 사용되었던 것은 한정된 시간 내에 많은 양을 필사해야 했기 때문이었던 것으로 추정된다. 그러나 지위와 신분이 높은 사람이 읽는 조보일수록 정성들여 제작되어 정자체에 가까운 글씨체가 사용되었다.

왕의 명령과 지시, 조정의 주요 결정 사항과 관리의 임명 등의 관보적 기사가 중심이 되었다. 또한 조선왕조의 지배 이념이었던 유교 사상을 널리 전파하고 강화하는 내용도 많이 실렸다. 충효사상에 관한 것이나 정절에 관한 사건들을 알림으로써 당시 백성들에 대한 교육·교화의 기능을 담당했다. 그 밖의 기사는 자연 및 사회의 일반 현상에 대한 보도도 있었다. 천재지변이나 기문기사의 내용도 조보의 지면에 많이 실림으로써 당시 사회의 정보 욕구를 충족시켜 주었다.

또한 외국과의 관계, 특히 군사 관계에도 많은 관심을 보여주고 있다. 이러한 점들로 미루어볼 때 조보는 당시 사회에서 오늘날의 신문이 하는 정보 제공의 역할을 수행했다고 할 수 있다. 유생이나 관리들이 올리는 상소장의 내용을 공개하고 그에 대한 국왕의 답변도 실었다. 중앙 및 지방 관서들로부터 승정원을 거쳐 왕에게 올려 보내는 각종 복명서와 보고서들도 게재되었다. 따라서 조보는 관리들 간의 의사 교환과 민의상달의 통로로서의 기능도 수행했다. 조선의 역대 왕들은 조보의 발행에 매우 높은 관심을 가져 조보의 게재사항 및 게재 금지 사항들을 직접 지시했으며, 특히 게재 금지 사항에 대해서는 매우 엄격했다. 조선 시대에 관에서 발행한 조보가 아닌 개인이 발행해 배포하는 뜻밖의 일이 생겼다.

선조 때인 1577년에 민간인들이 민간 인쇄 조보를 만들어 일반인에게 구독료를 받고 판 사건이다.

우리나라 최초의 민간 신문의 성격을 띤 정보지였다. 물론 조선에서 발행한 관보를 베껴서 팔았지만 일반 백성에게 전달되었다는 점에서 파격적이다. 권력과 정보를 독점한 왕족과 양반 계층이 아닌 일반 백성도 국가의 일을 알 수 있는 계기가 마련되었던 짧은 기간이었다. 만약 이것이 제도화돼 일반 백성들도 조보를 자유롭게 읽을 수 있게 했다면 우리나라는 왕과 백성 간에 의사가 원활히 소통되는 나라가 되었을 것이다.

선조는 민간 조보가 중국으로 새어 나가 조선의 기밀을 알게 되면 큰 문제가 될 것을 걱정했다. 발행에 연루된 30여 명을 벌하라고 명령했다. 조정이 조보 발행인을 잡아들여 귀양 보냈다. 이 민간인에 의한 조보의 인쇄는 1633년에 처음으로 활판 인쇄된 중국의 저보邸報나 유럽의 주간 인쇄 신문의 출현보다 50여 년이나 앞선 것이었다. 1894년, 고종 31년 8월 초 갑오개혁의 일환으로 관보官報라는 이름으로 근대적 인쇄술을 사용한 신문이 창간됨으로써 조보는 자연히 사라지게 되었다.

조보의 배포 대상은 서울과 지방 관서의 관리들이다. 조정 및 기타 중앙 각급 관서에 소속된 기별군사奇別軍士들에 의해 해당 기관에 배포되었다. 때로는 기별서리들이 직접 배포하기도 했다. 지금도 시골에서는 기별이 왔느냐는 말을 사용한다. 기별은 다른 곳에 있는 사람에게 소식을 전하거나 소식을 적은 종이가 왔느냐는 것을 말한다. 조보의 다른 말인 기별이란 말이 통용되고 있는 예라고 할 수 있다. 기별은 조보를 배포하던 기별군사가 도착했느냐는 것을 표현하던 말이다. 기별이 왔느냐는 말은 곧 소식이 왔다는 표현으로 변한 예이다.

조보는 중앙의 각급 관서에 이렇게 배포되면 그곳에서는 이를 다시 필사하여 하급 기관이나 관리들에게 배포했다. 지방의 경우는 파발을 이용하거나 경주인 제도를 이용하여 각 지방의 관청에 배포되었다. 주된 독자층은 중앙 및 지방 관청의 관리를 중심으로 한 양반 계층이었다. 사회의 변화와 함께 그 독자층도 점차 확대되었다. 19세기 말에는 비록 비공식적이기는 하지만 조보가 화폐와 교환되기도 하여 승정원 서리에게 돈만 내면 외국 영

사관에서도 마음대로 입수할 수 있었다. 민간인이 인쇄하고 일반 백성에게 판매하여 처벌 받은 지 30여 년이 흐른 후의 일이다.

역사는 한순간의 결정에 의하여 전진하기도 하고 후퇴하기도 한다. 백성에게 정보가 전달되었다면 백성의 힘이 커지고 조정에 대한 견제가 커져 상업과 공업이 발달하고 민간 주도의 새로운 세상이 열려 근대화가 열리는 계기가 되었을 것이다. 역사에는 가정이 없다고 하지만 선택 하나가 세상을 바꾸어 놓는 것을 역사에서 배운다. 하지만 어떤 기득권자도 스스로 권력을 내어놓는 경우는 없다. 권력을 쟁취하는 것이지 호박이 굴러 떨어져 들어오듯이 오는 경우는 없다. 그 어떤 것보다도 권력은 경쟁의 산물이며 강한 자에게 안기는 요녀 같다.

규장각
원래 조선 개국 초부터의 기록이 있었으나 임진왜란 때 소실되어 현재는 1623~1894년의 일기만 서울대 규장각에 보관되어 있다.

살아 있는 역사서 승정원일기와 편집된 역사서 조선왕조실록

승정원일기는 붓으로 쓴 필사본이라면 조선왕조실록은 활자를 사용한 인쇄본이다. 필사본은 벌어지고 있는 상황을 그대로 살려 적은 글이라고 할 수 있다. 현장성이 강하고 꾸며지지 않아 보다 생동감이 있고 정확한 상황이다. 조선왕조실록은 변함없이 왕이 죽고 난 후에 편찬되어 4부를 찍어 4개의 사고에 따로 보관한다. 승정원일기가 1차 사료이고 조선왕조실록은 승정원일기와 다른 자료들을 참고하여 다시 쓴다. 조선 5백 년 동안 형식과 방법이 변하지 않았다. 하지만 승정원일기의 이름이 변화하는 것을 통해 시대와 현장성에 대하여 조선왕조실록보다는 실감나게 담은 글이라는 것을 간접적으로 확인할 수 있다.

승정원일기는 승선원일기, 궁내부일기, 비서감일기, 규장각일기 등으로 불린다. 승선원일기가 다른 이름을 가지게 되는 것은 1894년 이후부터 1910년까지 불과 15년 동안이었다. 이 기간 동안 여러 번 이름이 바뀌었다. 승정원일기의 이름이 바뀌는 과정은 조선의 흥망사 중에서 망해가는 조선의 현실과 연결된다. 나라가 망하고 있는 급박함이 코앞에 있는 현실에서 탈피하려는 왕실과 조정의 노력, 그리고 사회적인 변혁이 만들어내는 거친 격랑에서 승정원도 예외일 수가 없었다. 이름뿐이 아니라 제도도 바뀌었다. 조선 말 한국은 거친 파도와 태풍에 휘말린 돛단배 신세가 되었다.

승정원일기는 여러 번 보수했다. 역사의 치밀함에 대한 본보기라고 할 수 있다. 요즘으로 이야기하면 업무 일지라고 할 수 있는데 전쟁이나 반란 같은 큰 사건이 일어나는 과정에서 불에 타거나 사라진 것들을 다시 보완했다. 기록 정신이 얼마나 투철했는가를 볼 수 있는 대목이다. 기록은 자신의 발언과 행동에 대한 책임을 지라는 무언의 압력이기도 했다.

속기용 기록이어서 가감이 있기 어렵지만 일어난 일에 대하여 날마다 기록하는 것이어서 진실의 왜곡이 어려웠다. 행동을 하고 발언을 한 자는 발언에 대한 내용을 일기에 가감 없이 적었다. 기록자는 기록자의 이름을 적었다. 시대와 역사 앞에서 당당하기를 바라는 염원이 기록 문화의 원천이라고 할 수 있다. 기록하는 자와 기록되는 자 모두 역사적 사명감과 책임을 물은 것이 사실의 기록이 가진 힘이다.

결국 기록은 국가의 중대사와 인간관계 그리고 시대적 상황에 대하여 어떻게 말하고 행동했는가를 확인할 수 있도록 하는 힘을 가지고 있다. 기록은 발언자와 행동한 자에 대하여 후손들이 평할 것을 염두에 두고 이루어지는 행위이다. 승정원일기는 다른 기록과 달리 있는 그대로를 적을 수밖에 없었다. 날마다 보고하는 일지였기 때문에 더욱 그러하다.

승정원일기는 날짜와 날씨를 먼저 기록하고 승정원 관리들의 이름과 출근 상황을 적었다. 내용으로는 왕의 하루 일과를 장소와 시간대별로 적었다. 승정원일기에서 날씨를 중요하게 여긴 까닭은 왕의 하루 일과를 사실적으로 그리려는 의도 때문이며, 왕은 하늘의 뜻을 받아 백성을 다스린다는 유교적인 의미 부여도 한몫했다. 장마가 생기면 기청제를 지내고, 가뭄이 계속되면 기우제를 지내는 것도 왕의 덕망과 연결시켰다. 왕이 하늘과 같은 존재라는 절대성을 가진 만큼 왕이 감당해야 할 일에는 하늘의 상황도 중요하게 작용했다. 권력을 가진 만큼 책임이 커지는 원리의 하나이다.

승정원일기는 절대 지존인 왕의 하루 일과를 속기록처럼 적어 역사 앞에 세웠다. 역사가 다시 왕을 평가하도록 하여 역사 앞에서 당당한 행위와 발언을 하도록 유도한 기록의 금자탑이다.

한국의 세계기록유산

해인사 팔만대장경

지난 천 년간 가장 위대한 발명품으로 '구텐베르크의 활판 인쇄술'을 선정

나라를 구하겠다는 염원의 구체적인 증거 물품이 팔만대장경이었다. 산 자는 평화를 구하기 위해 기도하고, 전쟁으로부터 평화를 갈구하는 마음을 팔만대장경판에 담았다. 하지만 전쟁은 끝나지 않았다. 지금도 지상에는 많은 절과 교회와 신전이 지어지고 있다. 성전이라고 하는 건물들이 늘어나도 변함없이 전쟁은 일어나고 사람들은 죽어가지만 기도는 멈추지 않고 있다. 기도의 결과는 없고 우리의 정성이 얼마나 컸는가를 가늠하고 우리의 인쇄 기술이 얼마나 뛰어났는가를 확인할 수 있는 팔만대장경만 남았다.

현재 현대 서양 문명의 자존심이라 불리는 금속 활자 인쇄물 '구텐베르크 42행성서'는 영구 보존을 위해 빛까지 차단하고 암실에 보관 중이다. 그만큼 금속 활자의 발명에 애정과 자존심을 가지고 있다. '구텐베르크의 활판 인쇄술'이 지난 천 년 동안의 발명품 중 가장 위대한 발명품으로 선정된 것은 '금속 활자'라는 발명 그 자체보다는 그 발명이 인류에게 미친 영향력의 위대함에 높은 점수를 주었기 때문이다. 하지만 유럽의 입장에서 천년을 적극 고려했을 것이기에 가능했다고 본다.

우리의 금속 활자 제조 능력은 세계에서 가장 앞섰다. 우리에게 잘 알려진 '직지直旨'는 그들보다 70년이나 앞섰다. 지금 프랑스 독립도서관에 보관되어 있는 직지보다 더 앞선 『상정고금예문詳定古今禮文』이 있었고 그보다 앞선 것이 또 있었다. 기록에 의하면 가장 먼저 금속 활자로 인쇄된 서적은 『남명천화상송증도가南明泉和尙頌證道歌』이다.

고려는 1232년 몽골이 침입하자 수도를 강화로 옮겨 외침에 대항하고 있을 때, 무신 정권의 제일인자인 중서령 최이가 1239년에 주자본, 즉 『남명천화상송증도가』를 목판으로 새겼다. 한 번 새긴 책판을 원본 삼아 다시 목판으로 새긴 복각본이 알려졌기 때문이다. 그러나 이들은 아쉽게 국제적 공인을 받지 못하고 있다.

현존하는 세계 최고의 금속 활자본으로 잘 알려진 『불조직지심체요절佛祖直指心體要節』은 청주목 교외 흥덕사가 1377년 7월에 주자로 찍은 것이다. 1887년 서울 주재 프랑스 공사로 부임해 왔던 콜랭 드 플랑씨Collin de Plancy가 손에 넣은 후 프랑스 국립도서관의 소장본이 되었는데, 1972년 '세계도서의 해'를 기념하기 위하여 전시됨으로써 세계에 알려지게 되었다. 고려청자와 함께 고려인이 발명한 금속 활자 인쇄술 역시 세계에서 가장 먼저 발명되었다는 점만으로도 세계 기술 문명 발달사에 공헌한 업적으로 남는다.

인쇄술은 고려 과학 기술을 대표하는 것으로 볼 수 있는데, 고려 시대 금속 활자 인쇄술은 팔만대장경 같은 목판 인쇄 기술에 그 기초를 두고 있다.

목판 인쇄 기술의 발달은 대장경판의 조판으로 이어졌고, 그 결과 세계에 자랑할 만한 대표적인 문화재로 팔만대장경을 남기게 되었다.

팔만 장이 넘는 고려대장경판 앞뒤면, 즉 16만이 넘는 목판면에 담긴 불경의 내용 중에는 불교에 관한 교리, 철학, 윤리는 물론이고 논리, 문예, 미술, 공예, 의료, 법제, 수행, 명상 등의 내용 등을 담고 있다. 그 외에도 불佛, 보살菩薩, 불제자佛弟子, 승려僧侶, 선인仙人, 신神, 거사居士, 국왕國王, 장자長者에 관한 전기로부터 지지地誌, 풍속風俗, 천문天文, 언어言語, 문자文字, 음악音樂, 제사祭祀, 기후氣候, 종족種族 등 백과총서라고 평가되고 있다.

장경판전 내부
장경판전은 위와 아래의 문의 크기가 다르고, 앞과 뒤의 크기가 다르다. 가장 자연 친화적이면서도 환경적인 요소를 과학적으로 만든 대장경을 보관하는 창고이다.

한문으로 번역된 일체경一切經과 이에 포함시킨 동양의 고승의 논서들은 한자 문화권에 있어서의 일천여 년 간에 걸친 번역자의 노력의 기념물인 동시에 아세아 문학의 정수이며 세계 최고의 성전 문학이다. 이러한 내용을 빠짐없이 인쇄할 수 있는 완전무결한 인쇄 매체인 해인사 소장 고려대장경판은 국보 문화재 제32호로 지정되어 있다.

팔만여 판이 755년이 지난 오늘날까지 완전하게 보존되어 온 이 재조고려대장경판은 현존하는 전 세계의 여러 대장경 중에서 유일하게 완전할 뿐만 아니라 세련되고 풍부한 내용은 다시없는 불교 성전이라고 자타가 공인하고 있는 세계적 문화재이다. 그리고 거란판개장경을 참작하여 북송국판 대장경을 수정 보강하는 등 철저한 교감으로 정확을 기한 것은 수기 스님을 위시한 고려 시대의 학승들의 엄격한 학풍과 높은 교학의 수준을 엿볼 수 있게 한다.

팔만대장경은 몇 장인지 아직도 모른다

대장경 목록에 있는 국간대장경판이 81,258판, 면수로는 162,516장에 이른다. 그렇다면 이 숫자가 정확한가, 그렇게 물으면 할 말이 없다. 저마다 다른 기록을 가지고 주장하기 때문이다. 팔만대장경이니 경판이 과연 팔만 장인가. 결론부터 말하면, 정확하게 몇 장인지는 아직 모른다. 대략 팔만 장을 조금 넘는다고 보면 된다.

초등학교 교과서에는 81,137장, 민족문화대백과사전에는 81,258장, 해인사의 설명에는 81,340장……. 세계문화유산 지정 시에는 해인사의 설명에 따라 81,340장으로 등록해 놓았다. 경판의 재질은 지금까지 모두 자작나무로 만들어진 것으로 알려져 있으나 전자현미경으로 조사한 결과 산벚나무와 돌배나무, 자작나무, 후박나무 등이었다.

木佛不渡火	나무부처는 불을 건너지 못하며,
金佛不渡爐	금부처는 용광로를 건너지 못하고,
土佛不渡水	진흙부처는 물을 건너지 못한다.
心佛無處不渡	마음의 부처만이 건너지 못하는 곳이 없다.

〈금강경오가해 金剛經五家解〉

세상을 건너기에는 저마다의 한계가 있지만 깨달은 마음은 거침이 없으니 무엇이든 건널 수 있음을 은유적으로 표현하고 있다. 깨달은 부처님의 말씀을 담은 경經, 부처님의 가르침을 따르는 사람들이 지켜야 할 도리를 담은 율律, 그리고 부처님의 가르침을 연구해 놓은 논論의 세 종류를 합친 삼장三藏을 모아 놓은 것을 대장경이라 한다. 이것은 불교 경전 일체를 담은 것이기에 일체경一切經이라고도 한다.

대장경은 경·율·논의 삼장으로서 불교 경전의 총서를 가리키는 말이다. 대장경판이란 이를 모아 목판에 새겨 놓은 것을 말하며, 그것에 먹물을 묻혀 종이에 찍어내면 불경 전집이 된다. 불교를 국교로 했던 고려는 부처님의 힘을 빌려 외적을 물리쳐 나라의 안전을 꾀하려 했고, 이것은 대장경 조판으로 나타났다.

대장경 조판 사업은 제1차 간행과 제2차 간행 두 시기로 나눌 수 있다. 제1차 대장경 조판은 『초판 고본대장경』과 『속대장경』으로 나누어졌다. 초판 고본대장경은 거란군의 침입 때 부처님의 힘을 빌려 나라를 위기에서 구하고자 간행에 착수한 것으로, 8대 현종 때 시작하여 11대 문종 때 완성되었다. 대구 부인사에 대장경 사업을 담당하는 도감을 설치하고 6천여 권의 대장경판을 만들었으나 고종 19년 몽고군의 침략 때 불타버려 그중 약간만이 일본에 남아 있을 뿐이다.

속대장경은 초판 고본에 이어 간행한 것으로, 문종의 넷째 아들인 대각국사 의천이 송나라에서 불도를 닦고 돌아오는 길에 수집해 온 불경과, 요와 일본에서 수집한 것을 합쳐서 작성한『신편제종 교장총록』이 있다. 불경의 총목록서에 따라 차례대로 만들었다. 모두 4,740권인데 역시 몽고 침입 때 초판 고본대장경과 함께 불타 없어졌다.

제2차 대장경 간행, 즉 팔만대장경의 조판은 몽고 침입 때 강화도를 임시 도읍으로 정해 피난살이를 하던 중, 부처님의 힘으로 국난을 막고자 착수했다. 이때 다시 대장경판을 조판하게 된 것은 1차 때 만든 대장경판이 모두 불타 없어졌기 때문이다. 그리하여 고종 23년, 1236년 강화도에 '간경도감'이라는 대장경판 조판을 위한 부서를 설치하고 곧장 조판에 착수하여 15년만인 1251년에 완성했다.

해인사 동·서사간판전에 봉안되어 있는 불교 경전은 국가에서 새긴 고려대장 경판과는 달리, 고려 시대에 사찰에서 새긴 고려각판이다. 팔만대장경은 불교의 경, 율, 논 삼장을 집대성하였기에 세계 불교 연구의 귀중한 문헌으로 일본이 신수대장경을 만들 때 표준으로 삼았으며 중국에도 역수입되었다. 그만큼 해인사 팔만대장경은 전체를 아우르고 있다. 영국, 미국, 프랑스, 독일 등 서구 선진국에도 전해져 세계 불교 연구에 매우 커다란 영

해인사 고려대장경판 및 제경판
대장경은 경, 율, 논의 삼장을 말하며, 불교 경전의 총서를 가리킨다. 고려 시대에 간행되었다고 해서 고려대장경이라고도 하고, 판수가 8만여 개에 달하고 8만 4천 번뇌에 해당하는 8만 4천 법문을 실었다고 하여 팔만대장경이라고도 부른다.

향을 끼치고 있다.

 대장경의 경판에 쓰인 나무는 섬 지방에서 벌목해 조각을 내고 그늘에 말린 것을 썼다. 그것을 다시 대패로 곱게 다듬은 다음에야 경문을 새겼다. 먼저 붓으로 경문을 쓰고 나서 그 글자들을 다시 하나하나 판각하는 순서를 거쳤다. 대장경을 만드는 데에 들인 정성과, 한 치의 어긋남과 틀림도 허용하지 않은 엄정한 자세는 상상하기조차 힘든 것이었다.

 서른 명 남짓한 사람들의 솜씨로 쓴 무려 5,238만 자에 이르는 구양순체의 그 글자들은 한결같이 꼴이 아름답다. 마치 한 사람이 쓴 듯이 일정하고 오자가 거의 없다. 경판의 마무리까지도 세심하게 손을 본 이 대장경은 그 체제와 교정이 정확하고 조각이 섬세하며 정교하다. 또한 이미 없어진 거란장경의 일부를 비롯하여 중국 대장경에는 없는 경전들을 많이 포함하고 있다. 그리하여 중국 최고의 대장경이라고 일컬어지는 만력판萬曆板이나 후세에 만들어진 어떤 대장경도 따라올 수 없는 독보적인 빼어남을 지닌 것으로 평가되고 있다.

팔만대장경을 보관하는
팔만대장경 판전도 국보다

팔만대장경 판전은 팔만대장경판을 보관하고 있는 목조 건축물로서 1488년에 건축되어 국보 제52호로 팔만대장경과 함께 지정되었으며, 유네스코가 지정한 세계문화유산이기도 하다. 경판전 없는 팔만대장경은 있을 수 없다. 경판전이 없다면 대장경을 제대로 보존한다는 것이 불가능하기 때문이다. 단순 투박하고 엉성해 보이는 경판전이 팔만대장경을 5백 년 넘도록 완벽하게 지켜 온 비밀은 바로 신비의 환기창에 있다.

경판전은 마주보는 두 개의 긴 일자형 건물과 그 좌우의 작은 건물로 이루어져 있다. 긴 건물 중 앞쪽이 수다라장, 뒤쪽이 법보전이다. 두 건물의 앞뒷벽 위아래에는 각각 붙박이살 환기창이 있다. 이것이 비밀의 실체다. 특히 창의 크기가 모두 다르다는 점이 핵심이다. 수다라장 앞쪽 벽 남향 창은 아래창이 위창의 4배이고 뒤쪽 벽의 북향 창은 위창이 아래창의 1.5배 정도이다.

고려대장경 인쇄 모습
고려대장경판 표면에는 옻칠을 하여 글자의 새김이 760년이 지나도록 생생한 상태로 남아 현재까지 인쇄할 수 있을 정도이다.

법보전도 각각의 크기는 좀 다르지만 비율은 비슷하다. 내부로 들어온 공기가 아래위로 돌아나가도록 하고 동시에 공기 유입량과 유출량을 조절해 적정 습도를 유지하도록 절묘하게 고안했다. 우리 조상들의 지혜가 고스란히 담긴 작품이며 문화유산이다.

해인사를 탐방한 사람들이면 벽면의 절반 이상을 차지한 격자로 된 넓은 유자창, 그것도 위아래, 앞뒤의 창 모양이 다른 독특한 배열 상태의 건물 구조와 경판 꽂이 구조에 눈이 간다. 30칸 195평의 같은 크기의 두 건물인 법보전法寶殿과 수다라전修多羅殿의 상하전후에 있는 각각 크기가 다른 유자창의 구조는 건물의 좌향과 더불어 환기와 빛의 비치는 각도를 절묘하게 조절했다. 목재의 변형과 유해 미생물과 곤충으로부터 보호하기 위해 옻칠을 했다.

양 끝에는 다른 나무를 씌워 뒤틀림을 막았다. 네 모서리에는 구리판을 붙였으며, 글자를 새긴 뒤 옅게 옻칠하여 판을 보호했다.

각 판별로 판수제板首題 · 판미제板尾題와 권차卷次 · 장수張數 · 천자함天字函의 표시가 있다. 팔만대장경의 위대함뿐만 아니라 예술적 가치도 높게 평가하고 있다.

세종대왕이 팔만대장경을 일본에 주려 했다

자료를 찾다가 의외의 사실에 놀랐다. 세종 5년, 12월 25일의 조선왕조실록에는 이런 내용이 있다.

임금께서는 '대장경판은 무용지물이다. 일본에서 간절히 청구하니 아예 주어버리는 것이 어떤가?' 하였다. 이에 대신들이 '경판은 비록 아낄 물건이 아니오나, 일본이 달라는 대로 들어주는 것은 먼 앞날을 내다보지 못하는 셈이 됩니다.' 라며 일본에 넘기는 것을 반대했다.

또한 다음과 같은 기록도 있다.

세종 19년 4월 28일, '일본국에서 매번 대장경판을 달라고 하는 것은 우리나라가 불교를 숭상하지 아니하기 때문이다. 또 서울에서 멀리 떨어져 있어 억지로 청하면 얻을 수 있다고 생각한 까닭이다.

서울 근처인 회암사나 개경사 같은 곳에 옮겨 두면, 우리도 귀하게 여기는 보배인 줄 알고 달라고 하지 않을 것이다' 고 임금님이 말씀하였다. 그러나 신하들은 옮겨오는 과정의 어려움을 들어 반대했다.

불교를 국교처럼 믿어 온 일본은 조선 중기까지도 대장경을 보내 달라고 애원도 하고 때로는 협박까지 했다. 불교를 포기하고 유학을 받아들인 조선은 팔만대장경이 불필요한 것이었다. 조선 초기에는 일본의 끈질긴 요구를 어떻게 처리할 것인가가 외교 현안으로 떠올랐다. 일본의 간청을 받아들이면 골치 아픈 일이 해결될 것으로 보았다. 세종은 고민 끝에 일본에 넘겨줄 것을 신하들에게 넌지시 떠본 것이다. 서울 근교로 옮겨왔더라도 임진왜란, 병자호란, 한국동란으로 이어지는 역사의 격변기에 남아났을 리가 없다.

두 번째 위기는 임진왜란 때였다. 평화를 즐기며 조선 건국 200주년을 준비하고 있던 선조 즉위 25년, 1592년 4월 13일에 부산에 상륙한 일본군은 일방적인 승리를 하며 27일에는 해인사 바로 직전인 성주를 점령했다. 성주에서 합천 해인사로 들어와 탐내던 팔만대장경판을 약탈하는 데는 하루 이틀이면 충분한 거리이다. 그러나 홍의장군 곽재우를 비롯하여 거창과 합천에서 일어난 의병들이 일본군의 해인사 진입을 막아내었고, 스님들도

승병을 모아 해인사를 지켰다.

세 번째의 위기는 동족상잔의 비극적인 한국동란 때였다. 남침한 인민군은 인천상륙작전으로 전세가 역전되자, 미처 북쪽으로 퇴각하지 못한 천여 명이 해인사를 중심으로 게릴라 활동을 하고 있었다. 소탕 작전을 벌리고 있던 국군은 미국 공군에 공중 지원을 요청하였다. 1951년 12월 18일 김영환 대령이 이끄는 전투기는 해인사 폭격 명령을 받고 출격하였다. 그는 여러 가지 이유를 붙여 미군 작전 당국의 명령에 불복하고 폭격하지 않았다. 당시의 전투기는 5백 파운드짜리 폭탄 2개를 적재하는 F-51이어서 만약 명령대로 폭격이 이뤄졌다면 팔만대장경은 순간 재로 변했을 것이다.

대장경판이 만들어진 이후의 750년 동안에 수많은 화재가 있었을 것이

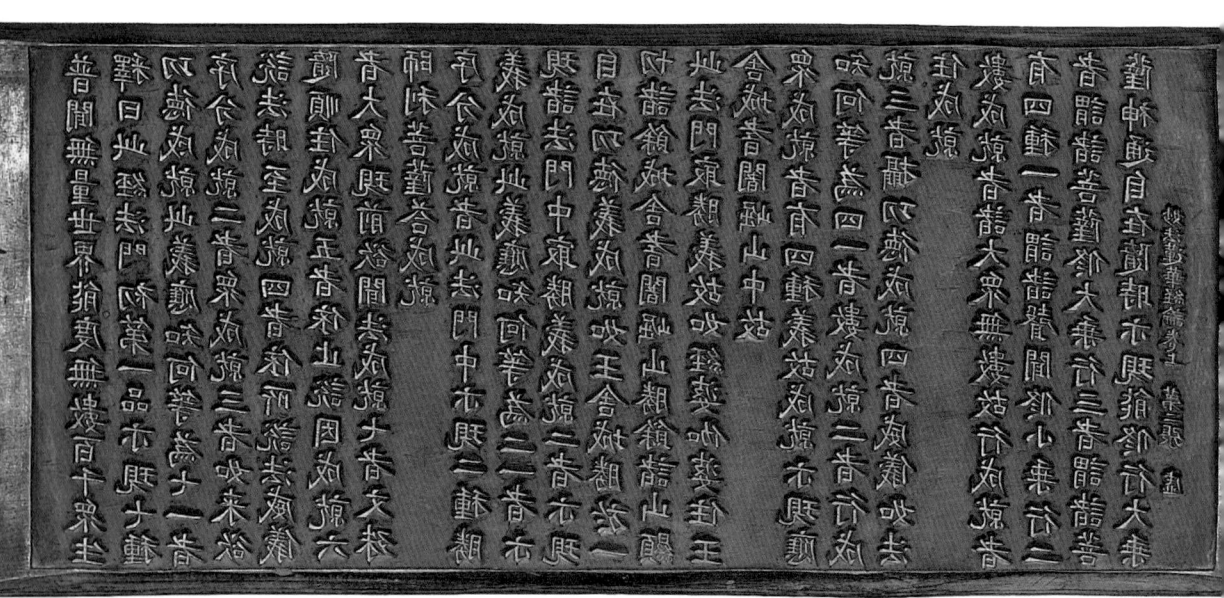

묘법연화경론
현재 전하는 대장경판 중에서 가장 완성도가 높은 작품이다.

다. 기록이 시작된 1695년에서 1876년까지의 이백여 년 동안에 무려 7차례의 화재가 있었다 한다. 기록에 없는 기간까지 포함한다면 적어도 수십 차례의 화재가 더 있었을 것이나 현재까지 원상태에 가깝게 보존되고 있음에 감사한다.

이 같은 경판 팔만여 장을 만드는 데 얼마만한 인력이 들었을까? 박상진 경북대 교수의 『다시 보는 팔만대장경이야기』를 참고해 보면 도움이 된다.

일단 원목을 벌채하면 이를 바닷물에 3년 동안 담가둔다. 이것을 쪄내 알맞은 평판으로 만든 다음 소금물에 삶아 말리고 대패질을 한다. 그런 다음 나무판이 뒤틀리지 않도록 양 끝에 마구리용 각목을 덧붙인다. 이것은 경판을 보호하는 기능도 하고 목판을 찍을 때 손잡이 역할도 한다. 일만에서 일만 오천 그루의 나무가 필요했고 벌목과 운반에 연인원 팔만에서 십이만 명이 동원되었을 것으로 추측했다.

다음은 글씨 파는 작업이다. 판각을 하기 위해서는 먼저 종이에 글씨 쓴 뒤 그 종이를 뒤집어 나무판에 반대로 붙여야 한다. 경판의 글씨는 5천2백만 자다. 흐트러짐 없이 일관되게 구양순체를 사용했다. 이 5천2백만 자의 글씨를 일일이 붓으로 쓰려면 한 사람이 1,000자 정도를 쓸 수 있다. 전체 5천2백만 자를 새기려면 연인원 5만 2천 명 정도가 필요하다.

글씨 쓰는 데 들어가는 한지도 필요하다. 팔만 장의 경판의 양면을 종이에 붙여야 한다. 16만 장이 들어간다. 이것만 해도 적은 양이 아니다. 한지는 닥나무를 채취하여 만든다. 한 사람이 만들 수 있는 종이의 양은 약 50장이니 16만 장을 만들어내려면 약 3천2백 명의 인력이 필요하다. 더 한층 어려운것은 나무에 글자를 새기는 작업이 있다. 달인의 경지에 이르면 하루에 30에서 50자 정도 된다. 644자가 들어 있는 경판 한 장을 이루려면 보통 13일에서 21일이 걸린다. 하루 평균 40자를 새긴다고 하면 팔만대장경 전체 글자수가 약 5,200만 자이므로 연인원 131만 명에 달한다. 이상의 인력을 계산해 보면 적어도 팔만대장경을 완성하는 데 150만 명이 넘는 엄청난 사업임을 알 수 있다.

   이외에도 옻칠을 하는 사람, 교정보는 사람 등에게 음식을 제공하고 잠자리를 만들어 주어야 한다는 것을 계산하면 실로 엄청난 국가적 사업이 아니고서는 만들어낼 수 없는 대사업이다. 팔만대장경이 750년이 넘도록 원 상태를 거의 유지하고 있는 것을 보면 고마운 일임에 틀림없다.

한국의 세계기록유산

조선왕조의궤

다른 나라에서는 발견할 수 없는
독보적인 기록 방법, 조선왕조의궤

조선왕조의궤는 국가의 행사를 그림으로 그린 책이라고 할 수 있다. 국가 행사를 그림으로 그려 한눈으로 파악할 수 있도록 하여 국가 행사의 규범을 확립하고 후대에는 시행착오를 겪지 않도록 했다. 조선왕조의궤는 유교 문화권인 동아시아의 중국과 일본에서도 발견되지 않는 독특한 기록유산이다. 유럽이나 중동에도 조선왕조의궤 같은 기록물은 없다.

죽은 자가 행한 업적들을 기리기 위하여 그림으로 형상화해 무덤 벽에 그린 것은 이집트를 비롯한 중동 국가에서 발견되며 우리나라에도 있고 중

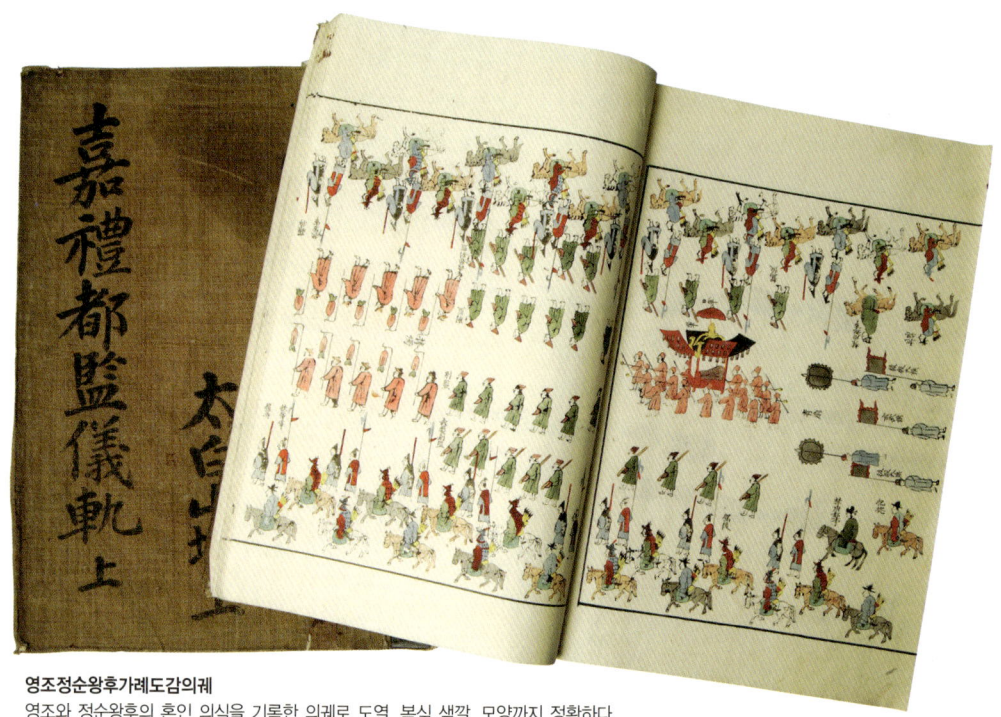

영조정순왕후가례도감의궤
영조와 정순왕후의 혼인 의식을 기록한 의궤로 도열, 복식 색깔, 모양까지 정확하다.

국과 일본에도 있다. 하지만 국가 행사와 규범적인 것들을 그림으로 만들어 후대에 전하려 한 기록물은 세계 어디에도 없다. 조선왕조의 투철한 기록 문화는 조선왕조실록과 승정원일기에서 확인할 수 있지만 그 독특함은 조선왕조의궤에서 단연 독보적이다.

유럽의 그림이나 기록물이 개인적인 성취나 노력에 의하여 활성화된 반면 동아시아에서는 나라가 주도해서 만든 것이 특징적인 면이다. 자유를 지속적으로 확대해 온 서양과 달리 유교적인 통치 원리에 의하여 개인주의와 자유 사상이 발달하지 못한 동아시아에서는 국가의 주도적인 면이 강했다.

조선왕조의궤도 마찬가지로 국가에서 주도해 만들어 그림을 그린 자는 밝혀지지 않았다. 통치자인 왕의 발언과 행동에 대한 기록에는 철저하게 기록자를 밝히는 것을 원칙으로 했지만 그림을 그린 화가의 이름은 없었다. 그림을 예술이 아닌 기능으로 본 사회적인 인식이 밑바탕에 깔려 있기 때문이었다.

의궤는 국가 및 왕실의 의례에 대한 전체적인 상황을 체계적이면서도 종합적인 글과 그림으로 기록했다. 후대에 전범으로 삼도록 참고 자료로 보존하기 위해 제작했다. 개인의 문예적인 관심에 의한 기록이 아니라 국가에서 주도하여 만든 기록물이다. 현재 서울대학교 규장각에 소장된 546종 2,940책과 한국학중앙연구원 장서각에 소장된 287종 4,790책이 세계기록유산으로 등재되어 있다.

또한 이명박 대통령은 일본 요코하마에서 열린 제18차 아시아태평양경제협력체, APEC 정상회의에서 간 나오토 일본 총리를 만나 일제 강점기 조선총독부가 가져간 조선왕조의궤를 포함한 150종 1,205책의 반환에 합의했다. 먼저 일본 궁내청에 보관돼 있던 조선왕조의궤를 포함한 150종 1,205책의 도서가 반환될 것으로 보인다. 또 프랑스 파리 국립도서관에 소장됐던 외규장각 의궤 191종 297책도 돌아올 예정이다. 정조대에는 의궤를 포함한 주요 서적들의 안전을 위해 강화도에 규장각 분관, 다시 말해 외규장각을 설치하여 체계적으로 보관시켰다.

외규장각은 병인양요 때 프랑스군의 침공으로 파괴되었다. 당시 프랑스 군인들의 시선을 사로잡을 만큼 특별한 책들이었다. 그들이 보고 가져간 것은 어람용 의궤이다. 어람용 의궤란 임금이 보던 책을 말한다. 왕이 보도록 특별히 제작한 어람용 의궤는 종이 질부터 달랐다. 제본이나 장정에서 분명하게 차이가 느껴질 만큼 신경을 써서 만들었다.

프랑스군은 눈에 띄는 고급스러운 의궤를 선택했다. 프랑스군이 조선군의 격렬한 저항을 피해 퇴각하면서 외규장각에서 가져간 의궤는 191종 297책으로 상당한 분량이다. 그들이 외규장각 도서 중 유독 의궤를 집중적으로 탈취한 것은 품격 있는 장정과 사적 가치, 채색 그림이 지닌 예술성에 눈을 떴기 때문이었다. 프랑스군이 약탈해 간 책은 프랑스로 건너가 중국 도서로 분류되었다. 한문으로 만들어진 이유에서이다. 현재는 파리 국립도서관에 소장되어 있다. 1866년 강화도를 침공한 프랑스 해군 장교 주베르의 말은 많은 함축적 의미를 포함하고 있다.

이곳에서 감탄하면서 볼 수밖에 없고 선진국이라고 자부하고 있는 우리의 자존심마저 겸연쩍게 만들었다. 아무리 가난한 집에서라도 어디든지 책이 있다는 사실이다.

정조국장도감의궤 중 반차도 부분
조선 정조의 장례 절차 등을 기록한 '정조국장도감의궤' 중 행사의 전 과정을 보여주는 그림으로, 당시의 행사 규모 및 복장, 악대 구성 등 여러 가지를 고증할 수 있는 자료적 가치를 지닌다.

약탈을 주도한 프랑스 해군 장교 주베르의 고백이다. 이곳은 바로 조선이었고 당시의 강화도 사람들의 실제 생활을 그려 놓은 것이다. 프랑스 장교의 자존심을 무너뜨린 것이 한국인을 보고 문화 민족이라고 자부하던 자신의 나라 프랑스를 떠올리며 부끄러워하는 말이다. 우리 조상들은 책을 가까이하고 살았던 문화 민족이었다. 아무리 가난한 집이라도 책이 있었다는 대목에서 한국인의 지식 욕구를 볼 수 있다.

조선왕조의궤의 내용과 만드는 과정

조선이 500년 동안 왕조를 유지할 수 있었던 이유는 정통성을 확보하고 법전을 발행하며 조선왕조의궤 등을 만들어 문명화된 국가를 이루었기 때문이다. 문화적인 백성을 가졌음에도 프랑스군에게 약탈당하고 일본에 의하여 나라를 빼앗기는 국치는 어디에서 비롯된 것일까.

조선은 자체 개혁과 변화를 주도하지 못한 치명적인 약점도 있었지만 많은 공적을 이룬 왕조이기도 하다. 아쉬운 점은 세종조와 영조, 정조 대의 발전적인 사상과 과학적인 성과가 있었음에도 대중과 소통하는 장치를 만드는 일에는 소홀했다는 점이다.

조선의 왕은 백성의 욕구를 알지 못했고 왕과 백성의 소통을 막는 사대부도 있었다. 왕도 사대부인 양반도 이 장벽을 거둘 생각을 하지 않았다. 두려웠기 때문이다. 기득권자는 스스로 권력을 내어놓지 않는다. 권력은 빼앗고 빼앗는 경쟁의 산물이다. 왕과 양반 계층이 독점한 권력을 다수의 백성에게 나누어주는 것을 거부했다. 역사에서 권력을 스스로 백성에게 내어 놓은 통치권자는 없다. 조선조에서 가장 큰 형벌은 반역죄를 지을 때 내려진다. 반역은 왕조를 바꾸거나 몰아내는 일을 말한다. 반역죄를 지으면 반역자만을 죽이는 것이 아니라 반역자의 가족과 혈족까지 죽이는 무시무시한 대가를 치러야 했다.

자유의 이념과 자본주의가 들어올 틈이 없었다. 개혁이나 발전이 백성과 함께 누려야 할 열매였지만 상업화에 실패하는 이유는 늘 권력을 내놓지 않았기 때문이다. 조선이 자체적인 지속성이 길게 이어진 것은 강제와 유교적인 속박으로 가능했다. 하지만 서구 사회에 뒤지게 되는 근본적인 이유이다.

조선의 몰락은 내부로부터의 혁명을 이루지 못해서이지만 결국 무너지는 직접적인 원인은 외부의 힘에 의해서였다. 백성이 함께 누리는 과학과 변혁이 아니라 관에서 통치하는 것에 만족했던 것이 조선의 몰락과 깊은 관계가 있다. 자유 사상과 산업이 발전하지 못하게 하는 여러 문제점이 있었다.

기록의 산증인 중 하나인 조선왕조의궤는 행사가 실시된 후에 만들었다. 사후 보고서라고 할 수 있다. 국가와 왕실의 행사에는 많은 시간과 비용 그리고 인력이 투입되었다. 국가 경제에 구멍을 낼 만큼 큰 행사였다. 의례의 준비와 진행은 임시로 설치된 도감에서 맡았으며, 책임은 영의정이나 예조판서에게 있었다. 의궤는 행사 종료 후 따로 설치된 의궤청에서 만들었다.

대부분의 의궤는 행사가 끝난 후 만들어 보고서 역할을 했지만 예외적으로 미리 만드는 경우도 있었다. 국장 행렬을 그린 반차도 같은 경우는 발인하기 열흘 전까지 완성해야 했다. 발인은 어떤 행사보다도 엄중하고 장엄하게 처리해야 하므로 반차도에 의하여 미리 연습하고 자신의 위치를 확인해야 했기 때문이다. 임시 준비 기관은 행사의 규모에 따라 도감, 청, 소로 나뉘며 의궤의 명칭도 그에 준하여 붙여졌다. 의궤는 왕실과 국가 의례 중에서 임시 준비 기관이 설치되었던 주요 의례에 한하여 편찬된다. 책의 이름은 행사의 성격에 따라 붙여진다. 왕실의 혼인 때에는 『가례도감의궤』, 실록을 편찬할 때는 『실록청의궤』, 궁중 잔치가 있을 때는 『진찬의궤』, 왕의 초상화인 어진을 제작할 때는 『어진도사도감의궤』가 된다.

조선 시대 왕실에서 거행된 여러 의례의 전모를 글과 그림으로 기록한 조선왕조의궤는 왕비·세자 책봉, 결혼, 왕족의 무덤인 능원의 조성과 이장 등 각종 행사가 주요 대상 의례였다. 의궤의 범위는 포괄적이다. 얼마나 세세한 부분까지를 챙기고 철저했는가를 확인해 보면, 감탄이 나오고 고개가 숙여진다. 규범을 만든다는 것은 시행착오를 없애는 기본 요건으로, 경비와 시간을 줄이는 데 중요한 역할을 한다. 규범대로 실시하면 체계적인 준비가 될 뿐 아니라 실수를 줄여준다.

조선왕조의궤 종류의 범위를 보면, 조선조는 국정 운영에 완전한 체계를 가졌고 모범적인 국가였음을 확인하게 된다. 명나라 사신 접대, 궁궐 영건 및 수리, 공신 녹훈, 실록과 선원록 등의 편찬, 도장과 악기의 제조, 왕의 그림 베끼기 등 국가적 차원으로 행해졌던 각종 의례에 대한 종합 보고서이다.

'의궤儀軌'는 의례儀禮와 궤범軌範을 합한 말이다. 의례는 행사를 치르는 일정한 법식이나 정하여진 방식에 따라 치르는 행사로 국가나 왕실의 행사

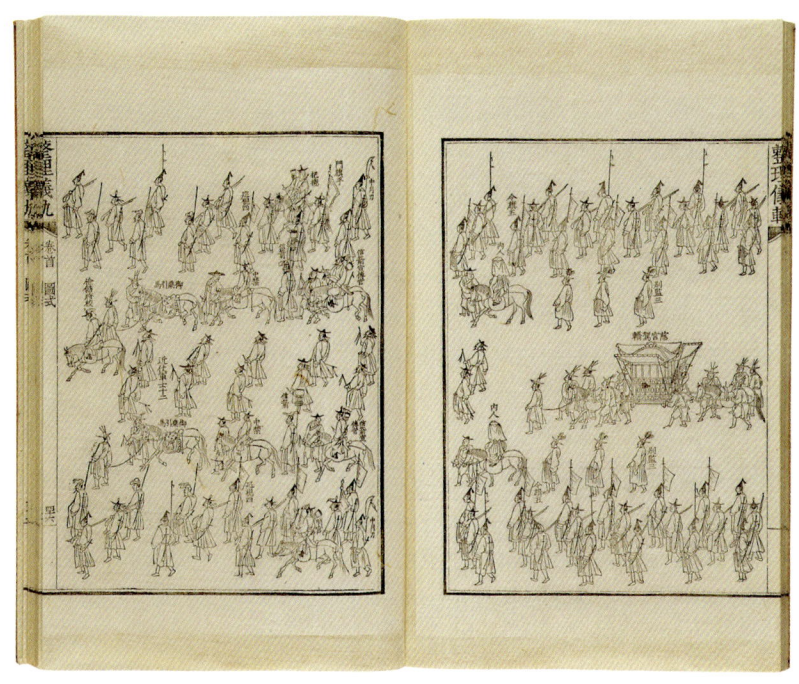

원행을묘정리의궤 어람용 의궤
『원행을묘정리의궤』는 조선 정조의 어머니인 혜경궁 홍씨의 회갑연을 기록한 책이다. 어람용 의궤는 국왕이 친히 열람을 하는 만큼 일반 의궤보다 종이 질이나 장정 면에서 훨씬 뛰어났다.

를 기념하기 위하여 거행하는 의식이다. 궤범은 어떤 일을 판단하거나 행동하는 데에 본보기가 되는 규범이나 법도를 말한다. 여기에서 의궤란 나라에서 큰일을 치를 때 후세에 참고하기 위하여 그 일의 처음부터 끝까지의 경과를 자세하게 적은 책이다.

그림을 곁들여 한눈에 파악하기 쉽게 만들어 지금도 조선 시대의 행사를 거의 그대로 재현할 수 있다. 의복의 색깔이나 모양, 장비 그리고 배열 순서까지 자세하게 그려져 있다. 글로 표현할 수 없는 부분들을 너무나 정확하고 확실하게 그렸다.

초등학생이 보아도 알 수 있는 국가 행사의 본보기를 그림으로 표현했다. 가능한 입체적으로 보이게 하기 위하여 행렬도의 경우에는 아래쪽은 정상으로 서 있는 모습으로 그리고 위쪽에는 거꾸로 그렸다. 색상도 정확하고 색의 명암까지도 넣어 사실적으로 그렸다.

의궤에는 행사의 과정에 사용된 각종 공문서를 비롯하여 업무의 분장, 담당자의 명단, 동원된 인원, 소요된 물품, 경비 지출이 적혀 있다. 심지어 참여자에게 시상한 내역까지도 적혀 있어 기록의 철저함에 놀라게 된다. 행사 참가자에 대한 기록은 더 철저했다. 관리인 경우에는 관리의 직위와 맡은 일과 함께 이름을 적었고 양민과 천민 구분 없이 장인의 이름까지 적었다.

김홍도가 그렸을 것으로 추정되는
정조대왕능행반차도

정조의 숙원 사업이었던 수원 화성의 축성이 완료되었다. 화성은 당대의 성으로는 가장 과학적이면서도 아름다운 성이다. 전쟁의 참혹함을 떠올리면 성의 아름다움에 대해 미소를 머금게 한다. 과학과 예술의 만남이 수원 화성이다. 수원 화성에 참여한 노동자들에게 임금을 주면서 공사를 하고 임금이 모자라면 공사를 중단하기까지 하는 일관성을 유지하려는 정조는 진정한 성군임을 발견하게 된다. 아버지 사도세자의 능이 있는 곳을 찾아온 아들 정조는 새로운 도전에 직면해 있었다. 정치 경제의 중심을 서울에서 수원으로 옮기려는 1차적인 완료가 수원 화성의 완공이었다. 정조는 지시했다.

수원 화성 공사의 시말을 분명히 하라.

왕의 목소리는 단호했다. 보고서로서의 성격이 기본이었지만 국정 운영과 기강을 바로 세우기 위한 보고서로 정조는 활용하기로 했다. 엄중한 왕의 지시로 화성성역의궤는 작성되었다. 화성성역의궤는 화성 건축에 대한 공사 보고서로서 정조가 1796년 수원 화성이 준공되자 약 2년 8개월 간의 공사에 대한 공사 보고서를 발간하도록 지시하여 그로부터 약 5년 후에 발간된 책이다. 정조의 단호한 지시에 걸맞도록 철저하게 의궤를 만들어 국정의 모범이 되도록 한 의도였다. 상세한 그림 자료들이 덧붙여져 이해를 도우며 인쇄술 또한 수준 높다. 5년이라는 보고서 작성 시일에서도 느낄 수 있듯이 자료들이 너무나 상세하다.

예를 들면 공사 인원만 하더라도 아무개가 어느 현장에서 며칠 간 어떤

명성황후국장도감의궤
일본 정부의 사주를 받은 일본 낭인들에 의해 무참히 시행된 명성황후의 국장에 관한 전말을 담은 의궤이다.

일을 하였다고 기록하고 일당까지 적고 있어 개개인의 인건비까지도 셈할 수 있게 해 놓았다.

수원 화성이 세계문화유산이 되었듯이 수원 화성의 축성 과정과 도면까지 그려 만든 수원화성의궤도 세계기록유산으로 지정되는 특별한 일이 벌어졌다. 성역의 설계와 시공 그리고 기록과 정리에까지 주도적 역할을 수행한 사람들은 당시의 실학자들이다. 실학자답게 바깥과 안에서 본 그림에다 투시도까지 그려 넣었다. 정확성을 기하기 위한 발상이었다. 그림만 보고도 시설물의 건축 방법을 짐작할 수 있을 만큼 자세하게 기록했다. 실제로 1975년부터 시작한 화성에 대한 복원 사업에 화성성역의궤는 설계도 역할을 했다. 화성성역의궤는 200년 전에 만들어진 공사 보고서이다.

정조는 수원 화성이 완료되기 전 어머니를 위하여 수원으로 행차를 결심한다. 어머니를 위한 회갑연을 수원 행궁에서 벌이기로 한다. 어머니 혜경궁 홍씨의 회갑연을 위하여 사도세자의 능이 있는 수원으로 행차할 때의 모습을 그린 원행을묘정리의궤이다. 일반적으로 의궤는 붓으로 직접 쓴 필사본을 사용하는데 원행을묘정리의궤는 인쇄본으로 제작하였다.

정조는 의욕적이었다. 뒤주에 갇혀 죽은 아버지 사도세자에 대한 효성과 남편인 사도세자를 먼저 보내고 어렵게 살아온 어머니에 대한 보은의 의미가 깔려 있었다. 정조는 1794년 12월에 이 행사를 주관할 관청으로 정리소를 설치했다. 정리의궤란 정리소의 업무를 정리한 의궤를 의미한다. 정리의궤는 또한 활자로 인쇄한 최초의 의궤이다. 그만큼 정조는 어머니를 수원으로 모시고 가고 싶은 마음이 컸고 성대하게 치루고 싶은 마음이 간절했다.

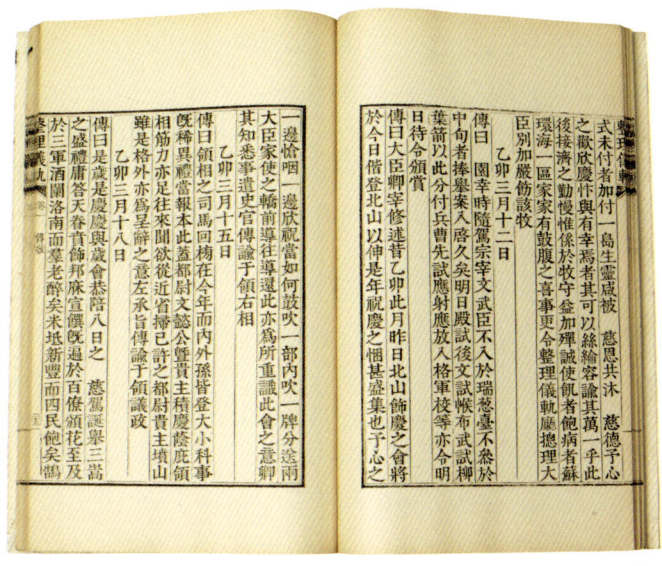

원행을묘정리의궤 일반 의궤
혜경궁 홍씨의 회갑연 과정을 상세히 기록한 책으로, 당시 정치·군사 제도·복식 등을 연구하는 데 귀중한 자료이다.

　조선 시대의 의궤는 사람이 직접 손으로 쓰고 그림을 그린 필사본이 대부분이다. 그런데 정조는 정리의궤를 널리 알리기 위해 활자로 인쇄할 것을 결정했고, 그 인쇄를 위해 특별히 금속 활자를 만들었다. 1795년에 만들어진 이 활자를 정리자整理字라고 한다.

　정리의궤는 권수 1권, 본문 5권, 부록 4권 등 총 10권 8책으로 구성되었다. 권수의 내용은 주로 도식, 즉 그림이다. 화성 행궁의 전경, 봉수당의 잔치, 잔치 자리에서 공연된 무용, 잔치 자리에 사용된 조화, 그릇, 복식, 화성에서의 주요 행사 장면과 심지어 행사에 사용된 가마의 모양과 세부도까지 그려져 있다. 그리고 행렬 전체의 모습을 그린 반차도가 나오는데 일품이다. 정식 이름은 『정조대왕능행반차도』이다.

『정조대왕능행반차도』라고 하면 정조대왕이 아버지 사도세자의 능을 찾아가는 행렬의 순서와 모습을 그린 그림이라고 할 수 있다. 헌데 행렬 어디에도 정조대왕의 그림은 보이지 않는다. 당시에는 왕의 얼굴이나 몸을 아무데나 그릴 수가 없었다. 특별히 어진이라고 하여 그림을 그린 경우 외에는 왕의 모습을 그림으로 그릴 수가 없었다. 하늘 같은 왕의 모습을 함부로 그릴 수 없었기 때문이다. 반차도는 왕의 모습이 그려 있지 않아도 전체 행렬의 모습이 장관이다.

어가를 따라간 인원은 1,779명이고 말은 779필이다. 복식과 말을 탄 사람, 걸어가는 사람, 손에 든 무기나 깃발, 행사의 모습 전모가 그대로 그려져 있다. 표정과 행동이 잘 표현되어 있다. 이보다 더 철저하고 완벽할 수는 없다.

200여 년 전에 행사의 모든 것을 한눈에 볼 수 있는 모의실험도가 반차도이다. 반차도는 국가적인 행사에서 문무백관의 도열 순서를 그린 그림이다. 반차도 그림은 예술성이나 정밀함에 있어서 단연 돋보인다.

이 그림들은 정리의궤의 백미가 되는 부분으로 김홍도를 비롯한 궁중의 화원들이 그린 것을 목판으로 새겨서 인쇄했다. 반차도 같은 의궤에 그려진 그림은 당대 최고의 화가들이 모인 화원에서 그렸다.

그림은 우리나라만의 독특한 기법에 의하여 그려져 유려하면서도 깔끔하다. 작품성 또한 뛰어나다. 기록을 남기기 위한 조선왕조의 노력은 치열했고 치밀했다. 의궤의 그림은 조선인들이 만들어낸 창의적이고도 기발한 기록유산이다.

역사의 보물 창고 조선왕조의궤가 보여주는
경이로울 정도의 치밀함

원행을묘정리의궤는 정조의 주도하에 진행된 을묘년 수원 행차의 모든 것을 기록한 책이다. 책이 담고 있는 풍부한 기록 내용은 왕실 행사에 대한 구체적인 사실들을 전해 줄 뿐 아니라 조선 후기의 문화를 이해하는 데 아주 귀중한 자료이다.

특히 과거의 문화유산 중 각종 음식과 옷, 그림, 조각, 기물, 용품, 노래, 춤, 의식 등 각 부문별로 당시의 최고 수준을 반영하고 있던 궁중 문화를 생생하게 만날 수 있다. 당대 최고 수준의 문화를 총체적으로 보여 주는 유산이다.

1795년은 정조에게 뜻깊은 한 해였다. 정조의 아버지인 사도세자가 태어난 지 만 60년이 되는 해였으며 동갑이었던 어머니 혜경궁 홍씨 또한 회갑을 맞는 해였다. 뿐만 아니라 정조 자신이 즉위한 지 20주년이 되는 축하가 겹치는 해였다. 심혈을 기울인 화성 축성 공사도 잘 진행되고 있었다. 정조는 아버지의 무덤이 있는 수원에 행차해 어머니의 회갑연을 대대적으로 열었다. 아버지를 향한 추모와 어머니에 대한 효를 실행에 옮길 수 있었다. 정조는 기쁨을 백성과 함께 나누고 싶었다. 백성들과 축하연을 함께 하기 위해 수원에서 양로연, 구호미 배급, 문·무과 과거 실시 등 여러 가지 행사를 병행하여 왕실의 축하연을 최대한 백성과 함께 크고 화려하게 하려했다. 이 일정의 8일 간을 정리한 것이 원행을묘정리의궤이다.

한강 노량진에 배로 다리를 만든 주교舟橋 설치, 왕이 활쏘기를 하는 어사御射 등 부대 행사도 다양하게 펼쳤다. 정조는 왕실 행사를 왕실만의 축하 연으로 하기보다 수원 화성의 축성을 위한 정치적 개혁의 시험대로 삼았다.

8일 간의 행사 내용을 기념하기 위한 조치로 정조는 수원 회갑연의 절차와 내용을 적은 의궤 작성을 명하였다. 의궤의 작성에 무려 2년이 걸렸다. 원행 행사가 모두 끝난 1795년 음력 윤2월 27일에 정조의 명으로 작업을 시작해 1797년 음력 3월 24일에 완성했다. 그만큼 회갑연의 의미를 부여했다. 지금으로 이야기하면 어머니 혜경궁 홍씨에게 사진첩과 기념 문집을 만들어드린 셈이다.

지금도 혜경궁 홍씨 회갑연의 무용과 음식, 상차림, 참석 인사 배치, 복장, 기물 등이 재현될 수 있다. 행차의 세부적인 절차에서 물자 및 인원의 동원과 같은 행정 체계를 비롯해 궁중 잔치, 궁중 음식, 궁중 음악, 궁중 의식 등과 같은 궁중 문화, 그리고 군사 훈련, 행차 시의 국왕 호위, 국왕의 의장 행렬, 기물, 장신구, 물가, 인물 등 당시의 궁중 및 일반 생활사가 구체적으로 기록되어 있어 역사의 보물 창고라고 할 수 있다. 기록이 얼마나 세밀했는가를 확인해 보면 실감하게 된다.

궁중 잔치를 기록한 의궤의 경우는 다른 의궤와 달리 병풍으로 제작하여 왕실에 보내거나 의식에 참여한 관리들에게 포상 형식으로 선물하기도 했다. 의궤의 그림은 하나의 작품으로서의 가치가 충분하였으며, 왕실 행사의 그림을 집에 들일 수 있는 것은 영광이었다.

대전께 올리는 한 상 8기로 한다.

각색송병 1기 고임높이는 5치이다. 재료 및 분량은 찹쌀 1말, 멥쌀 8되, 검은콩 7되,

대추 2되, 밤 2되, 꿀 2되, 계피가루 1냥, 미나리 1단, 숙저육 8냥, 묵은닭 2각, 표고버섯 2홉, 석이버섯 2홉이다.

약반 1기 재료 및 분량은 찹쌀 3되, 대추 3되, 밤 3되, 참기름 5홉, 꿀 1되 2홉, 잣 1홉, 간장 1홉이다.

백자죽 1기 재료 및 분량은 멥쌀 1되, 잣 1되 5홉이다.

홍백연과 1기 고임높이는 3치이다. 재료 및 분량은 찹쌀 3되, 세건반 1되 2홉, 참기름 1되 2홉, 지초 3냥, 꿀 3홉, 백당 1근, 잣 2되이다.

준시 1기 고임높이는 3치이다. 재료 및 분량은 준시 100개, 잣 1되이다.

각색정과 1기 고임높이는 2치이다. 재료 및 분량은 연근 5뿌리, 산사 3되, 감자 5개, 유자 3개, 배 3개, 모과 3개, 동아 3편, 생강 1되, 꿀 1되 5홉이다.

별 잡 탕 1기 재료 및 분량은 쇠고기 2냥, 숙육 2냥, 양 2냥, 곤자소니 2냥, 저포 2냥, 돼지고기 2냥, 두골 1/2부, 숭어 1/4미, 묵은닭 1각, 해삼 2개, 달걀 2개, 전복 1개, 무 1개, 오이 1/2개, 박고지 1사리, 미나리 1/2단, 참기름 1홉, 간장 1홉, 녹말 5작, 표고버섯 5작, 잣 2작, 후춧가루 2작이다.

족병 1기 고임높이는 3치이다. 재료 및 분량은 우족 3개, 돼지고기 5냥, 꿩 1각, 묵은 닭 1각, 두골 1/2부, 달걀 3개, 참기름 2홉, 잣 1홉, 후춧가루 1작이다.

꿀 1기 재료 및 분량은 꿀 3홉이다.

초장 재료 및 분량은 간장 2홉, 초 1홉, 잣 1작이다.

요리책도 아니면서 행사보고용 서류를 이처럼 정교하게 기록한 것은 없다. 상에 차려지는 음식의 종류만 기록해도 만만치 않은 일인데 음식에 들어가는 재료와 양까지 세세하게 적고 있다. 지금도 이렇게 세부적인 내용을 행사 기록에 적지 않는다. 각 재료별로 단위를 알고 적는 것도 만만치

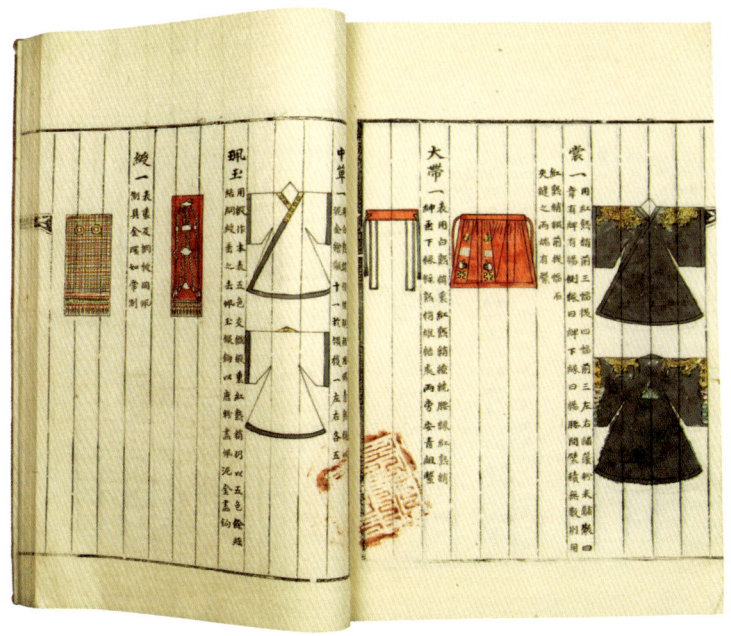

정조국장도감의궤
정조가 1800년 6월 28일 승하한 후, 창경궁 환경전에서 발인하여 장지까지 옮기는 행사에 대한 기록을 정리한 것이다.

않다. 차림상에 대한 의궤가 탄생하기 위해서는 음식을 만드는 사람과 기록하는 사람과 음식을 차리는 사람, 재료를 제공하는 사람 등의 협력이 있어야 한다. 조리법만 빠졌지 음식의 양과 비용까지 적은 경우는 세계적으로 독보적일 것이다.

지금도 정조의 화성 행차와 회갑 잔치를 원형에 가깝게 재현할 수 있는 것도 이처럼 풍부한 기록에 근거하고 있어서이다. 특히 경비의 수입과 지출을 항목별로 정리하여 모든 비용이 상세하게 기록되어 있다. 당시의 물가 동향과 경제를 이해하는 데에도 크게 도움을 준다. 조선왕조의궤는 역사의 재현을 위한 한국인의 기념비적인 작품이다.

한국의 세계기록유산

동의보감

동아시아 최고의 의학 서적, 동의보감

　동의보감은 현대식으로 이야기하면 의학 백과사전이다. 동의보감 이전의 의학 서적을 총망라하여 새로운 체제와 방법으로 한의학을 완성한 책이며 한중일과 베트남까지 영향을 준 의학 서적이다. 당대 여러 지역의 의술을 통합함으로써 의학 전반을 꿰뚫어 가장 완성도가 높다. 동의보감은 총체적 통합을 이룬 의학 서적으로서, 한국의 자랑이며, 세계의 의학 발전에 새로이 기여할 책으로 본다.

　누가 뭐라고 하던 지금 서양 의학은 새로운 전환점에 와 있다. 부분에 치중하다 보니 전체를 파악하지 못하는 현상 때문에 서양 의학은 길을 잃었다. 동의보감은 그 길을 열 수 있는 등불이 될 것이다. 한의학은 삼국 시대 이후로 전해 오는 우리의 독자적인 의학과 임상 경험을 총괄한 것이다. 한의학을 뜬구름 잡는 학문으로 보는 사람도 있지만 천 년 이상 동안의 임상 체험을 토대로 만들어진 학문을 허구라고 할 수 없다.

　서양의 인문학이나 과학은 임상 실험을 기본으로 하여 과학적인 토대 위에서 만들어진다. 한학은 숫자적인 자료를 만들어내는 데 관심을 두지 못해 실증적이지 않다고 하지만 그렇지 않다. 자료를 비롯한 직접적인 정보를 축적하지 못한 것은 인정하지만 임상 실험의 결과에 의한 구체적인 의학임은 부정할 수 없다.

　동의보감은 새롭게 태어나고 있다. 서양 의학이 보여주고 있는 방법과는 다른 길로 왔기 때문에 서양 의학이 가진 방법론의 일부를 받아들이는 순간 비약적인 발전과 새로운 대체 의학의 세계를 열어줄 것이다.

　다시 이야기하지만 동양 의학과 서양 의학은 길이 달랐다. 다른 길을 선

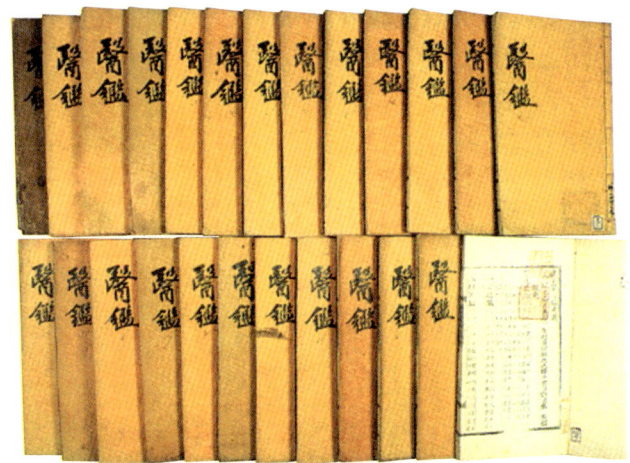

동의보감 표지
우리 실정에 맞는 의서라 하여 『동의보감』이라는 이름을 지었으며, 내의원 활자본으로 발행되었다.

택해서 다른 방법론에 의한 치료를 하고 있다. 동양 의학은 우주의 순환 관계, 즉 인체의 순환 관계를 총체적으로 이해해야만 가능하다. 사람의 몸은 자연의 산물이며 자연의 모습을 그대로 닮아서 자연을 이해하면 사람의 몸도 참된 모습을 드러낸다고 보았다. 뒤집으면 사람의 몸을 알면 세상의 이치도 보인다고 본다. 동의보감은 자연의 이치를 깨우쳐야 제대로 치료가 가능하며 근본적인 완치를 할 수 있다고 보았다.

동의보감은 의학을 넘어 역사, 철학, 문학 등 인문학적인 관점에서 바라보아야 전체를 파악할 수 있다. 동의보감의 장점은 숲만 보는 것이 아니라 나무 하나하나와 풀잎의 존재에 대해서 조목조목 자세하고도 명백하게 짚고 있다는 점이다. 동의보감이 의학서를 뛰어넘어 당대의 사상을 담은 고전으로 평가받는 분위기가 이를 증명한다.

동의보감은 허준 개인의 작품이 아니라 허준과 당대의 내의원 관리와 어의들이 공동으로 완성한 책이다. 조선을 비롯한 주변국들의 의학 서적을 총망라하여 우리의 몸에 맞게 처방을 달리하기도 했다. 동양 의학이라는 큰 흐름을 따르면서도 한국인에게 맞는 철학과 사상을 넣었고 독자적인 체계와 방법으로 저술하였다. 조선의 사신이 중국이나 일본을 방문할 때 선물로 보냈던 명저이기도 하다.

일본에서는 동의보감을 베껴 책을 만들고 국가에서 정책적으로 출판하였다. 동양 의학의 중심지였던 중국은 일본보다도 동의보감에 더 반했다. 수많은 책이 있었지만 동의보감 한 권이 가진 비중과 그 가치에 놀라워했다. 중국은 일본보다 더 많이 채록하고 국가적 차원에서 동의보감을 발행했다. 동의보감은 동양 의학의 핵심적인 책이었고 주변국들은 동의보감의 내용을 따랐다. 우리가 우리를 몰라보고 있는 동안 오히려 중국과 일본에서는 동의보감에 감동하고 있었다. 동의보감은 본보기로 동아시아 의술에서 절대적인 자리를 차지하였다.

동의보감은 당대의 의술의 종합서이면서 독창적인 길을 찾아낸 역저였다. 당대의 의학 서적을 무려 500여 권이나 참고하여 종합한 책이다. 기록에는 남다른 민족이어서 의학 서적인 동의보감에도 참고로 한 서적 목록을 빠짐없이 기록하고 있다. '동의보감 서' 바로 뒤에 '동의보감 집례'란에 실어 놓았다. 참고 서적의 면면을 살펴보면 놀랍다. 당대 최고의 의학 서적들인 중국의 책들로『의학입문』,『만병회춘』등 중국 명나라의 최신 의학 서적을 망라하였을 뿐만 아니라『의방유취』,『향약집성방』등 우리나라에서 편찬한 책을 참고하였다.

또한 사람의 몸은 태어난 토양과 둘이 아니라 하나라는 '신토불이身土不

二' 정신을 담았다. 모든 과학 이론은 당대까지의 정보를 기반으로 하여 새로움을 창조한다. 어떠한 창조도 독자적으로 만들어낸 것이 아니라 축적된 정보와 지식을 기반으로 만들어낸다. 코페르니쿠스적인 사고의 전환이나 다윈 같은 위대한 발견도 전대의 지식의 기반 위에서 만들어지는 것이다. '이 세상에 새로운 것이란 없다'는 말이 결코 가벼운 명제가 아니다. 우리가 만나고 행해 왔던 것들에 대한 새로운 발견은 한 사람에 의하여 이루어지지 않는다. 지식과 정보의 바다 위에서 하나를 더 찾아낸 것에 불과하다.

전쟁 중에도 만들어진 동의보감

동의보감은 중국은 물론 일본 그리고 대만 등에서 여러 차례 간행한 독보적인 책이다. 이 책은 조선의 의술과 사상, 철학이 만나 이루어낸 금자탑으로, 동의보감이 태어나는 데 직접적이면서도 중심적인 역할을 한 사람은 허준이다.

조선을 전기와 후기로 나누는 기점은 임진왜란이다. 그만큼 임진왜란은 조선의 백성과 왕에게 큰 타격과 변화를 만들어준 사건으로, 조선 탄생 200주년 기념식을 준비하는 축제 기간에 일어났다. 조선은 나름 태평성대를 구가하고 있었다. 한 왕조가 200주년을 준비하는 축제의 현장에 재를 뿌린 것이 일본의 침공이었다. 조선의 잔칫집 분위기에 찬물을 끼얹으며 전쟁을 일으킨 것이 임진왜란이다. 1592년은 조선 건국 200주년이자, 일본의 침공으로 임진왜란이 발발한 해이다.

전쟁은 일방적으로 일본에게 유리하게 전개되다가 이순신 장군의 활약과 민병, 승병 등의 힘으로 소강 상태에 접어들었다. 민심은 극도로 나빠졌고 전염병은 여기저기 돌았다. 선조는 한양을 버리고 급하게 의주로 도망하면서 백성들의 고충을 몸으로 직접 체험했다. 왕의 피난길을 끝까지 따르면서 왕을 보살폈던 허준에게 전쟁이 소강 상태로 접어들자 조선에 맞는 의학책을 만들어 줄 것을 주문했다.

"요즈음 중국의 의서를 보면 모두 용렬하고 조잡한 것만 모아 놓아 볼 만한 것이 없다. 마땅히 여러 의서를 널리 모아 놓아 볼 만한 것이 없다. 마땅히 여러 의서를 널리 모아 하나의 책으로 편집하라. 또한 사람의 질병은 모두 조리와 섭생의 잘못에서 생기는 것이므로 수양을 우선으로 하고, 약물은 그 다음이어야 한다. 여러 의서가 너무 방대하고 번잡하니 그 요점을 가리는 데 힘써야 한다. 가난한 시골과 외딴 마을은 의사와 약이 없어서 일찍 죽는 자가 많다. 우리나라는 향약이 많이 나나 사람들이 그것을 알지 못하니, 마땅히 이들 약물을 분류하고 향약명을 함께 써서 백성들이 알기 쉽게 하라."

선조의 지시 내용이다. 허준에게 조선의 실정뿐만 아니라 한의학의 원리까지 설명하며 아주 구체적으로 지시하고 있다. 여기서 향약은 우리나라에서 나는 약초를 말하고 약물은 탕약을 말한다. 선조는 처방전에 향약명을 상세하게 적어 알기 쉬운 책을 만들라고 명하였다.

1596년의 일이다. 임진왜란이 발발하고 4년 동안 전쟁을 치르고 있는 동안에 생긴 일이다. 한국 의학사에 남는 동의보감이 만들어지는 계기를 만들어 준 사건이다. 허준은 내의원에 있는 어의였다. 한국의 의학 수준을 가늠할 수 있는 내의원은 궁중의 의약醫藥을 맡은 관청이다. 조선 시대에 국왕 이하 왕족과 궁중에서 쓰이는 약을 조제하던 관청으로 궁궐 내부의 병원으로 이해할 수 있다. 내의원에는 의녀라 하여 지금으로 말하면 여의사도 있었다. 한국 의학사에 빛나는 일이었고 동양 의학이라 불리는 한의학의 집대성을 이루며 새로운 길을 찾아내는 위대한 사건의 발단이었다. 궁중에 있던 의학 서적과 한민족의 오랜 전통과 의술을 담은 서적 모두를 모아 정리했다. 동아시아 의학 지식을 총망라해서 하나의 용광로에 넣었다. 그리고 동아시아를 지배하고 있는 여러 가지 사상적인 인식 체계를 적극 받아들였지만 이들을 한국적인 입장에 맞춰 용광로에서 뽑아냈다. 보다 체계적이고 일관된 철학에 의하여 용의주도하고 종합적인 의학서가 탄생했다.

동의보감 초간본 표지
허준 주도로 편찬된 조선 시대 의학서 동의보감은 한국의 7번째 유네스코 세계기록유산으로 등재됐다.

동의보감은 한민족의 의학 서적뿐 아니라 가능한 모든 의학서를 참고했지만 그 중심을 꿰뚫고 흐르는 사상과 철학은 한국적 토양에 맞도록 편집했다. 한의학의 종주국이라고 자처하던 중국은 한의학의 주도권을 빼앗겼다고 애써 동의보감의 세계기록유산 등재를 과소 평가하고 있다.

허준과 같은 시대인 중국의 명나라에서도 의서를 종합하여 하나로 통합하려는 시도를 했다. 서로 다른 사상과 이론을 종합해서 묶는 것은 쉽지 않았다. 천하의 명의를 모아 춘추·전국 시대부터 명나라까지 2,000여 년간 내려온 의서들을 모아서 이뤄질 일이 아니었다. 전체를 하나로 통합하여 관통시킬 체계적인 사상과 의술의 정립이 필요했다. 이는 지금까지 이룬 의학적인 업적만큼이나 어려운 일이었다. 결국은 실패했다. 명나라가 망하고 후일 청나라에서 1766년 조선의 동의보감을 그대로 재판한 중국판 동의보감 서문에 그대로 그러한 내용이 들어 있다. 청나라의 의원들이 동의보감의 뛰어남을 확인하고 간행한 것만 보아도 알 수 있다. 동의보감을 지금에 와서 평가절하하려는 중국인은 당대의 글을 읽게 되면 오만이 사라질 것이다.

한 줄기 햇빛이 작은 구멍을 통해 들어오기만 해도 어둠이 금방 사라져 버리는 것과 같이 동의보감은 피부 속 깊숙이 감추어진 몸속을 훤히 꿰뚫어 볼 수 있는 거울과 같은 책이다.

중국에서 발행한 동의보감 서문에 적힌 내용이다. 중국에서 동의보감을 여러 차례 발행했다. 1724년 일본에서도 동의보감을 찍었다. 그만큼 동의보감은 동아시아의 의술 종합서였다. 일본에서 간행된 동의보감의 서문에도 마찬가지로 조선의 동의보감에 대한 평을 적고 있다.

　이 책은 이론이 정밀하고 오류가 없어 생명을 구하는 데 없어서는 안 될 책으로, 의학 발전에 지대한 공을 세웠다.

　동의보감은 인체의 구성 원리에 따른 독창적인 주관에 의해서 서술한, 의학 백과사전으로 동양 의학의 진수라 할 수 있다. 모든 사상과 철학이 저술자가 살고 있는 시대 이전의 것들에 기반하여 발전하듯 의학이나 과학도 마찬가지이다.

　심지어 공자도 술이부작述而不作이라고 하여 과거에 있었던 것에서 새로이 만들지 않았다며 공자 자신의 학문을 과거의 학문적 성과에서 찾았다고 하지 않았는가. 술述은 '이미 앞선 성인의 글을 후학들이 이해하기 쉽게 풀이한다'는 뜻이고 작作은 '새롭게 짓는다'는 뜻이다. 술이부작은 공자의 학문 자세로 옛것을 전술하되 새로이 만들지 않았다는 겸손의 표현이기도 했다. 이런 공자를 사마천은 학문의 종주라 했고, 맹자는 학문을 집대성한 성인이라 했다.

　동의보감은 허준과 저술에 함께 참여한 의원들의 공동 작업으로 이루어져 그 가치와 의미가 깊고 높다. 동의보감의 한가운데를 흐르는 동맥에는 허준과 서적 편찬에 동참한 당대의 의원들의 사상과 철학이 담겨 있다. 중국의 의학자들이 중구난방으로 질병 위주로 주장한 내용을, 허준은 '인체는 소우주'라는 개념 아래 동아시아의 종교이면서 사상이기도 했던 유儒, 불佛, 선仙을 바탕으로 생성, 출생, 질병의 순차에 따라 서로 상관성 있게 기술하였다. 한의학의 백과사전을 저술하여 동아시아의 의학 체계를 통일하고 집대성한 위대한 업적을 만들어냈다. 그중에서도 허준의 노력과 성취는 독보적이어서 의성으로 추앙받았다.

동의보감과 허준

허준이 선조의 명을 받아 1596년 정작, 이명원, 양예수, 김응탁, 정예남 등 여러 명과 함께 집필을 시작했다. 당대 조선의 의술을 가진 사람들이었다. 조선 최고의 의술 집단이 꾸려져 동양 최고의 의서를 만들어보라는 왕의 지시에 따라 움직이기 시작했다. 의서를 모아 보니 다양한 내용으로 종류도 많았다. 읽어보기도 힘든 분량이었고 하나의 흐름에 꿰어 맞춘다는 것은 더욱 어려운 일이었다. 책마다 가진 사상과 주장 및 의술도 달랐다. 옳고 그름을 가려내는 것도 산 넘어 산이었다. 동의보감 서문에 이러한 고충이 담겨 있다.

수많은 의학자들이 연이어 나와서 의학 이론은 더욱 복잡하게 만들어졌다. 한편 경전의 구절을 따다가 각기 다투어 자기의 학파를 내세움으로써 의학책은 더 많아졌으나 의술은 더욱더 애매해졌다. … 그리하여 『영추靈樞』의 본래의 뜻과 거리가 멀어졌다. 서투른 의사들은 깊이 이치를 알지 못하고 혹 『내경內經』의 말을 저버리고 자기 마음대로 하려고 하거나 옛날 방법에만 매달렸을 뿐이지 변통變通해서 쓸 줄을 몰랐다.

『황제내경』은 중국의 가장 오래된 의서로 도교의 가장 중요한 고전 중의 하나이다. 이 책을 통해서 우리는 질병의 원인론, 생리학, 진단 방법, 치료법, 질병 예방법 등에 관한 지식을 습득하고 또한 윤리학, 심리학, 천문학,

지질학 그리고 시간 생물학 등 다양한 종류의 학문을 접하게 된다. '영추'는 『황제내경』에서 침술과 뜸을 다룬 부분이다. 정통이라고 할 수 있는 진단과 처방이 없었다. 세월이 갈수록 부분만 취하여 복잡해지고 어려워졌다. 애매한 내용을 정립하고 세상에 알릴 필요가 있었다. 처방이 잘못되어 도리어 잘못된 경우가 늘어났다.

저술 방법도 정리해야 했다. 어떤 체계로 책을 만들어야 조선에 알맞고 전체를 아우르는 구성을 만들어낼 수 있나 생각했다. 문제는 산적해 있었지만 어떠한 방법으로든 풀어야 할 숙제였다. 일일이 실험을 하기에는 역부족이었다. 400년 전의 일이었다. 실험 도구인 몸으로 직접 해보는 임상실험 외에는 없었다.

먼저 편찬국을 설치한 후 찬집撰集을 시작했다. 여러 책에 있는 내용을 종합하여 기록하는 방식으로 상당한 진척을 보았다. 소강 상태였던 전쟁은 일본의 재침범으로 다시 시작되었다. 정유재란이다. 의학 서적 편찬에 참여했던 의원들이 사방으로 흩어져 편찬 작업이 한때 중단되었다. 선조는 의서의 편찬을 절감했다. 동의보감이 편찬되는 내용이 서문에 기록되어 있다.

편집국을 설치하고 책을 편찬하기 시작하였다. 대략적인 체계를 세웠을 때 정유년 난리를 만나 의사들이 여러 곳으로 흩어졌기 때문에 편찬은 할 수 없이 중단되었다.

그 후 선조왕이 허준에게 혼자서 편찬하라고 지시하면서 국가에 보관하였던 의학책 500여 권을 참고하라고 하였다. 편찬이 아직 절반도 못 되었는데 선조왕은 세상을 떠났다. 새 왕이 즉위한 지 3년째 되는 경술년, 1610

년에 비로소 이 사업이 끝났다. 모두 25권으로 되어 있는데, 이 책의 이름을 『동의보감東醫寶鑑』이라고 지었다.

전쟁의 혼란 속에서 시작하여 무려 15년이란 기간 동안 공을 들여 만든 책이다. 처음에는 여러 사람이 참여해서 국가적인 사업으로 시행을 하다가 허준에게 단독으로 맡겨서 완성되었다는 내용이 서문에 들어 있다. 일을 시킨 왕 선조는 중도에 사망하고 만다. 선조가 사망하자 어의로서 왕을 제대로 보살피지 못한 죄를 받고 문외출송 당한다. 문외출송門外黜送이란 한양 도성 밖으로 나가 살아야 하는 가벼운 형벌이다. 하지만 허준은 다시 유배된다. 유배지는 의주였다.

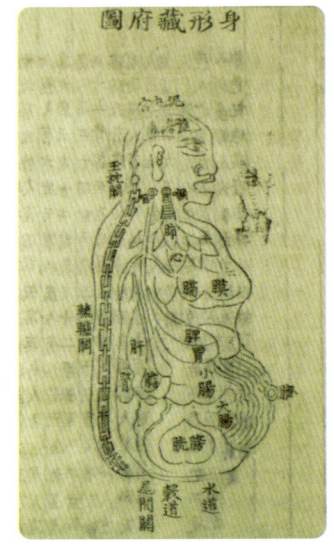

신형장부도(동의보감 내경편)
인체의 장기와 그 특징을 그린 그림으로, 동양의 전통적 자연관인 하늘과 땅, 그리고 인간의 세 가지 요소를 인간의 몸속에 상징화한 도형이다.

최립의 칠언시에 허준에 대한 언급이 있다. "증송동경태의허양평군환조자의주贈送同庚太醫許陽平君還朝自義州"를 참조해 보면 허준은 문외출송에서 다시 멀리 의주로 유배되어 갔었음이 확인된다.

이 몇 줄은 허준을 이해하는 데 많은 자료가 된다. 그동안 알려지지 않았던 허준의 출생 연도를 알 수 있을 뿐만 아니라 의주로 귀양을 가기도 했다는 사실이다. 허준의 동의보감 저술이 어디에서 이루어졌는가도 알 수 있는 자료이다.

내용을 해석해 보면 '내 동갑내기 태의 허양평군이 의주로부터 조정으로 돌아오는 데 부쳐'라는 뜻이다. 최립이 태어난 해가 1539년이므로 허준의 탄생 연도도 1539년이 된다. 유배지가 의주였다면 동의보감 집필 장소가 그대로 드러난다. 동의보감이 완성되어 광해군에게 바치자 광해군이 좋은 말 한 필을 선물하면서 한 말이 증거가 되었다.

허준은 일찍이 선조왕에게서 의학책을 편찬하라는 특명을 받고 여러 해 동안 깊이 연구하였다. 심지어 옥중과 유배살이의 어려운 환경 속에서도 사업을 포기하지 않고 노력한 열매로 지금 편찬을 끝냈다.

허준의 고생을 칭찬하고 격려한 광해군의 발언이다. 허준은 옥중에서도 유배살이하는 기간에도 저술 활동을 계속했다. 의주 유배 기간이 1년 8개월로 그리 길지는 않았다. 허준의 나이 벌써 71세였다. 노쇠한 의원이었다. 허준은 늙은 몸을 이끌고 끝까지 집필에 매달렸다. 필생의 역작은 허준의 인생 상당 부분을 몸 담아온 의술과 당대까지의 의술을 종합하는 과업이었다.

허준이 집필한 장소가 유배지인 의주와 옥이라면 한양의 옥중이었을 것이다. 그리고 문외출송되었을 때 허준은 자연스럽게 자신의 거처로 돌아갔을 것이다. 한양에 있던 집에 머물 수가 없었을 것이고 자연스럽게 고향으로 갔을 가능성도 배제할 수 없다.

정리하면 허준의 집필 장소는 내의원과 유배지인 의주, 옥중 그리고 자신의 고향집이라고 할 수 있다. 어느 한 곳으로 지정하기에는 어려움이 있다. 가장 많이 시간을 할애한 장소는 알 수 없지만 여러 곳에서 이루어졌음을 알 수 있다.

허준은 약의였다

허준이 소설이나 드라마에서 침을 놓는 장면이 나오지만 실제로는 침술은 거의 하지 않은 것으로 보인다. 조선왕조실록의 선조와 광해군 편에 침구 관련 기록이 100회가 넘게 나타나고, 허준에 관한 기록도 100회 이상 등장하지만 허준이 침을 놓았다는 기록은 찾아볼 수 없다. 오히려 "소신은 침을 모릅니다."라는 이야기가 기록되어 있다. 허준은 약의藥醫였고, 학의學醫였다. 동의보감을 저술하는 데에도 약의였으며 학의였던 점이 크게 작용하였다.

허준의 저술 활동은 생애 전반에 걸쳐 이어진다. 동의보감뿐만이 아니라 허준의 이름으로 지어진 책이 여럿 보이는 것에서도 확인된다. 허균의 집필지를 확인할 수 없듯이 허준의 탄생지에 대해서도 정확하게 알려진 바가 없다.

허준의 묘는 경기도 장단군 대강면 우근리으로 되어 있다. 현재의 주소로는 경기도 파주시 진동면 하포리 산 129에서 태어난 것으로 보인다. 허준이 양천허씨여서 허준의 출생지를 양천으로 한 것이지 그 이상의 의미는 없다. 당시의 양천은 지금의 강서구와 양천구를 포함하는 지역이었다. 어떠한 근거도 역사적 기록도 없이 결정된 내용이다.

허준의 출생지를 파주로 보는 근거는 허준의 묘가 파주 장단에 있고 허준의 모친과 허준의 직계 자손 대부분이 장단에 묻혀 있으며 파주시 진동면 하포리에는 양천허씨의 집성촌이 아직도 있다는 점이다.

또한 오랜 기간 대를 이어 살아오는 양천허씨의 세거촌이 지금도 있다. 대개의 경우 선산에서 10리를 전후로 한 거리에 그 선산과 관련된 자손들이 살았다는 점에서 그렇다. 이러한 상황에서 보았을 때 허준의 고향은 옛 지명으로는 장단군 대강면 우근리로 확인된다.

허준이 유배에서 풀려난 때가 1609년 11월 22일이다. 한국 역사에서 독보적인 의서인 동의보감은 귀양에서 풀려난 다음 해인 1610년에 완성하였다. 그 당시 허준의 나이는 72세였다. 이는 그가 집념의 사나이였음을 보여주는 것이다.

그의 생애는 위대했다. 한 사람으로 인생을 살면서 한 나라를 위해 헌신하고 인류를 위한 업적을 만들어놓고 간다는 것은 분명 빛나는 일이다. 72세의 기운 나이에 동의보감을 완성시키고, 5년 후 1615년에 사망하였다. 위대한 인물 허준은 의성醫聖이라는 칭호를 받게 되었다.

이외에도 허준은 다른 책을 냈다. 후대의 많은 조선 의관들은 허준의 의학으로 공부를 시작했다. 허준이 정리한 진맥과 침구법에 관한 『찬도방론맥결집성』은 이후 조선 시대 내내 의과 시험의 교재로 활용되어 의학 초보자 학습의 길잡이 노릇을 했다.

위급한 환자를 구하는 응급조치용 약방문을 번역하여 한글로 쓴 목활자본 『언해구급방』, 출산에 관한 증세 및 약방문을 적은 의학 서적으로 『언해태산집요』, 두역을 치료하는 방문을 지어 한글로 풀이한 『언해두창집요』, 상비 한약에 대해 기록한 『언해납약증치방』 등의 저술이다.

여기서, 언해는 쉽게 풀어 쓴 해설책이다. 세조의 명에 의해 허준이 저술한 이 책들은 민간에서 가장 시급하고 요긴한 기본 의학 지식을 제공하는 원천이 되었다. 또한 의학을 손쉽게 배우고 의료를 널리 확산시키는 기폭제 역할을 했다.

동의보감 편찬의 의미

허준은 조선 의학사에서 조선 의학의 전범을 제시한 독보적인 존재이다. 한국의 한의학은 허준 이전과 이후로 달라진다. 물론 새로운 의술을 제안한 이제마의 사상의학도 있었다. 허준은 한의학에 있어서 커다란 산맥이다. 그 대표적인 산물이 동의보감이다.

동의보감이 가진 의미의 첫째는 의학의 통일이다. 동아시아에 혼재되어 있던 여러 의술을 집대성하는 과정에서 전범이 되도록 했다. 한중일의 의술을 종합하고 새로운 체계를 만들어 독보적이면서도 절대적인 의학 백과사전으로 자리를 잡아 의학의 통일이 이루어지도록 했다.

둘째는 동아시아 의학사에 끼친 영향이다. 한의학의 본고장인 중국에서 선풍적인 인기를 누렸다. 현재까지 중국에서 30여 차례 출간되었다. 그만큼 동의보감의 비중과 내용에 무게를 두었다. 일본에서도 두 차례 출간되었다. 동의보감이 이룩한 의학적 성취 때문이다.

셋째는 의학서의 전범을 만들어 의학의 체계를 이루었다는 점이다. 동의보감은 병의 치료와 예방은 물론 건강 유지를 같은 수준에서 바라보게 했다. 병의 증상, 진단, 예후, 예방법 등을 일목요연하게 정리하고 한의학 전통의 핵심을 잡아냈다. 당대에 가지고 있던 한의학 서적을 종합하고 하나의 줄기로 엮어낸 점이 바로 그 점이다. 허준은 무려 2천여 가지의 증상, 1천여 가지의 약물, 4천여 가지의 처방, 수백 가지의 양생법과 침구법을 뽑아 의학 경전을 만들어낸 것이다.

넷째는 질병사에 대한 연구로 세상에 기여한 점이다. 성홍열 연구의 관찰 내용을 적었다. 동아시아 지역에서 최초이며, 세계적으로도 드문 일이었다. 두창, 수두, 홍역, 성홍열 등의 유사 질병을 구별하여 전염병에 대한 체계적인 사례를 만들었다.

동의보감은 상하권과 내경, 외경, 잡병, 탕액, 침구 5개의 강목으로 나누어 체계적으로 구성하였으며 명쾌하게 정리했다. 다시 세분하여 류類, 항項, 목目으로 나누고 각 항목項目의 다음에는 그 항에 해당하는 병론病論과 방론方論을 적었다. 병론은 병증상, 방론은 처방전을 기록했다. 또한 병증상과 처방 내용이 적힌 책명을 밝혀 적었으며, 각 병에 따라 전해 내려오는 치료 방법을 구체적으로 적었다. 속방俗方이라 하여 다른 치료 방법을 기술하기도 했으며 허준 자신이 직접 실시했던 처방 내용을 적기도 했다.

동의보감은 각 병증의 항목을 증상을 중심으로 하여 열거하며, 병명에

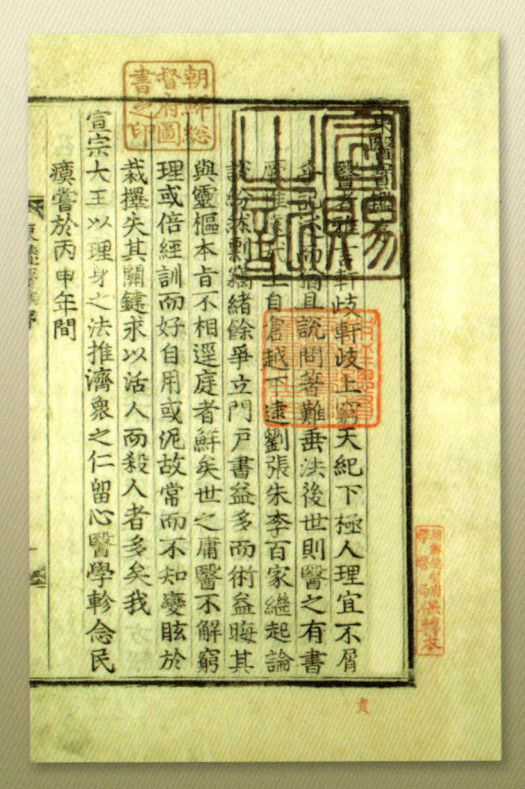

동의보감 초간본 서문
동의보감은 중국에서도 30여 차례 출간된 동양의학의 최고봉이다.

따르는 치료 방법을 출전과 함께 일일이 제시하고 있다. 동의보감은 1,212종의 약에 대한 자료와 4,497종의 처방을 수록하고 있고 탕액편에는 우리나라에서 나는 약재를 적었다.

내용을 들여다보면 놀라움과 동시에 대단한 노력의 결과가 동의보감이었음을 확인하게 된다. 양만큼 질적으로도 탄탄했다. 과거로부터 내려온 당시 의학의 일부 비현실적인 이론 부분을 배격했다. 실용성을 중요시했고 과학적 입장에서 당대 의학의 모든 지식을 정리했다. 우리 땅에서 나는 향약鄕藥의 중요성을 깨달아 이용과 보급을 늘리기 위하여 향약 중 637개의 이름을 한글로 표기하는 친절함도 보였다.

동의보감에 인용된 책이 86여 종이 넘는다. 국·내외 의서를 참고하고 허준을 비롯한 저술에 참가한 의관들의 의술도 들어 있는 그야말로 당대의 의술의 종합체라고 할 수 있다. 허준은 조선 의학이 하나의 독립된 의학이라는 의미에서 이 책의 이름을 동의보감東醫寶鑑이라 지었다. 중국 의학을 북의北醫와 남의南醫로 나누고 조선 의학을 동의東醫라 하였다. 조선의 의학은 독자적으로 연구·발전시켜 왔음을 보여주는 자신감의 표현이었다.

허준과 히포크라테스의 만남

서양 의학이 부분 증상의 치료를 위하여 투약과 수술을 하지만 동양 의학은 병의 원인에 관심을 가지고 전체의 조화로운 신체의 흐름에 관심을 가진다. 몸의 반을 쓰지 못하는 중풍이 오면 사용하지 못하는 신체 부위에 침이나 뜸을 놓는 것이 아니라 반대쪽의 손이나 발에 놓는다. 기이하게 보이지만 임상적으로 치료가 되는 것을 확인할 수 있다. 병의 원인이 어디에서 왔는가를 보고 치료하기 때문에 가능한 것이다. 아직도 과학적으로 밝혀지지 않은 혈이라는 신경계를 서양 의학에서는 모르지만 동양 의학에서는 정확히 짚어내고 있다. 반면 서양 의학은 수술과 약재 개발 분야에서는 절대적인 우위를 가지고 있다.

동양 의학과 서양 의학은 서로 다른 길을 걸어왔다. 서로 모르는 방법과 근원을 함께 나눌 필요가 있다. 의대에서는 서로 교차 교육이 필요하다. 한의학과 양의학이 만나기 위해서는 양의학 과정에 한의학을, 한의학 과정에 양의학을 교과 과목으로 넣는 것도 한 방법이다.

이미 중국에서는 실시하고 있는 것으로 안다. 대체 의학이 절대 필요한 현 상황에서 더욱 절실하다. 우리가 가진 능력을 한껏 발휘하기 위해서는 여러 가지 방법을 찾아볼 때이다. 한의학과 양의학이 만나는 순간 폭발적인 의학 발전이 이루어지리라 믿는다. 허준과 히포크라테스의 만남이 의학 발전에 기폭제가 될 것으로 보인다.

동의보감은 한국인의 자랑이며 독자적인 의학 체계를 세우는 데 절대적인 공헌을 했다. 중국 의서들은 대부분 유교적인 관점에서 인간과 세상을 들여다보았으나 동의보감은 도교 의학이라는 영역을 과감하게 도입했다. 도교 의학의 정精·기氣·신神이라는 핵심 관점을 도입하여 의학 이론을 새롭게 정립하였다.

동의보감은 양생과 섭생이라는 관점에서 생활 속에서의 삶이 중요한 일임을 제시하고 있다. 의서들이 병인, 병의 외인을 중심으로 목차가 구성되어 있는데 반해, 동의보감은 제일 처음 사람의 몸이 나온다. 몸의 안과 밖을 기준으로 나머지 병, 약재, 치료가 따라오는 형식으로 구성되어 있다.

허준의 동의보감은 다양한 관점의 의학 저서를 하나의 관점에서 통합·정리하여 당대 의학을 집대성했다는 평가를 받는 동시에 중국 의서의 짜깁기라는 비판을 동시에 받는다. 또한 '투명인간이 되는 법', '귀신을 보는 법' 등 오늘날 상식에는 전혀 맞지 않는 내용으로 가득 차 있다는 비평도 듣는다. 양의학을 전공한 사람들의 입에서 나오는 말이기는 하지만 모르는 소리다. 서양 의학이 발전해 오면서 거친 시행착오에 대해 조금이라도 알게 된다면 그런 소리는 할 수가 없다.

다시 말하지만 지금은 동양 의학과 서양 의학이 만나서 새로운 세계를 열어가는 것이 필요한 때이다. 민중을 위한 한글 의학서를 만들고, 일흔이 넘어서 동의보감을 완성하는 투지를 가진 허준의 정신을 담아서 허준과 히포크라테스의 만남의 자리를 마련해야 한다.

한국의 세계기록유산

일성록

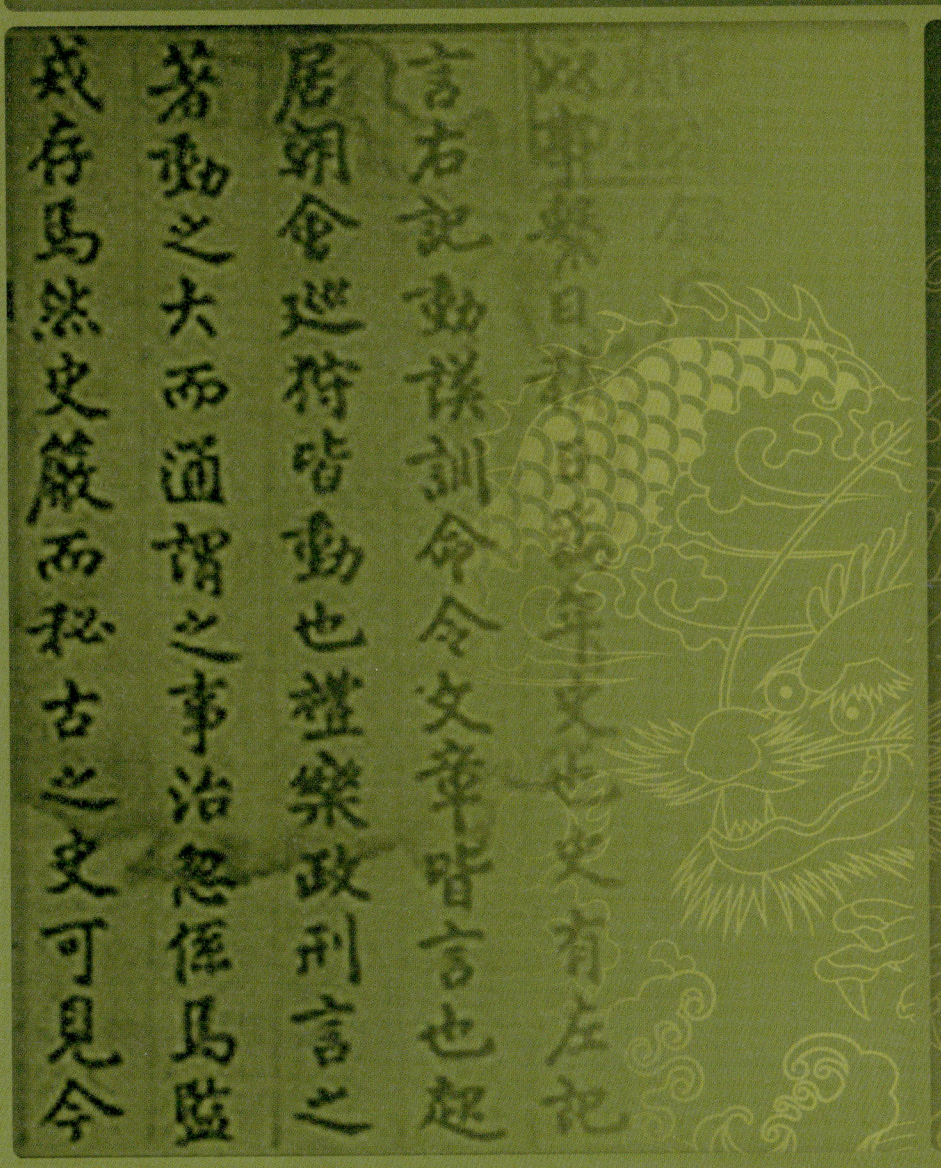

왕의 일기 '일성록'

왕의 일기는 사적인 일보다는 국정에 대한 일을 기록한 책으로, 개인적인 감성보다는 이성적인 대화와 업무 내용이 주를 이루고 있다. 일기는 극히 개인적인 일을 적는 것이 일반적이었지만 일성록은 백성을 끔찍히 사랑했던 왕답게 공적인 일에 중점을 두었다. 왕의 일기를 개인적인 것에서 출발하여 공적인 공식 문서로까지 발전시킨 사람은 바로 조선 제22대 왕인 정조이다.

정조는 아버지와 할아버지에 대한 감정이 남달랐던 왕이다. 아버지를 죽인 할아버지를 미워했고 반면 아버지에 대한 연민과 사랑이 깊어 묘까지 옮겼다. 수도도 아버지가 묻힌 수원으로 옮기려 했다. 정조의 할아버지는 영조, 아버지는 사도세자로 알려진 장헌세자이다. 할아버지에 대한 미움과 아버지에 대한 절절한 연민이 정조의 마음이었다. 미움과 사랑을 한 몸에 지닌 어린 정조는 일기를 썼다. 이 일기는 정조가 죽는 날까지 계속되었다.

개인적인 일기가 국가의 공식 문서로 바뀌는 과정은 정조가 성장하면서 세손, 세자 그리고 왕에 오르는 과정과 맥을 같이한다. 곧 정조의 권력의 크기와 연결된다. 정조가 죽는 날까지 기록한 일기의 이름이 바로 일성록이다. 이 일기는 후세의 왕들에게 그대로 전달되어 150년 동안 계속되었다. 정조가 처음 편찬한 일성록의 서문은 다음과 같다.

옛날을 보는 것은 지금을 살피는 것만 못하고, 남에게서 구하는 것은 자신에게서 반추하는 것만 못하다.

서문의 글은 이복원이 적었지만 정조의 철학이 그대로 읽힌다. 후세의 역사서로서 준비될 뿐 아니라, 정조 당대의 역사서로서 의의를 지니고 있음을 강조하였다. 길을 찾을 때 지금 내가 있는 이 자리와 내 마음의 갈피를 살펴보는 것이 진정 중요함을 설파한 발언이다. 과거로부터 배우지만 현재의 상황이 더 중요하고, 남에게서 배우지만 내 마음의 중심에서 내 마음의 움직임을 바라보는 일이 진정 바른 길로 갈 수 있는 길이라는 것을 이야기하고 있다. 정조는 일생 내내 길을 찾는 왕이었다. 백성을 위한 길이 무엇인가에 골몰했다.

정조에게 1762년은 축복과 시련의 해였다. 이 해에 인생에서 중요한 일 두 가지를 겪었다. 결혼과 아버지의 죽음이다. 세손에 책봉되어 3년이 되는 해였다. 1762년 2월에는 좌참찬 김시묵의 딸을 맞아 가례를 치렀다. 가례를 치른 지 불과 석 달 되는 5월에 아버지가 뒤주 속에 갇혀 죽는 광경을 보게 되었다. 정조는 1752년생이니 우리나라 나이로 11살이다. 아버지의

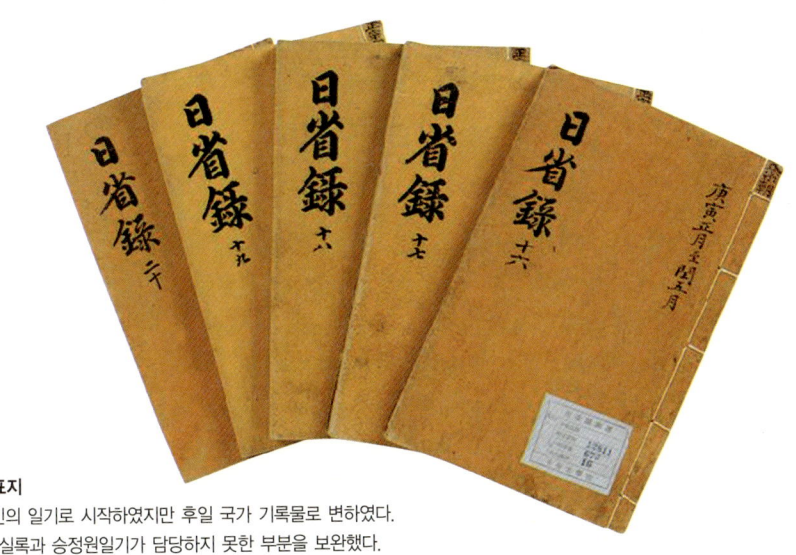

일성록 표지
정조 개인의 일기로 시작하였지만 후일 국가 기록물로 변하였다.
조선왕조실록과 승정원일기가 담당하지 못한 부분을 보완했다.

응석을 겨우 벗어날 11살 어린 나이에 결혼을 했고 아버지는 할아버지에 의해 죽음을 당하였다.

정조는 할아버지가 아버지를 죽이는 현장에 있었다. 아버지를 살려달라고 울며 애원했지만 결국 할아버지는 어린 손자가 보는 앞에서 아버지를 뒤주에 넣어 죽이고 말았다.

정조는 두 사람에 대한 복수와 사랑을 실천한다. 사랑과 미움은 하나의 인간에게서 나오지만 상반된 감정 상태이다. 미운 할아버지는 풍수지리상 좋지 않다는 흉지에 묻었고, 사랑하는 아버지는 연민을 느껴 명당으로 옮겨 묻었다. 그리고 아버지가 있는 지금의 수원으로 수도를 옮기려 하였다. 수원 화성의 탄생은 아버지에 대한 사랑으로 아버지가 있는 곳으로 가까이 가려는 의지와 할아버지의 터전이었던 서울을 떠나려는 마음을 동시에 표현하는 것이었다. 즉, 사랑과 미움이 만들어 낸 웅대한 계획이었다.

정조는 비교적 늦은 나이에 왕위에 올랐다. 35세에 왕위에 올라 정조가 한 첫 말은 "나는 사도세자의 아들이다."였다. 소름끼치는 선언이었다. 아버지를 죽이고 할아버지를 도왔던 세력들은 일순 긴장했다. 그리고 정조는 이 미움을 실행에 옮겼다. 하지만 정조는 백성을 위해서는 자애로운 아버지 같은 존재였다.

조선 시대 27대 왕 중에서 두 왕에게만 대왕이란 칭호를 붙여 부른다. 세종과 정조다. 정조는 조선 500년 동안 재위한 왕 중에서 백성에게는 없어서는 안 될 왕이었다. 조선의 후기 문예 부흥과 과학 발전을 이끈 위대한 왕이었다. 정조의 업적은 헤아리기 힘들만큼 많다. 우선 국정을 원활하게 하기 위해 미워했던 할아버지의 입장에 있었던 노론파와 함께 뛰어난 인재를 당파에 관계없이 고루 등용했다. 상업이 활성화되지 않았던 시대에 허가받지 않은 난전 상인들에게 난전을 허용하고, 수공업이 발전하는 시대적 상황에 맞게 상공업 진흥책을 썼다. 모처럼 조선에서 상공업의 싹이 트기 시작하는 시대였다.

정조의 철학으로 만들어진 왕의 업무일지

역사에는 가정이 없다지만 정조 때에 조선이 문호를 개방했더라면 조선은 일본보다 앞서 과학과 공업 그리고 상업이 발전한 세계적인 국가가 되었을지도 모른다. 또한 정조의 이른 죽음이 없었다면 조선의 역사는 크게 달라졌을 거라는 추측이 억측만은 아니다.

정조는 학문을 연구하는 국립 기관인 규장각을 설치하여 발전의 기틀을 잡았다. 각종 문헌을 편찬하고 균역법을 실시하였으며, 실학자들을 신분에 관계없이 등용시켰다. 서얼 출신들도 인재라면 등용시키는 파격을 보였다. 정조는 국정 운영에 있어서 철저하게 백성의 편에 서고자 했다. 그래서 정조에게는 대왕이라는 칭호와 함께 성군이라는 말이 앞에 붙어 다녔다.

정조의 일기인 일성록은 '오일삼성오신吾日三省吾身, 나는 날마다 나 자신을 세 번 반성한다.' 는 글에서 따온 이름이다. 논어에 나오는 증자의 말이다. 깊은 감명을 받아 일찍부터 자신을 반성하는 자료로 삼기 위해 일기를 썼다. 정조가 마음 안에 담고 살아간 말이 무엇인가를 아는 것은 지금 이 시점에서 의미 있다.

구체적인 내용은 다음과 같다.

吾日三省吾身 爲人謀而不忠乎 與朋友交而不信乎 傳不習乎
오일삼성오신 위인모이불충호 여붕우교이불신호 전불습호

나는 날마다 나 자신을 세 번 반성한다.
남을 위해 일을 하면서 진실되지 않은 적이 있는가?
벗과 신의로 사귀지 않은 적이 있는가?
다 익히지 못한 것을 전하려 한 적은 있는가?

일성록은 1760년부터의 기록으로 내용을 들여다보면 실제로는 정부의 공식 기록이다. 정조는 기록에 있어서는 다른 왕들은 감히 따라올 수가 없는 존재이다. 행사 내용을 그림으로 그려 놓은 의궤도 조선왕조 중에서 가장 치밀하고 완벽에 가깝다. 자신도 각종 기록을 집대성하는 데 노력을 기울여 국가의 의례에 이용된 문장, 과거 시험의 답안, 신하들의 상소문 등을 종류별로 모아 책으로 엮게 했다. 승정원일기와는 다른 편제였고 필요할 때 이용하기 쉽도록 만들었다.

일성록은 국왕을 3인칭인 '상上'이라 적지 않고 1인칭 용어인 '여予', 즉 나로 적고 있다. 왕의 입장에서 펴낸 일기의 형식을 갖추고 있다. 공식적인 기록으로는 보기 드문 형식이다.

정조는 어려서부터 영민하고 학문을 좋아해서 세손으로 있을 때부터 일기를 기록하기 시작했다. 일성록은 정조의 어린 시절 일기인 『존현각일기』에서 출발한다. 정조가 일기를 쓰기 시작한 것은 왕이 되기 전부터였다. 왕위에 오른 후에는 인재를 모아 규장각을 설립하고 신하들에게 왕의 언행을 기록하게 했다. 이 기록물을 국가적인 일로 책으로 만들었다.

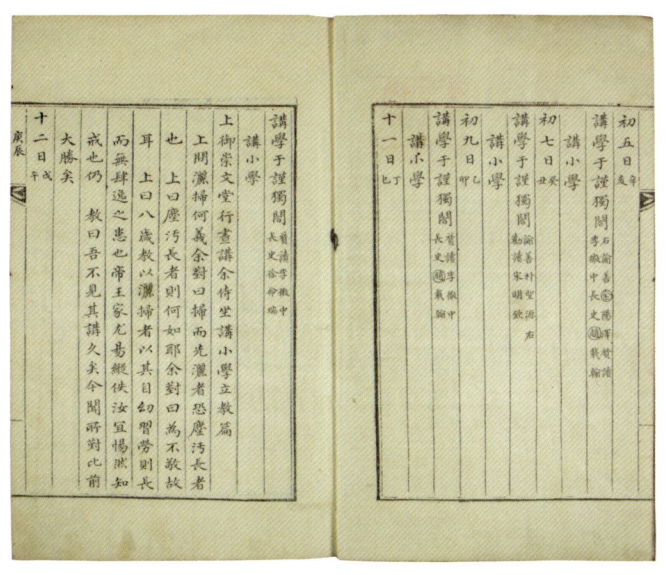

정조 세손 시절 일기
존현각 일기는 정조가 왕세손으로 있을 때 영조 말기의 대리청정을 둘러싼 정국에 관해 쓴 일기이다.

    정조가 왕에 오른 해가 1776년이다. 현재 전하는 일성록의 최초 시기를 보면 정조가 일기를 쓰기 시작한 해는 1760년부터였다. 왕에 오르기 16년 전부터 써왔다는 계산이다. 그렇다면 정조는 우리나라 나이로 불과 9살부터 일기를 썼다는 계산이 나온다. 언뜻 이해가 되지 않는다. 이때는 정조가 세손으로 책봉되기 두 해 전이었다. 이때부터 시작된 일성록은 정조가 사망한 후에도 다음 왕들에 의하여 이어졌다. 정조대에서 출발한 이 일기는 조선의 마지막 왕인 순종에게까지 이어졌다. 1760년에서 1910년까지 150년 동안의 국정 운영 내용을 매일매일 일기체로 정리한 국왕의 일기이다.

    일성록은 다시 말하면 정조의 개인적인 일기 쓰기로 시작되어 왕이 국정 운영상 필요로 하는 체계적인 기록의 전범이 되었다. 일성록은 정조가 어린 시절 일기를 쓰기 시작한 시점에 맞춰 정조의 일기를 날짜별로 정리하고 그 때의 국정 운영에 대한 자료와 기록을 함께 묶어 엮었다고 보면 된다.『조선왕조실록』의 기록을 보면 확인된다. 정조 5년의 기록이다.

召見閣臣 敎曰: "予於日記, 嘗有癖焉 雖値蔥擾之中, 必於就寢前錄出, 以寓日三省之義 非但省察, 欲觀心力, 至今不廢 莫曰載之空言, 將以傳後, 則凡例甚難 若不善成, 則無異《政院日記》, 何如則可?"

정조가 각신閣臣들을 불러 만났다. 정조가 하교했다. "나는 전부터 일기日記를 쓰는 것이 버릇이다. 바쁘고 번거로운 일이 있어도 반드시 잠자리에 들기 전에 적었다. 하루에 세 번 반성한다는 의미가 있었다. 성찰하기 위한 것일 뿐만이 아니라, 마음을 살펴보기 위해 지금까지 저버리지 못하고 있다. 매일매일 쓸데없는 말을 적었다고 말할 수는 없다. 장차 이를 후세에 전하기 위해 범례凡例를 만들기가 매우 어렵다. 만일 잘 만들지 않는다면 『정원일기』와 다를 것이 없다. 어떻게 하면 되겠는가?"

정조가 자신이 써온 일기를 토대로 역사 의식이 들어가 있는 기록으로서의 전범을 만들어보겠다는 의지가 보인다. 여기에서 각신閣臣은 규장각의 관리들을 말하고 정원일기는 자신이 그동안 써온 일기를 말한다. 정조는 신하들과 논의 끝에 결정을 내리고 저술과 편찬을 공식 사업으로 추진하게 된다.

일성록은 정조가 태어난 해인 1752년부터의 언행과 동정을 적은 일기체로 되어 있다. 1781년 정조가 즉위한 지 5년이 되는 해에 정조는 위에 적은 바와 같이 신하들에게 일기를 쓰는 자신의 습관을 밝히고, 그 일기를『승정원일기』와 구별되는 공적인 기록으로 남길 것을 논의에 올렸다. 왕의 입장에서 정리한 일일 업무 내용을 후세에 전하고자 하는 의도였다.

『조선왕조실록』, 『승정원일기』와는 다른 편제로 만들어지기를 바랐다. 규장각에 명해 정조가 탄생한 해부터 『존현각일기』가 쓰이기 전까지의 기사를 날짜별로 강綱과 목目을 세워 일성록을 편성하도록 하였다. 정조는 자신의 일생을 정리한 셈이다. 자신이 태어났을 때 일어난 일들과 서류들을 일목요연하게 정리하여 교범으로 삼았다고 할 수 있다. 언제 무슨 일이 일어났고 이를 어떻게 처리하였는가를 한 번에 알아볼 수 있도록 정리한 것이다. 정조의 인생과 국사를 연결하여 형식상 일기라는 이름을 붙였으나 실제로는 나랏일을 정리한 것이라 볼 수 있다.

정조가 1783년부터 작성을 시작해 1785년 1월 국왕의 동정과 국정을 기록한 일성록이 처음으로 편찬되었다. 일성록 편찬을 제의한 것이 1781년이고 1781년을 기준으로 이전 것은 지나간 기록에 대한 것이고 나머지는 날마다 새로 적은 것이다.

다시 말하면 처음에는 정조가 직접 썼지만 1781년에 규장각 관리들에게 자신의 일기에 맞춰 국가적인 업무를 날짜에 따라 정리했다고 보면 된다. 정조가 새로이 자신의 일생을 정리하도록 하였고 나중에는 국정 상황을 업무 일지처럼 관리들이 적었다. 엄격하게 말하면 일기가 아니라 왕의 업무 일지라고 할 수 있다.

종합하면 일성록은 정조의 일생을 담은 일기라는 형식을 갖춘 정조의 정무에 대한 종합적 보고서라고 할 수 있다. 1783년부터는 정무가 늘어나고 그에 따라 정조 자신이 직접 기록하기에는 양이 너무 많아져서 규장각에

명하여 편찬하게 하였다. 신하들이 매일매일의 일을 기록하는 체제로 들어갔다. 나랏일을 왕의 입장에서 일목요연하게 정리하고 국사의 전범으로 만들어보겠다는 것이 정조의 생각이었다. 조선이 망할 때까지 이러한 형식의 글은 계속 이어졌다. 일기의 형식을 빌린 업무 일지였기 때문이다.

하루에 세 번 반성하는 왕, 정조

일성록의 형식이 일기라는 데에는 남다른 의미가 있다. 힘들게 산 하루치의 인생이 부끄러움이 없었는가를 돌아보게 하는 의미를 담고 있다. 생각하는 사람의 인생은 아름답다. 정조는 자신의 하루가 백성과 함께 엮여 있는 상생의 하루라는 것을 인식하고 있었다. 정조는 조선의 왕들 중에 가장 많이 백성과 만나 그들의 이야기를 듣고 국정 운영에 반영한 왕이다.

일성록에 가장 많이 등장하는 단어는 소민小民이다. 소민은 가난한 백성이라는 뜻을 함유하고 있다. 재위 기간 동안 1,335건의 격쟁 기록이 실려 있다. 격쟁은 조선 시대에 신문고 제도가 폐지된 뒤 대신 설치한 합법적인 백성의 민원 호소 방법이다. 억울한 일을 당한 사람이 임금에게 하소연하기 위해 임금이 거둥하는 길가에서 징이나 꽹과리를 쳐서 임금의 답변을 기다리는 것을 말하는데, 양반 노비를 구분하지 않았다. 일성록에는 격쟁인의 이름과 민원 내용을 상세히 기록했다. 왕조 시대 정부 공식 문서에 백성들의 민원을 체계적으로 기록한 나라를 조선 이외의 다른 나라에서는 찾아보기 어렵다.

일성록이 일기의 형식을 빌린 것도 이와 같은 정조의 마음과 방향을 같이하고 있다. 나의 반성이 나 자신의 인생을 바로 세우는 것이기도 하지만 백성의 삶을 책임지고 있는 자리에 있는 사람으로서의 반성을 염두에 두었다. 완벽하지 않은 인간으로서 바른 삶을 살기 위한 방법은 반성이다. 왕으로서의 수양과 정치의 모범을 보이려고 한 의도가 '하루 세 번 반성한다'는 뜻을 함유한 일성록으로 나타났다. 『논어』에서 증자가 한 말로, "일삼성오신日三省吾身", 하루에 세 번 자신을 반성한다고 한데서 유래한 이름이다.

당시 정조는 어려운 상황에 처해 있었다. 정조 자신의 정치적 입장을 정당화하는 방법으로 기록했을 수도 있고, 정조 자신의 성향이었을 수도 있다. 정조가 가장 중요한 목적으로 삼은 무엇보다 국정의 운영에 과거의 역사 기록 못지않게 당대의 자료가 필요한 것을 깨달았기 때문이다.

상황에 따른 참고 자료로 비슷한 상황이 발생하면 쉽게 이용하기 위해서였다. 일성록의 기록을 보면 확인된다. 국정 전반에 대한 상황을 정리하여 참고 문헌과 자료로 이용할 수 있도록 만들어져 있어 비슷한 상황이 닥치면 지난 것을 들여다보면 바로 확인할 수 있다.

상소문, 왕의 명령과 동정, 일반 정무 내용, 조정에서 편찬한 서적, 죄수 심리 내용, 빈민 구제 등 국왕이 파악하여 알고 있어야 할 내용들이 들어가 있다. 심지어 과거 시험의 답안지까지 들어가 있을 정도로 하루의 상황을 정확하고 치밀하게 서류로 만들었다. 정조의 치밀함이 돋보이는 부분이다. 일성록은 왕의 참고 자료로서 뿐만 아니라 필요 시에는 관리들도 허락을 얻어 이용하게 하였다. 왕과 관리들 모두 이용하기에 편리하게 만들어져 있어 국정 운영 시에 중요한 참고 문헌과 자료로 이용하였다.

실제로 이런 일이 벌어졌다. 왕릉을 옮기는 일이었다. 옮기는 일과 관련해서 철거될 민가에 대한 보상 문제가 대두되었다. 의견이 신하들 간에 달랐다. 예산 책정 원칙이나 철거 과정에 대한 결정을 해야 했지만 쉽지 않았다. 쉽게 결론이 나지 않아 고심하고 있을 때 한 신하가 책 한 권을 내려놓았다. 바로 일성록이었다. 몇 해 전 현륭원 이전 때의 기록이 담겨 있었다. 당시 수원부사가 올린 장계에 그 내용이 자세하게 적혀 있었다. "민가 244호, 가사家舍 1,389칸 반에 대한 원가가 3,457냥, 여기에 4,112냥을 더해 도합 7,569냥을 줄 예정"이라고 적혀 있었다.

형식적인 완성도가 높게 편제된 일성록은 찾아보기 쉽고, 요약 내용 중에도 구체적인 수치 그리고 논의 과정이 상세하게 적혀 있었다. 일성록은 국정 운영을 위한 기초 자료였고 일성록의 주요 이용자는 정조 자신이었다.

일성록은 정조 이후에도 계속 쓰여졌는데, 정조 대의 기록이 독보적일만큼 잘 짜여 있다. 정조의 것으로서는 1760년부터 1800년까지 676책이 있

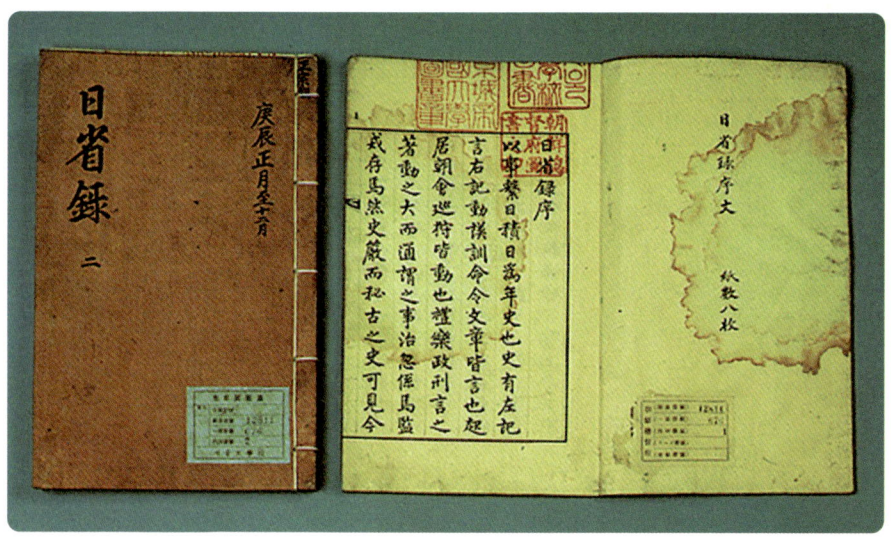

일성록
일성록은 실록과는 달리 왕과 관리들이 열람을 하여 국사에 참고할 수 있도록 했다.

다. 이 중 이복원이 쓴 서가 제1책으로 되어 있으며, 제2책부터 시작되는 본문은 정조가 9세 되던 해인 1760년 정월 1일의 기록부터 수록되었다.

정조는 초본을 정서하여 5일에 한 번씩 왕에게 올리게 했다. 처음에는 기초한 것을 곧바로 올렸다. 순조 때에는 『승정원일기』와 마찬가지로 한 달 분을 다음달 20일에 올리도록 했다. 매달 기록한 분량이 1권 또는 2권이 되었다. 만들어진 책은 궁궐에 보관하고, 본래의 본초本草는 내각에 보관하였다. 정조가 직접 쓰는 개인 일기로 출발한 일성록은 차차 그 기록 방식과 담당자가 변화되고 정리되어 갔다. 개인 일기에서 관리들이 적는 문서로 변했고 다시 정부 공식 기록으로 자리 잡았다.

지금은 남아 있지 않지만 이복원의 서문에는 1752년 정조가 탄생한 해부터 1785년까지 100여 권이 만들어졌다고 기록되어 있다. 그리고 『군서표기』에 의하면 정조가 태어나서 사망할 때까지의 기록인 1752년부터 1800년까지 일성록의 전체량이 670여 권이라고 적혀 있다. 지금 남아 있는 정조의 일성록은 정조가 9세 때인 1760년부터의 기록임에도 불구하고 위의 670여 권이라는 기록과 비슷한 673권이다. 정조 탄생 이후 1759년까지의 기록은 간단하게 기술되었거나 일성록을 만들 당시에 제외시켰을 가능성도 있다.

일성록도 역시 왕의 열람에 편하도록 모든 기록을 재분류하여 편집하고 자료의 취사선택을 했다. 왕의 뜻에 거슬리는 내용은 삭제되어 부분적인 훼손이 불가피했다. 역모에 관계되어 죽은 철종 선대의 혐의를 벗기 위하여 순원왕후는 일성록의 일부분을 제거했다. 철종이 즉위했던 초기에 수렴청정을 한 순원왕후는 자신과 관계가 있는 철종 선조들의 죽음을 은폐하기 위해 은밀히 명령을 내렸다. 정조 연간 이후의 책에서 철종 선조들의 역모에 관한 내용을 상당 부분 도려낸 것이다. 또한 고종 재위 기간에 일어난 화재로 타버린 것을 복원하는 과정에서도 의도적인 첨삭과 수정이 이루어졌다.

왕의 일기가 세계기록유산으로 재탄생하다

일성록이 세계기록유산으로 등재된 의미를 이렇게 적고 있다.

18~20세기 동·서양의 정치·문화적 교류의 구체적 실상과 세계사의 보편적 흐름을 담고 있다는 점에서 조선이라는 한 나라의 역사 기록물을 넘어서는 세계사적 중요성과 가치를 가지고 있다는 점을 인정받아 2011년 5월 유네스코 세계기록유산으로 등재되었다.

일성록은 정조의 개인적인 일기에서 출발하여 국정 운영의 전반적인 기록으로 발전되었다. 정조의 반성의 의미가 후대로 가면서 상당 부분 사라졌지만 정조의 첫 출발은 뜻깊다. 한 왕조의 기록물이『조선왕조실록』,『승정원일기』,『조선왕조의궤』그리고『일성록』까지 합해 4개나 선정된 것은 세계에서 유일한 경우이다. 조선은 진정한 기록의 나라였다.

기록은 당당할 때 가능하다. 당당하지 않으면 기록을 남길 수 없다. 그렇지 않으면 부끄러운 부분을 삭제시키거나 왜곡시켜야 가능하다. 하지만 조선의 기록은 한 사람만의 의도대로 쓰이기에는 여러 제도가 있어 허락되지 않았다. 사관이란 존재가 있었고, 사관의 지조 또한 시퍼렇게 살아 있었다.

조선은 선비의 나라였다. 선비 정신을 바로 세우는 것을 생애 최고의 목표로 산 사람들이 사는 나라였다. 유교적인 교조를 받아들여 유연성은 부족하고 상공업이 발달하지 못하는 약점이 있었지만, 조선의 붓의 문화는 일본의 칼의 문화와 전혀 다른 길을 걸었다.

중국보다도 더 상소 제도가 발달하지 못한 나라가 일본이다. 상소는 죽음을 의미했기 때문이다. 칼이 주는 차가운 경계와 붓이 주는 차가운 경계는 근본적으로 달랐다. 차갑다는 의미로서는 같지만 현실에서는 전혀 달랐다. 칼의 문화에서는 잘못된 것을 말하는 것을 항명으로 받아들였지만 붓의 문화에서는 잘못된 것을 말하는 것을 지조로 받아들였다. 일본의 경우 상소 문화가 거의 없었지만 조선에서 상소를 올린다는 것은 선비로서 엄중한 일이었다. 일본의 경우는 상소를 올리면 항명으로 받아들여 죽음을 면하기 어려웠다.

일본의 무사와 조선의 선비는 다른 세계를 걷는 존재들이었다. 조선은 선비의 나라답게 많은 기록을 남겼고 순정한 정신으로 기록에 임했다. 또한 조선은 복수의 기록 제도가 있어 은폐하거나 속이기가 쉽지 않았다. 사관이 적은 사초와 일성록과 같은 왕의 입장에서 적은 기록 그리고 지금의 비서실인 승정원에서 적은 승정원일기가 있었다. 모두 적는 사람들이 달랐다. 이처럼 조선은 바른 기록을 위하여 많은 제도와 노력이 있었다.

역사 앞에서 바로 서게 하기 위한 제도였다. 왕과 왕의 가족들 그리고 관리와 백성이 모두 기록 앞에서 바른 행동과 발언을 하게 하기 위한 장치였다. 위에서 언급한 순원왕후의 경우도 마찬가지이다. 순원왕후가 저지른 것임이 다른 곳을 통해 밝혀져 오히려 부끄러움만 키운 모양이 되었다.

500년 동안의 『조선왕조실록』은 모두 5천3백만 자이다. 일성록은 단 150년간의 기록으로 6천만 자에 이른다. 방대한 기록이다. 기사마다 일일이 제목을 붙이고 필요한 자료들을 첨부해 보기 편하면서도 내실 있는 기록이다.

일성록의 가치는 조선 말기에 와서 더 커진다. 19세기에는 세도 정치가 극에 달했을 때다. 이 시기의 기록을 보면 확연하게 증명된다. 60년 동안 『조선왕조실록』은 150만 자에서 200만 자 정도 남아 있다. 일성록의 글자 수는 무려 2천만 자 정도이다. 거의 10배 정도 되는 기록이다.

진정한 일성록의 가치가 드러난 것은 일제에 나라를 빼앗기는 혼란의 시기였다. 고종·순종 실록은 우리 손에 의해 만들어진 것이 아니다. 일제가 주도해 만들어 상당 부분 왜곡되어 있다. 일성록은 나라가 망하던 시기에도 계속해서 적었다. 지금에 와서 일성록의 가치는 재평가되어 다시 살아나고 있다.

조선이 500년이란 세월을 굳건하게 견뎌온 원동력은 찬란한 기록 문화에서 찾을 수 있다. 기록 문화는 기록 자체의 의미도 중요하지만 역사 앞에서 얼마나 떳떳한가를 스스로 판단해서 행동하고 발언하라는 숨은 의미가 더 크기 때문이다. 한민족의 위대함은 붓끝에서 나왔다. 역사는 붓끝에서 발전하고 한민족은 다시 붓의 문화로 발전할 것이다.

한국의 세계기록유산

5.18 민주화운동 기록물

미완의 역사, 광주민주화운동

대한민국이 보유한 세계기록유산 9개 가운데 유일하게 정부 지원 없이 민간 분야 비정부 기구 주도로 이루어진 유산이다. 정부와 관련 없는 민간 단체의 독자적인 활동으로 세계기록유산으로 등재시켰으며 5.18이 세계 민주화운동의 전형적인 사례임을 공인받았다는 의미를 지닌다고 발표했다. 5.18 기록물의 등재는 우리나라 최초로 현대사에 관한 세계기록유산이라는 점에서 의미가 남다르다. 하지만 광주민주화운동은 아직도 미완의 역사물이다.

강운태 광주시장은 "5월 정신이 세계 민주화 운동사의 기념비적 사건으로 활짝 꽃을 피우게 된 것이며 광주가 세계 인권 도시로 우뚝 서게 되는 의미"라며 "5월 영령들과 150만 광주 시민과 기쁨을 함께 나누고 싶다"고 말했다. 광주 시의회의 발표문도 마찬가지다. 세계기록유산에 등재되었다는 것은 자랑스러운 일이다. 국가적인 위상이 오를 수 있을 만큼 의미가 있는 일이다. 1980년 5.18 광주민주화운동 관련 기록물이 31년 만에 유네스코 세계기록유산으로 등재됐다. 이번에 세계기록유산으로 등재된 기록물은 다음과 같다.

- 국가 기관이 생산한 5.18 민주화운동 자료
- 김대중 내란음모사건 자료, 군사법기관 재판 자료
- 시민들이 생산한 성명서, 선언문, 취재수첩, 시민들의 5월 일기
- 사진(흑백 필름) 자료
- 시민들의 기록과 증언

- 피해자들의 병원 치료 기록
- 국회의 5.18 광주민주화운동 진상규명회의록(청문회 기록)
- 국가의 피해자 보상 자료
- 미국의 5.18 관련 비밀해제 문서 등으로 총 분량은 편철 4271권 85만8904페이지, 흑백필름과 사진 2017컷

세계기록유산 등재를 주도적으로 추진해 온 민주당 김영진 추진위원장이 추진 과정을 소개했다. 언론에 기재된 내용을 중심으로 상황을 적어 본다.

5.18 기록물의 세계기록유산 등재 활동이 처음 시작된 것은 지난 2009년 말이다. 국회 교육과학기술위원이면서 유네스코 한국위원인 김영진 의원에 의해서다. 김영진 의원은 현대사에 들어가는 넬슨 만델라 형사 재판 기록, 칠레와 아르헨티나 인권 문서 등 중남미 민주화운동 기록물이 세계기록유산으로 들어가 있는 것을 보고 놀랐다. 심지어 5.18의 영향을 받은 것으로 알려진 필리핀 민중 혁명 자료들이 세계기록유산에 등재돼 있는 것을 보고 더욱 충격을 받았다. 당연히 세계기록유산으로 등재됐어야 할 5.18 광주민주화운동 기록물이 신청조차 이뤄지지 않은 것을 확인했다. 이렇게 해서 세계기록유산 등재 운동이 시작되었다.

어려움도 있었다. 난관도 닥쳤다. 뉴라이트 계열의 인사가 유네스코 본부를 방문해 등재 반대 의견서를 제출하여 심사가 보류됐다. 김영진 의원은 두 차례나 유네스코 본부를 비공식적으로 방문했다. 이리나 보코바 사무총장과 데이비드 헵번 의장을 만나 협조를 당부했다. 대정부 질문에서 김황식 국무총리를 상대로 질의한 결과 "5.18 민주화운동은 인류 보편적 가치인 정의와 인권의 차원이기 때문에 정부가 관심을 갖고 지원을 하겠

다"는 답변을 얻어냈다. 유네스코 세계기록유산 등재심사소위원회 2차 심사에서 각국이 신청한 84건의 기록물 중 55건의 등재 권고에 5.18 민주화운동 기록물이 포함됐으나 국제자문위원회 최종 심사를 앞두고 또 다시 문제가 불거졌다. 한미우호증진협의회 한국 지사 서석구 대표 등 보수 우익 진영에서 "5.18 양민 학살은 북한군 600명의 소행"이라는 주장을 펼쳤다.

그럼에도 유네스코는 영국 맨체스터에서 제10차 세계기록유산 국제자문위원회 회의를 갖고 등재심사소위원회가 권고한 5.18 민주화운동 기록물의 등재를 결정했다. 김영진 의원은 "5.18 민주화운동이 광주와 대한민국을 넘어 세계 민주화운동사에서 가장 모범적이었다는 것을 국제 사회가 인정했다는 점에서 역사적 의의가 크다"고 했다.

반대 의견은 이렇다. 한미우호증진협의회 한국 본부 서석구 대표가 그 중심 인물이다. 31년 전 광주 학살은 북한 특수 부대의 소행이며 김대중 정부가 이 사실을 덮었다는 주장이다. 북한 특수 부대 출신 탈북자들로 구성된 자유북한군연합이라는 단체의 증언을 그 증거로 들었다.

당시 4시간 만에 무기고 38개가 털렸는데, 간첩이 미리 조사한 첩보를 가진 특수 부대가 아닌 순진한 광주 시민들에게 불가능한 일이라는 데서 출발한다. 광주에 약 600명의 북한 특수 부대가 침투해 경상도 군인이 전라도로 왔다는 악성 루머를 퍼뜨려 남남갈등을 조장하고 사망자 수를 터무니없이 과장했다. 북한에 광주 전투 사망자 영웅 묘지가 천마산 등 여러 군데에 있고, 김일성 수령 훈장을 받은 사람도 62명이나 된다는 내용이다.

북한 특수 부대의 남한 침투 및 귀환 경로에 대해서는 큰 배를 타고 서해로 들어온 뒤 작은 배에 나눠 타는 방법으로 침투했다. 북한에는 야간 산행을 통해 돌아갔다고 말했다.

북한 특수 부대 출신들이 단체를 만들 만큼 대거 귀순했는데, 왜 당시에는 알려지지 않았느냐는 의문에 대해서 서석구 대표는 "김대중 정부 시절 조사 과정에서 신분과 과거 소행을 털어놓았지만 국정원 요원이 '어디서 그따위 소리를 하느냐. 쥐도 새도 없이 죽는 수가 있다. 입 밖에 내지 않겠다는 보안각서를 쓰라' 고 해서 썼다는 말을 들었다."는 내용이다. 북한 특수 부대의 투입으로 광주민주화운동을 악화시켰고 더욱 놀라운 것은 실제로 사망한 사람들의 60%가 우리 군인들이 소지하고 있던 M16 소총에 의해 사망한 것이 아니라 탈취된 칼빈 소총에 의해 사망했다는 사실이다.

일반적으로 역사적 평가는 50년 후에 하는 것이 바람직하다는 발언이 가벼울 수가 없다. 아쉬운 점은 등재 반대 운동을 하고 있는 사람들이 한 국가 내에 공존하고 있다는 점이다. '새는 좌우의 날개로 난다' 는 경구가 떠오른다. 현재까지는 광주민주화운동이 좌우의 날개로 역사 속으로 진입하고 있다는 것이다. 보수와 진보, 가진 자와 가지지 못한 자, 좌익과 우익, 친북과 반북 등 떠오르는 말이 많다.

5.18은 위대하다
그러나 역사가는 어떻게 적을 지를 생각해 본다

광주민주화운동은 북한군이 600명 투입되어 더욱 확대되었다고 해도 광주민주화운동이 일어난 것은 정당하다. 살아 있는 자가 자유를 빼앗는 자에 대항하여 싸우는 것은 정당하기 때문이다. 문제는 정치인들이 이를 어떻게 이용했는가에 대해서는 말할 수 있다. 먼저 가장 널리 사용하는 백과사전의 정의를 살펴보면 다음과 같다.

1980년 5월 18일에서 27일까지 전라남도 및 광주 시민들이 계엄령 철폐와 전두환 퇴진, 김대중 석방 등을 요구하여 벌인 민주화운동

짧게 정의되어 있다. 사건의 배경과 내용도 백과사전에 적힌 내용을 요약하면 아래와 같다.

박정희 대통령이 김재규에 의해 1979년 10월 26일 죽었다. 대통령 대행 체제가 되고 한 동안 정국이 불안정하였다. 이러한 시기를 틈타 신군부세력인 전두환, 노태우 등이 제2군사 쿠데타를 일으켜 순식간에 무력으로 군부와 정치권을 장악하였다. 또 다시 비상계엄령을 선포하고 군사통치 시대로 회귀하였다. 유신 체제에 이어 민주 헌정이 정지되고, 민주 정치 지도자 투옥 등 군사 독재가 재발하자 국민들의 불만은 극도에 달하여, 국민의 저항은 전국적으로 지속 확산되어 갔다. 그동안 불만이 쌓인 전국의 학생 연대는 1980년 5월 15일 서울역에 모여 대규모 민주 항쟁 시위를 벌였다. 신군부는 이를 기회로 1980년 5월 17일 비상계엄령을 전국으로 확대하였다.

전라남도 광주시에서도 역시 비상계엄군이 각 대학을 장악하고 학생들의 등교를 저지하였다. 이에 울분한 전남대학교 학생과 비상계엄군 간에 충돌이 일어났다. 계엄군에게 구타를 당한 학생이 속출하자, '계엄철폐', '휴교령철폐'를 외치며 중심 대로인 금남로로 진출하였다.

계엄군과 공수부대원들은 시위 학생들을 향하여 총격을 가하여 죽는 학생이 나타나기 시작하였다. 학생들은 민가나 관공서로 피신하기 시작하였

다. 이들을 추격하던 군인들은 드디어 민간인까지 닥치는 대로 체포하고 학살하기 시작하였다. 주민들은 피하는 학생들을 감추어주고 식량을 공급하였다. 그러다가 민간인 부녀자도 사살당하기도 하였다. 일부 학생들은 광주시 외곽으로 피신하기도 하였으나, 군대는 탱크까지 동원하여 모든 도로를 차단하고 지키고 있어서 피신 과정에서 체포 또는 사살당했다.

이에 성난 학생들과 시민들은 합세하여 저항이 더욱 거세졌고, 일부 학생들은 도청을 점거하고, 경찰서 등에서 총기를 탈취하여 저항하였다. 시민군과 계엄군의 시가전이 벌어졌다. 그러나 정규군에 저항하기에는 역부족이었다. 사태의 심각성을 인식하고, 더 이상의 피해를 막기 위해 '5.18 수습대책위원회'가 종교인, 교수 등이 주축이 되어 구성되었고, 시민군에게 총기를 반납할 것을 종용하여 무장을 해제하였다. 그러나 계엄군의 무자비한 학살은 계속되었다. 무고한 어린 학생, 부녀자, 시민까지 무차별 살상이 이어졌다.

외부인의 접근을 차단했기 때문에 이러한 비극의 현장은 외부에 즉각 알려지지 않았다. 그러나 광주 시내를 탈출한 일부 사람들에 의해 그 비극의 사실이 전해졌다. 처음에는 유언비어처럼 전해지면서, 북한 무장 간첩이 침투하여 저지른 만행이라고 소문나기도 했으나 드디어 3일째 되는 날부터 언론에 보도되기 시작하면서 그 잔혹상이 만천하에 알려졌다. 드디어 10일째 되는 5월 27일 대규모 진압군이 투입되어 도청을 탈환함으로써 수많은 시체가 쌓인 가운데 시위는 진압되었다.

5.18 내란음모사건은 1980년 신군부 세력이 5.18 광주민주화운동을 '김대중 일당이 정권을 잡기 위해 민중을 선동해 일으킨 봉기'로 조작, 김대중과 문익환 목사 등 20여 명을 연행해 군사 재판에 회부한 사건이다. 1979년

'12.12 사태'로 군을 장악한 신군부가 1980년 5월 17일 전국에 계엄령을 실시하면서 당시 국민연합 공동의장이던 김대중과 그 지지 세력 24명을 내란 음모나 국가보안법, 계엄법 위반 등 혐의로 구속, 기소한 사건이다.

5.18 광주민주화운동이 일어나기 하루 전인 1980년 5월 17일, 신군부는 비상계엄조치를 전국으로 확대하면서 문익환 목사, 함석헌, 윤보선 전 대통령 등과 함께 당시 '민주주의와 민족통일을 위한 국민연합' 공동 대표였던 김대중과 지지 세력 수십 명을 체포했다.

군법회의는 김대중에게 사형을 선고했다. 김대중은 최후 진술에서 "아무리 죄와 벌을 받아도 내가 잘못이 있다고 납득이 가야 한다."고 항변했지만 군법회의는 이른바 '김대중내란음모사건'의 주동자 혐의를 씌워 사형을 선고했고 1981년 1월 대법원에서 사형 확정 판결을 내렸다. 그 후 정부 결정에 따라 무기징역으로, 다시 징역 20년으로 감형되었다. 김대중은 2년 7개월간 옥살이를 하다가 미국을 중심으로 전개된 김대중 구명 운동의 영향으로 수감 중이던 1982년 12월 병원으로 이송된 후 가족과 함께 미국으로 망명 아닌 망명을 떠나야 했다. 이 사건은 5.18 광주민주화운동의 기폭제가 되기도 했다.

1995년 '5.18 민주화운동에 관한 특별법'이 제정되었는데, 이 법은 재심 청구의 요건을 완화하는 특례 규정을 두고 이미 사면을 받았거나 형이 실효된 경우에도 유·무죄에 대한 실체적 판단을 받을 수 있도록 하여 당시 피해를 입은 사람들의 정치적·법률적 명예 회복의 길을 열어 놓았다. 이후 관련자들의 재심 청구가 받아들여져, 2001년과 2003년에 무죄 판결과 명예 회복이 이루어졌다. 김대중 전 대통령은 대통령 재임 중이라는 이유로 재심을 미뤄오다 2003년 10월 서울고등법원에 재심을 청구하였고 법원은 1980년에 유죄를 선고한 것에 대한 재심을 개시하여 2004년 2월 무죄를 선고하였다.

술집에서, 한가로운 담화 중에서 아직도 미완의 광주민주화운동은 논쟁으로 발전하기도 하고, 고성이 오가기도 한다. 살아 있는 이야기이기 때문이다. 뜨거운 감자는 식어야 먹을 수 있다. 감정이 다 삭지 않은 상태에서 누구도 광주민주화운동에 대한 이야기를 하다가 목젖을 델 수 있다.

박정희와 김대중

한국의 현대사를 적으려면 두 사람을 빼놓을 수 없다. 먹고사는 일을 해결하기 위해 이 땅에 태어난 사람, 박정희. 이 땅의 사람들에게 자유를 안겨주기 위하여 죽음을 무릅쓰고 싸운 사람, 김대중. 이제는 두 사람 모두 이 세상 사람이 아니다.

두 사람 모두 원죄에서 자유롭지 못한 점이 있다. 박정희에게는 자유의 억압이었고 김대중에게는 산업화와 부국으로 가는 시대에 전혀 이에 도움이 되지 못했다는 점이다. 반대를 위한 반대 외에 한 일이 없다는 혐의다.

박정희와 김대중은 서로 다르면서 닮았다. 김대중은 박정희의 독재를 욕하면서 전라도를 기반으로 한 야당 독재를 했다. 김대중은 지금도 전라도 지역을 벗어나지 못한 민주 인사라는 약점이 있다. 물론 박정희에 의하여 대통령 선거전에서 경상도 표 독식을 위한 음모가 시작되었지만 김대중 또한 전라도를 전략적으로 선택을 했기 때문이다. 박정희와 김대중은 나라를 경상도와 전라도로 나누어 정치 기반을 삼았고 끝까지 그 굴레에서 벗어나지 못하였는데, 이는 박정희와 김대중 두 사람 모두 용서받기 어려운 부분이다.

박정희와 김대중은 한국인에게 미워하면서도 미워할 수만 없는 존재이자 고맙지만 고마워할 수만 없는 존재이다. 한국의 가까운 현대 정치사에는 박정희와 두 김씨가 있었다. 두 김씨는 김대중과 김영삼이다. 정치의 목적은 정권을 잡는 것에 있다는 일반론에 기댄다면 박정희를 포함하여 세 사람 모두 성공한 정치인이다.

세 사람 모두 대통령 자리에 올랐다. 한 사람은 여당에서, 두 사람은 야당에서 모두 오랜 동안 대표 자리를 후진에게 물려주지 않았다. 독재의 형태는 달랐어도 결국은 여당 독재와 야당 독재를 한 독재자였다. 김대중과 김영삼은 '대통령병'에 걸린 사람이라는 말을 들으면서까지 대통령 자리에 오른다. 삼수와 사수를 하면서까지 욕망을 불태운 사람들이기도 하다. 세 사람은 모두 권력욕의 화신들이다.

먼저 박정희를 이야기해 보자. 광주민주화운동이 일어나게 된 동기 제공은 박정희와 김대중에서부터 시작되었다. 두 사람의 사랑과 미움이 엮어낸 거대한 서사극이다. 어떤 면에서 광주민주화운동은 박정희와 김대중의 공동 연출이다. 근원이 두 사람에게서 시작되었기 때문이다. 박정희의 독재와 이를 반대하는 김대중의 민주주의 쟁취가 시발점이다. 박정희와 김대중을 한 마디로 표현하면 명쾌하게 정리된다. 박정희는 경제로 나라 살리기, 김대중은 자유로운 나라 찾기다. 두 사람은 해는 다르지만 같은 5월에 만난다. 5월 16일의 5.16과 5월 18일의 5.18이다.

이번에는 박정희와 김대중 두 사람 모두의 장점만을 이야기해 보려 한다. 먼저 박정희다. 민주화운동의 중심에 섰던 사람들이 그토록 박정희의 독재와 잘못에 대해 떠들었어도 여전히 국민의 대다수가 가장 좋아하는 대통령으로 박정희를 꼽는지 그 이유에 대해 주목한다. 박정희는 일본군이었고 박정희의 친족이 북한에서 간부로 있어 박정희는 일본의 앞잡이이고 빨갱이라는 이야기는 박정희가 대통령으로 재직하고 있는 중에도 아는 사람에겐 잘 알려진 사실이었다.

그럼에도 박정희는 한국인의 마음 안에 살아 있다. 가장 존경하고, 가장 공적이 훌륭하고, 다시 복제하고 싶은 대통령을 뽑을 때 매번 박정희 대통령이 1위이다. 참 신기한 일이다. 왜 박정희는 욕하는 사람이 더 많은 듯한데 실제 여론 조사를 해 보면 최고의 대통령으로 뽑힐까?

5.16 쿠데타를 일으킨 장본인, 민주주의를 억압한 독재자, 혈서 쓰고 만주군에 들어간 친일파 박정희가 국민에게는 왜 가장 존경받는 대통령일까? 박정희는 야심에 찬 군인이었다. 또한 박정희는 풍운아였다. 바람과 구름을 몰고 온 사내였다. 전쟁이 휩쓸고 간 땅에 찾아온 가난, 정치적 혼란과 부패, 기댈 곳 없는 상황에 빠진 사람들을 희망으로 길을 열고자 했던 박정희는 자신을 따르는 군인들을 이끌고 5.16을 일으켰다. 박정희를 반대하는 사람들은 국민의 자유를 억압하고 장기 독재를 한 것을 소리 높여 비판하지만 정작 국민의 반수 이상이 박정희를 존경하는 대통령으로 생각하고 있다. 결국 반대하는 목소리는 그들만의 소리가 되었다.

이유 없는 존경은 없다. 북의 공격으로 시작된 한국의 남북전쟁이 일어난 지 불과 3일 만에 서울이 점령당했다. 먹고 사는 문제는 미국과 우방의 원조가 아니면 굶어야 하는 나라, 군사력은 미국에 기대지 않으면 존립이 어려운 나라, 희망이 없는 나라였다. 한국은 난파된 배와 같았다. 반은 침몰된 상황에 있었다. 절망적인 상황에 있던 한국호를 몰고 성공과 희망의 세계로 달려 나가게 한 주인공이 박정희라고 생각하는 사람이 많다. 새마을운동과 '하면된다.'는 깃발을 세우고 앞서 나갔다. 결과는 놀라운 기적을 만들어냈다.

지금 우리가 선진 20개국 정상회의를 개최하고, 작은 나라인데다 남북이 서로 휴전 중인 상황에서 세계 경제 10위를 달리며, 조선 능력 세계 1위, 반도체 1위, 전자 부문 1위 등 세계적인 분야가 10여 개가 되는 나라가 된 것을 박정희의 덕분이라고 생각하는 사람이 많다.

이번에는 김대중을 바라보자. 김대중의 대표적인 상징성은 민주와 자유이다. '행동하는 양심'이란 기치 아래 민주화의 투사로서 목숨까지 걸고 싸웠다. 찻집에서 정부 비판을 하면 잡혀가던 그 험악한 시절에도 민주화와 민중의 자유를 위하여 앞에 서서 나간 것이 김대중이다. 한국호가 민주주의의 깃발을 꽂는 데 결정적인 역할을 수행했다. 또한 한국 최초의 노벨 평화상을 받았다. 길게 느껴지는 인생길은 험난했지만 자유를 위하여 험한 길을 스스로 선택한 사람이다.

역사는 냉정하고 진실을 찾아간다. 또한 시대는 한 사람만을 영웅으로 만드는 것을 경계한다. 어느 한편의 이야기를 들어봐야 별로 설득력이 없다. 박정희와 김대중, 결국은 두 사람 모두 정치인이었고 욕심이 많은 사람이었음은 확실하다. 그리고 두 사람 모두 성공과 실패를 했다. 박정희가 경부고속도로를 만들 때 반대했던 사람이 김대중이고, 박정희가 지하철과 포항제철을 만들던 때 반대했던 사람도 김대중이다. 반면 김대중이 민주주의

하자고 할 때 들은 척도 하지 않은 사람이 박정희고, 김대중이 삼선개헌과 유신 헌법만은 국가를 위해서 하지 말라고 했을 때 밀고 나간 것도 박정희다. 잘못된 점만을 이야기하면 두 사람 모두 이로울 게 없다

실수 없는 사람은 없다. 실패 없는 인생도 없다. 실수와 실패는 자연스러운 인생사. 박정희와 김대중이 성공한 점을 높게 사야 한다.

박정희가 아니었어도 한국의 경제 성장은 있었을 거라고 한다. 민주화 운동을 한 사람들이 즐겨하는 이야기다. 그렇다면 김대중이 아니었어도 민주화는 산업화와 경제 성장에 힘입어 자연스럽게 이루어졌을 것이란 주장도 설득력이 있다.

내 개인적인 입장에서 분명한 것은 박정희가 경제 발전과 국력 신장에 큰 공헌을 했다는 점이다. 또한 김대중이 민주화가 조기에 달성되는 데 중요한 역할을 했다는 사실이다. 지도자가 바뀌면 국가의 운명은 바뀐다. 같은 경주차를 몰더라도 운전하는 사람의 능력에 따라 승패가 달라진다. 자유가 먼저냐, 먹는 것이 먼저냐. 이 둘은 사람에게 모두 필요하다. 어느 것이 먼저인지는 사람마다 다르다. 중요한 것은 많은 사람들이 먹을 것이 없는 자유보다 자유가 제한되더라도 먹을 것이 있는 상황을 즐겨한다는 점이다. 그것이 김대중보다 박정희를 따르게 하는 요인인 듯하다.

이제는 다시 민중이다

5.18 민주화운동은 성공한 운동이다. 5.18의 상징적인 인물인 김대중은 사형수에서 대통령까지 되었고 무죄 판결로 명예 회복이 되었다. 박정희의

독재로부터 비롯된 민주화운동은 민주주의 선봉에 있던 김대중과 만나게 된다. 하지만 박정희의 죽음과 함께 대행자 전두환이 대신 광주에서 김대중과 대결한다. 전두환이 전권을 가지고 지휘했지만 전두환은 박정희의 양아들이다. 결국은 박정희와 김대중의 한판 승부였다. 1차 승리는 전두환이다. 이른바 광주민주화운동의 진압이다. 하지만 최종 결과는 김대중의 승리였다. 이 승부에서 물리적인 힘으로는 전두환이 이겼으므로 박정희가 이겼지만 종국에는 김대중의 승리였다.

1차 승리는 박정희의 나라 경제 살리기이고, 2차 승리는 김대중의 민주주주와 자유이다. 그러나 최종 승자는 국민이었다. 박정희를 내세워 산업화와 부국의 토대를 만들고, 김대중을 내세워 민주화를 쟁취하여 진정한 승리를 얻었기 때문이다.

민주화에 광주 시민의 육탄전이 없었다면 자유는 조금 더 늦게 찾아왔을지도 모른다. 한 사람이 이 땅에 살아 있음이 감사한 일이라는 것을 확인하는 자리였으면 한다. 진정한 승리를 한 국민은 모두 옳은 선택만 하였는가라고 물으면 명확한 답을 내릴 수 없다. 지난 일이지만 국민 입장에서 보면 보다 대승적인 차원에서 옳은 선택을 할 수 있는 기회가 여러 번 있었다. 국민들이 선거 때에 용기를 내서 조금 더 먼저 민주화에 손을 들어 주었더라면 5.18 같은 비극은 오지 않았을 것이다.

선거 때면 대중 매체를 통해 공포에 가까운 압력을 행사하고, 여당 선전에 앞장섰던 신문과 방송인이 있었지만 그렇더라도 국민이 조금 더 용감하게 소신껏 투표를 했다면 젊은 청춘들의 죽음은 없었을 것이다. 모두가 공범이었다. 하지만 결국은 모두 승자가 되는 경기가 한국의 산업화와 민주주의였다. 나쁜 점을 이야기하면 결코 어느 누구도 자유롭지 못하고 좋은 점을 이야기하면 모두의 공이다.

사람은 독립적으로 설 수가 없다. 완전한 존재가 아니어서 그렇다. 때로는 잘못을 눈감아 줄 수 있는 아량과 배려가 필요하다. 내 생각이 맞다고 강하게 주장하는 사람은 이 땅에서 추방해야 한다. 남의 생각이 틀렸다고 강하게 주장하는 것과 같은 이치이기 때문이다. 내가 맞을 수 있다면 상대방의 생각도 맞을 수 있다는 전제가 있은 뒤에 대화가 필요하다. 정치도 그렇고 사회를 이루고 공존의 터를 만들어가는 세상도 마찬가지이다.

민주주의는 부분의 승리를 원칙으로 하는 사상이다. 만장일치 안에 숨어있는 또 다른 독선과 강압을 알기 때문이다. 자유는 나와 다른 생각에 승복할 줄 아는 사람들의 세상에서 통한다. 나와 다른 생각과 행동을 개성이라는 이름으로 이해하고, 틀린 것이 아니라 다르기 때문에 세상의 지평이 넓어졌다는 것이 민주주의와 자유를 이해하는 진정성이다.

민중이 승리한 5.18은 위대하다. 광주민주화운동에 참여한 사람이 아름답고 광주민주화운동을 세계기록유산에 등재하는 것을 반대하는 사람들이 있는 자유스러운 의견 개진이 될 수 있는 대한민국은 더욱 풍요로운 자유국가이다. 다른 것을 폭력으로 제압하려는 마음을 가진 순간 적대적인 관계가 된다. 다른 것은 지루할지라도 대화와 협의 과정을 통해 합의를 이끌어내야 한다.

5.18이 가르쳐 준 것은 같은 민족끼리의 싸움은 누가 되든 피해자만 있다는 것이다. 아름다운 광주, 불의에 맞서 싸울 줄 알았던 광주는 위대하다. 빛고을은 민주주의와 자유의 성지로 다시 태어났다.

부록

김홍도 풍속도첩 金弘道 風俗圖帖

완당세한도 阮堂歲寒圖

임원경제지 林園經濟志

천마도장니 天馬圖障泥

윤두서 자화상 尹斗緖 自畵像

수운잡방 需雲雜方 과 음식디미방 飮食知味方

김홍도 풍속도첩
金弘道 風俗圖帖

한민족의 피가 가장 많이 섞인
그림을 그린 사람, 김홍도

김홍도는 한국 사람을 가장 한국 사람다운 표정으로 그린 사람이다. 잘 묵은 된장 냄새가 날 듯한 풍경과 한국의 산하를 흐르던 바람결을 닮은 선으로 그림을 그렸다. 구수함과 옷자락에 감기는 선의 정교함을 살리면서도 한번에 몰아치는 힘이 한국인의 흥취를 그대로 담아내고 있다. 선의 부드러움에서 바람을 닮은 역동성이 보인다. 붓날이 멈춘 끝매듭의 갈무리가 가히 파격이다. 그림으로 사람을 휘어잡는다. 일순간 살아 움직이는 동선을 정지시켜 놓은 듯한 그림의 표정에서 능청스러움은 갑작스레 한 편의 해학이 된다.

천연덕스러움과 능청스러움은 해학을 품에 안고 있어 순간, 한국화의 고향을 만들어낸다. 얼굴 표정과 동작의 선이 사뭇 우리들의 고향 사람을 닮았다. 우리나라의 역대 그림쟁이 중에서 이처럼 한민족의 피가 많이 섞인 그림을 그린 사람은 없다. 이 그림을 만나는 순간 가장 한국적이라는 느낌을 받는다. 그만큼 단원 김홍도의 그림은 단연 한국화의 순수다. 단원은 가장 한국적이면서 가장 인간적인 그림을 그려낸 시대의 진객이다. 이 화첩의 그림을 보면 한국 사람이라면 누구에게나 가슴에 묻어두었던 풍경들이 재현되는 것을 실감하게 된다. 어수룩하고 어진 심성의 사람들이 만들어내는 풍경이 한눈에 친숙함을 느끼게 한다. 그것이 또한 우리들의 모습이기도 하고 시골 마을에서 만나던 농부들의 모습이기도 하다.

소설가 김훈이 '기와 잇기' 그림을 보고 '먹줄 치는 목공의 자세는 나이테 동심원의 안쪽처럼 고요하다'며 거장의 세계를 이야기한 것처럼, 이 화첩에 몸을 담은 스물다섯 점의 그림들은 끊임없이 사람을 꿈꾸게 한다. 그리고 과거로 가는 마차에 몸을 싣게 하는 마력을 가지고 있다. 선조들의 숨결이 그대로 살아 있는 과거로 달려가는 마차에 탄 것이 행복하기만 하다.

김홍도의 그림에서는 풍경 소리까지 들린다.

19세기 말 영의정을 지낸 이유원의 평이다. 그만큼 단원의 그림은 동작에 긴장과 이완이 적당하게 섞여 있다. 그림에서 실제 상황의 소리가 들릴 만큼 극적이다. 김홍도의 멋은 감칠맛 나는 선에 있다. 베잠방이와 저고리의 고름과 버선코까지 생명이 살아 있다. 작은 화면에 그렇게도 많은 인물의 다양한 표정과 동작, 풍부한 정서와 흥취를 담아냈다는 것은 놀랍다.

이용휴는 유명한 실학자 이익의 조카로서 당시 문단의 지도자로 추앙받는 사람이었고, 강세황은 당시 예술계의 우두머리라고 할 수 있는 사람이다. 이들에 의하면 김홍도는 아주 잘생긴 사람이었다고 전한다. 당시에 문학가로 유명했던 이용휴는 김홍도의 초상화를 보고는 다음과 같이 말했다.

오늘 김홍도 군의 초상화를 대하니 옥 같은 모습, 난초 같은 향기가 들은 것보다 훨씬 낫다. 마치 온아한 화군자의 모습이다.

김홍도의 스승인 강세황도 김홍도에게 써 준 『단원기檀園記』라는 글에 이렇게 적었다.

"용모가 아름답고 속에 품은 뜻이 밝으니 뜻이 높고 속세를 초월하여 거리의 어리석은 사람들과는 다름을 알 것이다. 음악을 좋아하여 매번 꽃피고 달 밝은 저녁이면 한두 곡을 연주하여 스스로 즐겼다." 김홍도의 집에는 자리와 책상이 깨끗하게 놓이고 섬돌과 성채가 그윽하고 고요했다. 거리와 가까우면서도 문득 속세를 벗어난 뜻이 있었다.

이밖에도 김홍도는 성품이 겸손하고 친구 사귀는 것을 좋아하여 많은 사람이 그와 어울리는 것을 좋아하였다. 신선 같은 사람이었던 김홍도는 간혹 끼니를 잇지 못했다. 어느 날, 그림값으로 3,000전을 받자 2,000전으로 멋진 매화를 사고 800전으로 매화를 산 기념으로 술판을 벌였다. 나머지 200전으로는 쌀과 땔나무를 샀으나 하루거리도 되지 못했다.

퇴비 냄새가 풍기는 낭자한 삶을
일순 멈추게 한 순간 포착의 그림들

『씨름』 장면에서는 상대방을 막 넘어뜨리려는 찰나의 팽팽한 긴장감이 엿장수 총각의 표정을 통해 갑자기 태평스런 풍경으로 누그러지는가 하면 『벼타작』 그림에서는 신분 차이의 경계에 번지는 야릇한 시선과 노동의 갈등이 도리어 해학적으로 그려진다. 신랄하면서도 웃음을 베어 물게 하는 단원 김홍도의 풍속도를 모아 놓은 화첩은 한국인의 그림임에 틀림없다.

조금 더 자세히 살펴보면 『씨름』은 감정 표현을 주변의 상황과 유기적으로 연결시켜 전체적인 분위기상 중앙에서 힘의 균형이 맞아떨어지는 장면이 극적으로 처리되었다. 양반도 상민도 모두 씨름하는 두 사람에게 향하여 있는데, 엿장수만은 밖을 향하고 있다. 어느 것 하나 버릴 수 없는 완벽한 구도를 가지고 있다. 가운데의 씨름꾼은 넘어지지 않으려고 상대의 옷을 잔뜩 움켜쥐고 있고, 얼굴 표정에는 낭패의 빛이 뚜렷해서 누가 이기고 누가 지는지를 분명히 알 수 있다.

화면 오른쪽 위에 있는 구경꾼들은 상체를 앞으로 굽히면서 승리의 막바지를 독려하고 있고, 오른쪽 아래의 두 사람은 넘어가는 자신의 편이 얼마나 안타까운지 입을 벌리고 놀라는 표정으로 몸을 뒤로 젖히고 있다.

『벼타작』은 농부들이 볏단을 통나무에 내려치며 타작하는 모습을 그린 것으로 일하는 농부들의 역동적인 동작과 얼굴 표정에서 고된 노동의 피로감보다는 하늘 한 자락을 끌어당겨 들판 가득 노동요가 들릴 듯한 신명이 느껴진다. 노동은 흥겹게 생활 속에 다가서게 하는 힘을 가지고 있다. 열심히 일하는 사람들 옆에서 갓을 비껴쓰고 담뱃대를 물고 비스듬히 누워 있는 양반의 모습은 그 당시로서는 자연스러운 풍경이었을 것이다. 그러나 역동적으로 일하는 사람과 정체되어 감시하는 사람의 표정은 적대적이지 않고 축 늘어진 버드나무 같지만 그 풍경 속에 숨겨진 긴장은 독자가 읽어 내야 할 몫이다. 놀면서 감시하는 양반과 땀 흘리며 일하는 상놈의 관계는 풍경으로는 느슨하지만 바라보는 시선은 대치 상태인 것을 눈치채야 한다.

공책장보다 조금 클락말락한 작은 화면에 그렇게도 많은 인물의 다양한 표정과 동작, 풍부한 정서와 흥취를 담아냈다는 것은 다시 보아도 놀라운 일이다. 흙냄새가 풀풀 나고 두엄자리에 퇴비 냄새가 구수하게 풍기는 낭자한 삶이 펼쳐지는 순간 포착이 이처럼 사람을 감동시킬 수 있는지 그 자체가 감동이다.

『서당』은 글공부하는 모습을 재미있는 이야기로 엮어낸 그림으로 하나의 독립된 수필이 되고도 남는다. 단원 김홍도의 대표적인 풍속화다. 한 아이는 훈장에게 방금 종아리를 맞았는지 대님을 다시 묶으면서 눈물을 닦고 있고 다른 아이들은 킥킥거리며 웃음을 참는 표정이 익살스럽다. 근엄한 훈장의 얼굴도 지그시 웃음을 머금고 있다. 각각의 인물들의 감정이 실감나게 잘 드러나 있어서 설명을 굳이 듣지 않아도 어떤 상황과 분위기인지 금방 알 수 있게 해 준다.

정면이 아닌 사선 구도의 짜임새 있는 화면 구성이 돋보이는 이 작품 역시 배경은 여백으로 처리되었으며, 굵은 선으로 단순하게 처리된 옷 주름 등에서 김홍도 특유의 필치를 엿볼 수 있다. 또한 전체를 안으로 보듬는 원형의 도닥거림을 느낄 수 있게 해 준다.

『대장간』에는 갓 달구어낸 쇳덩이를 망치로 두들기고 낫의 날을 세우기 위해 숫돌에 가는 등의 대장간 풍경이 사실적으로 잘 나타나 있다. 실제로 대장간에는 주변에 이것저것 여러 물건들이 널려 있지만, 그림에서는 일하는 사람들의 동작을 부각시키고 주변의 풍경은 슬며시 뭉개버린다. 사람의 동작만 남은 격이다. 때로는 인생을 보채고 때로는 웃음으로 삶을 건너는 투박하고 소박한 18세기 조선, 서민들

의 일상생활을 사진으로 찍어내듯 생생하게 드러내면서도 구수한 한국적 감성을 물씬 살린 이 그림들을 대할 수 있다는 것은 큰 기쁨이다.

김홍도 그림은 온혈溫血의 구도다

김홍도는 그림 속의 세상처럼 세상을 웃음으로 받아들이는 면이 강했다. 김홍도 그림의 장점은 정情의 구도라는 것이다. 다시 말해 인간적인 온혈의 구도를 가지고 있다는 것이다.

『씨름』, 『서당』, 『무동』 같은 그림을 보면 원형 구도로 보듬어 안는 형세를 가지고 있다. 김홍도의 다른 그림들도 풍속도의 경우 안으로 품는 느낌이 강하게 든다. 밖으로의 확산보다 선이나 웃음의 방향이 인물 안으로 감아 돈다. 한국인의 따뜻하고 온화한 느낌을 받을 수 있는 것은 이 때문이다.

시선의 중심점이 화면의 중심으로 내향화하고 있는 특징적인 면이 있다. 옷자락의 선이나 주름 하나까지도 그 옷을 입은 사람에게서 흩어지지 않고 감싸 안는 모습을 보이고 있다. 동선의 지향점이 내부로 향하게 하는 특별함 때문에 김홍도의 그림은 더욱 정감을 불러일으킨다. 그의 대표적인 작품으로는 한국적인 해학과 정취가 가득찬 25면으로 구성된 풍속화첩風俗畫帖, 정승 벼슬자리하고도 바꾸지 않는다는 삼공불환도三公不換圖, 말을 타고 가다가 꾀꼬리 소리에 멈추었다는 마상청앵도馬上廳鶯圖 등이 있다. 나름의 평가와 애정이 가지만 김홍도의 진가는 조선 민중의 숨결이 느껴지는 그림을 체온으로 감싼 풍속화첩에 있다.

세계 어디에 내놓아도 이만한 그림은 드물다. 동양적이면서 극히 한국적인 온혈이 느껴지는 그림이다. 그의 그림은 다른 화가들과 다른 점이 있다. 우리나라에 내로라하는 화가들이 있지만 그들과는 확연히 구분되는 점이 몇 있다.

김홍도는 우선 우리나라의 많은 풍속화가들 중 가장 다양한 소재를 다룬 화가다. 일반인들에게 친숙한 서민들의 생활 풍속을 중심으로 양반 사대부의 풍속, 그리고 국가와 왕실의 풍속을 담은 기록화까지 아주 다양하다. 김홍도의 풍속화는 웃음에 품위가 있다. 이러한 요인은 그가 왕과 아주 가까운 거리에서 활동하는 영광을 누리기도 했고, 소박하고 예기를 지닌 개성적인 서민의 마음을 지니고 있기도 했기 때문이다.

『서당』에서 훈장 선생님에게 매 맞는 아이의 모습이나, 『빨래터』에서 바위 뒤에 숨어 여인들을 훔쳐보는 갓 쓴 남자의 모습에서 우리는 자연스러운 웃음을 참을 수 없다. 그런데 이런 웃음은 어떤 한도, 즉 너그럽고 점잖다고 할 수 있는 한도를 벗어나지 않는다. 김홍도의 속화에서는 신윤복의 기생 그림처럼 남녀의 연애를 진하게 묘사하지 않는다. 다만 넌지시 암시하여 미소 짓게 할 뿐이다. 우리나라 풍속화는 김홍도에 이르러 비로소 예술로 고개를 들게 되며 사실성과 최고의 기량을 보여준다. 인물 개개인의 묘사와 현장의 강렬한 사실성에 입각한 박진감은 한국 고유의 정감을 받아들이며 한국인의 피가 흐르는 그림을 만들어냈다.

김홍도의 스승인 문인화가 표암 강세황은 『단원기檀園記』에서 다음과 같이 기록하였다.

김홍도는 특별히 세속의 풍경을 잘 그렸다. 세속에서 항상 접하는 것들과 길거리, 나루터, 가게, 시장, 시험장, 공연장 등을 그렸다. 사람들은 모두 손뼉을 치며 신기하다고 외쳤다. 세간에서 김홍도의 속화俗畵에 대해 이렇게 말했다. "신령스러운 마음과 슬기로운 지식으로 홀로 하늘의 이치를 깨닫지 않았으면 어찌 이처럼 그릴 수 있으리요?"

"신령스러운 마음과 슬기로운 지식으로 하늘의 이치를 깨달았다."는 말은 문학적 수사로 받아들이기에는 그의 그림이 주는 천재성이 가볍지 않다. 신령스러운 것과 슬기로운 것, 하늘의 이치를 깨달은 것은 애증의 인생살이 속에 있었다. 떨쳐버리고 싶은 인생을 끌어안고 사는 사람들의 그 애증, 즉 사랑과 미움의 두 가지 감정을 하나로 묶은 그 깊은 저마다의 사연을 정확히 집어낸 김홍도의 능력은 그림쟁이로서의 특출함에서 찾아야 한다. 아무도 넘보지 못할 경지에 도달한 붓놀림이 시대적 풍경을 예술이라는 경지에까지 도달하게 해 긴 생명성을 얻게 된 것이다.

김홍도의 많은 작품에는 당대를 지도했던 강세황의 화평이 실려 있다. 당시 사람들은 김홍도의 풍속화를 보며 동시대를 살아가던 동료나 이웃, 혹은 상전이나 아랫사람들의 생생한 모습을 보고 즐거워했다.

김홍도의 조상은 하급 무관 출신으로서 중인이었다. 그런데 집안에서 화원이 된 것은 김홍도가 처음이었던 것 같다. 보통 화원들이 집안 내림으로 화업에 종사해 왔던 예와 견주어 볼 때, 오히려 김홍도의 타고난 그림 솜씨가 남달랐음을 반증해 준다. 김홍도는 일곱, 여덟 살의 어린 나이에 강세황에게 나아가서 서화 공부를 했다. 당시 강세황은 장기간에 걸쳐 안산의 처갓집에 머물고 있었으므로, 김홍도는 강세황의 집에서 멀지 않은 곳에서 유년기를 보냈다.

스승 강세황이 김홍도를 도화서에 들어갈 수 있도록 추천했다. 이 점은 강세황이 환갑을 넘긴 노년에야 비로소 벼슬길에 오른 인물이고, 김홍도는 이미 스물 즈음에 중앙 화단에서 크게 이름이 났으므로 간접적인 추천으로 보는 편이 무난하다. 김홍도는 서울 생활을 하는 동안 마포 강변에 살았을 가능성이 크다. 그것은 당시 아름다웠던 이 일대를 가리키는 서호라는 지명이 김홍도의 젊은 시절 호와 같다는 사실에서 짐작된다. 만년에는 지금의 을지로 근처에 있던 서화애호가 김한태의 저택 안에 별채를 갖고 있었다고 전해진다.

김홍도가 쓴 여러 호 가운데 가장 유명한 '단원'은 '박달나무가 있는 뜰'이란 뜻으로 원래 중국 명나라 때의 화가 이유방의 호였다. 김홍도가 이유방을 특히 존경해 그 호를 따온 것이다. 이유방이라는 인물은 성품이 고매할 뿐만 아니라 학식 높은 문인화가로서, 당시에는 무엇보다도 남종화 교본인 『개자화전芥子畵傳』 초고의 작가로 알려져 있었다.

왕을 그리는 화가, 민중을 그리는 화가

김홍도의 그림을 사랑한 정조의 다음 글에서도 김홍도 그림에 대한 믿음을 알 수 있다.

김홍도는 그림에 교묘한 사람으로 그 이름을 안 지 오래다. 삼십 년 전에 나의 초상화를 그렸다. 이로부터 무릇 그림 일에 관한 일은 모두 김홍도에게 책임을 맡겼다.

권칠이 지은 『홍재전서』에 나오는 대목이다. 여기서 '나'는 정조 자신을 말하는 것이다. 그만큼 정조의 김홍도에 대한 신뢰가 컸다. 이렇게 국왕이 각별히 아꼈던 까닭에 화원으로는 드문 경상도 안동 지방의 찰방과 충청도 연풍 고을의 현감까지 지냈다.

김홍도는 정조 생존 시에는 궁중에서 가장 유명한 화가로서 그 생활 또한 넉넉했다. 당시에는 명문가의 사람조차 김홍도로부터 그림을 받아내기가 쉽지 않았다는 기록이 전한다. 이는 김홍도가 국왕의 어명에 따른 그림 제작만으로도 바빴음을 뜻한다. 국왕의 그림을 도맡아 그렸던 김홍도의 작품을 조선 사람들이 얼마나 가지고 싶어 했을지 짐작할 수 있다.

김홍도의 화풍이 당시는 물론 19세기 전반의 여러 화가에게까지 미쳤다. 김홍도는 화원이었다. 화원이란 그림을 그리는 하급 벼슬아치로서 오늘날로 치면 하급 공무원에 해당한다. 그 직무가 그림을 그리는 것이다. 오늘날 그에 해당하는 직책을 대라면 문화홍보부 같은 자리에서 행사나 국가 홍보 내용을 사진으로 찍어 책자를 발간하는 업무를 보고 있는 사람의 역할일 것이다.

그런데 당시 조선 사회에서 나라를 이끌어가는 주된 사상은 성리학이었다. 그 이념하에서 정치는 학문을 닦은 양반들의 것이었고, 그림 그리기 같은 특수 기예는 없어서는 안 될 것이기는 했지만 일단은 사소한 것으로 치부되었다. 화원은 중인들의 전문 직종이었으며, 그 벼슬 역시 가장 높아 보아야 종육품에 그치는 것이었다. 그러나 김홍도는 여느 화원과는 달랐다.

정조 임금 때 화원의 수는 통상 서른 명 정도였다. 그중에서도 더욱 뛰어난 화원 열 명은 따로 규장각에 소속시켰으며 별도로 선발해 특별한 대우를 했다. 김홍도는 규장각 설립 당시에 이미 『규장각도』를 그려 정조에게 바쳤다. 그럼에도 김홍도는 정조 연간 내내 이 규장각 소속의 화원에 속하지 않았다.

김홍도가 이를테면 바로 국왕 직속의 대조화원待詔畵員, 어진화가御嗔畵家였다. 의궤와 같은 기록적인 그림을 그리는 일상 업무에서는 면제된 예가 많았고, 그 대신 곧바로 임금 가까이에서 정조가 특별히 원하는 그림을 그렸다. 현재 궁중 행사와 관련된 그림 사역에 동원된 화원 명단에서는 초기를 제외하고 김홍도의 이름을 찾기가 쉽지 않은데서 확인할 수 있다.

일개 하급 관리에 불과한 김홍도의 이름이 국왕 정조의 문집에 실리게 되었다. 김홍도는 세 차례나 임금의 초상화를 그리고, 창덕궁에 해상군선도海上群仙圖라는 커다란 벽화를 그렸다. 또 국왕의 친아버지 사도세자를 위한 절 용주사 내 대웅보전 불화를 제작했다. 또한『원행을묘정리의궤園行乙卯整理儀軌』,『오륜행실도』같은 중요한 책의 삽화를 그리고, 정조가 평생 제왕학의 핵심으로 공부해 온『대학』을 주제로『주부자시의도朱夫子詩意圖』를 그렸다.

정조는 자신이 직접 가서 볼 수 없던 금강산의 명승이며 단양팔경 등도 그려 오도록 했다. 이때는 김홍도가 지나는 여러 고을에 특별한 대우까지 당부했다.

김홍도의 산수화 배경은 당대에 유행하고 있던 남종화풍의 운치를 바탕으로 우리나라 산천의 아름다움과 함께 우리 산수 풍속의 서정을 잘 표현하고 있다는 점에서 높이 평가된다.

김홍도는 인물화와 삽화뿐만이 아니라 산수화에도 높은 경지에 이르렀다. 김홍도 산수화는 여백을 적절히 남기면서 대상을 압축하는 밀도가 보인다. 구도와 형상을 집약해서 표현해 내는 묘사력, 그리고 운치 있는 운염법 등으로 김홍도의 산수화는 진경 산수와 남종 문인화가 하나로 만나는 높은 예술적 경지를 보여주었다.

김홍도가 이룩한 속화俗畵 양식은 같은 시대의 김득신, 신윤복에게도 크게 영향을 끼쳤으며 그의 후배들이 그대로 추종하여 김양기, 백은배, 유숙, 유운홍 등에 의해 계승되었다.

여백에 숨겨진 동양의 비경

　혜원 신윤복의 풍속화가 거의 도시의 세련된 서민들의 로맨스를 주제로 삼았던 반면, 김홍도의 풍속화는 농, 공, 상에 걸치는 넓은 시야에서 생업의 즐거움을 김홍도만의 특유한 익살과 구수한 맛으로 엮었다. 목수, 미장이, 기와장이, 머슴살이, 대장장이, 주모, 엿장수, 마부, 뱃사공, 어부 등 서민들의 다양한 모습을 담았다. 김홍도의 풍속화 중에는 배경 없는 인물 중심의 풍속화와 산수인물화 풍의 풍속화가 있다.

　김홍도의 풍속화가 오늘날까지 우리의 공감을 얻는 요인은 작가의 폭넓은 세계와 더불어 민중들의 삶에 대한 실체적 접근에서 보여주는 따뜻한 시선에 있다. 김홍도 자신의 집안이 중인 계급으로 양반과 상민의 중간에 낀 갈등의 중심에서 누구보다도 양쪽을 이해했을 것이다.

　신윤복의 풍속도에 있는 그림들이 보여주는 도회적인 세련이나 김홍도의 풍속도에서 볼 수 있는 구수하고도 익살맞은 서민 사회의 일하는 풍경의 아름다움에 비하면 김득신의 풍속도에서는 기지와 해학의 즐거움이 생동한다는 느낌을 받게 된다.

　최순우는 『무량수전 배흘림기둥에 기대서서』에서 세 화가에 대한 평을 이렇게 적고 있다.

　우리 민족이 배출해 낸 솔거, 대장부의 기개를 느끼게 하는 힘찬 그림의 장승업, 기개 높은 눈빛과 폭포수 같은 수염에서 풍기는 초상화로 세계 어디에 내놓아도 자랑스러운 윤두수, 한국의 산수를 한국인의 마음으로 그려낸 안견, 몽유도원도를 그린 안평대군 같은 걸출한 화가들이 있었다.

그럼에도 김홍도를 꼽는 것은 한국의 그림쟁이 중에 김홍도처럼 폭넓은 그림의 세계를 만들어낸 사람은 없고 국가의 공식적인 그림에서부터 서민들의 일상적인 생활사에서 얻어지는 장면까지를 자신만의 세계로 그려내고 있기 때문이다.

공식적인 국가 행사에서 보여준 그림의 세계와 자유로운 풍속의 세계를 넘나들면서 아주 극사실적으로 그렸다. 한국인을 가장 잘 이해한 그림쟁이일 뿐 아니라 한국인의 선과 표정을 만들어내고 한국인을 가장 한국 사람답게 그려낸 작가이다.

또한 풍속화에서는 과감한 삭제를 통해서 하나의 시가 된다. 다 버리고 꼭 필요한 것만 그려 사실로서의 현상이 한순간에 상징이 되는 묘한 시적 기법을 만들고 위대한 시인의 시를 보는 것 같은 착각을 불러일으킨다.

김홍도의 그림을 자세히 살펴보면 현대적인 만화 기법과 비슷한 기법을 끌어들이고 있다. 일반적으로 동양화에서 보여주는 여백이 있지만 단원 김홍도의 그림에서는 아예 사람 이외에는 전면 삭제하여 공간 속에 오로지 인물만 남겨 놓았다. 표현하고자 하는 장면 외에는 다른 것은 표현되지 않는다.

예를 들면 서당을 배경으로 한 그림에서도 가구나 벽은 존재하지 않는다. 출입문과 창문도 보이지 않는다. 방바닥도 어떤 형태인지 그려지지 않았다. 비슷한 시대를 산 김득신이나 신윤복의 그림과도 다르다. 혜원 신윤복의 경우 담장이나 시정의 배경이 등장한다. 김득신의 경우도 마찬가지다. 파적도波寂圖에서 보면 집의 배경이 그대로 그려져 있을 뿐 아니라 툇마루와 집의 나뭇가지도 그려져 있다.

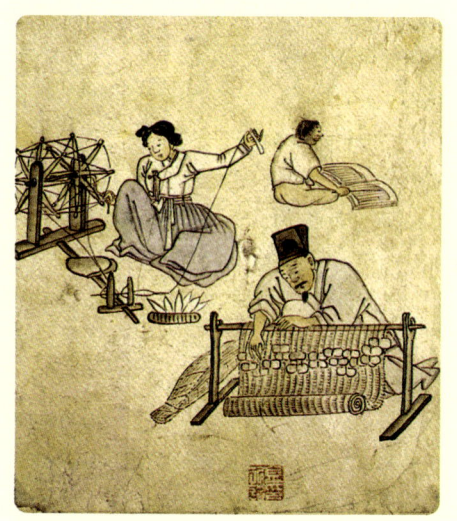

김홍도의 그림은 극히 제한적인 경우에만 배경이 그려져 있지만, 그것도 사실성에 입각한 것이 아닌 극히 필요에 의한 경우에만 그렸다. 표정이나 옷의 선과 구겨짐 같은 미세한 것까지 잡아내면서도 주위의 배경이나 풍경을 비워둔 것은 그만의 극적 효과를 가지게 하기 위한 방법이었다.

김홍도에게 여백은 그림에 생명을 부여하는 자양분으로 작용한다. 동양화의 비움은 우리의 백자 항아리처럼 순백이 아닌 푸르스름한 백자의 느낌을 받는다. 김홍도의 비움은 지금은 누렇게 바랜 빛깔로 남아 종종걸음으로 빠름을 강조하는 세상에 여백의 따사로움을 느끼게 한다.

김홍도는 한국인이 만들어낸 선을 가장 이상적으로 그려낸 사람이며 동시에 한국인의 피가 말하고 싶은 것을 그림으로 표현한 사람이다. 한민족이 드리운 그림자의 먹빛으로 가장 한국인다운 그림을 그려낸 위대한 화가이다.

완당세한도
阮堂歲寒圖

아픔은 다 삭이고 뼈만 남긴
고사목처럼 서 있는 소나무와 전나무

    제주도의 대정읍 인성리에 정갈하게 자리잡고 있는 추사적거지에는 초가 네 채를 옛 모습으로 복원해 놓았다. 추사의 서화를 전시하고 있는 추사기념관이다. 멀리 바다가 청빛으로 빛나고 초가를 새끼줄로 엮어 놓은 것이 바람이 센 제주임을 다시 상기시켜 준다. 한가함을 데리고 쨍쨍한 햇볕을 받으며 거닐지만 당시 이곳에 몸에 담았을 추사 김정희의 마음은 그렇지 못했을 것이다. 벼슬도 빼앗기고 죄를 지은 신세로 유배된 김정희의 마음은 먹장구름이 가득 찬 세상을 먼저 보았을 것이다.

    예총 제주도지회의 건의에 따라 지난 1984년 복원된 추사적거지에 세워진 기념관은 모두 1,868평 규모이다. 진한 묵 같은 추사의 체취가 배어 있는 초가 네 채가 말끔히 단장되었고 연자방아와 돌하르방 등이 보존되어 있다. 담이 없어 더욱 정이 가는 제주도에 추사 김정희가 귀양 살았던 그

당시에도 담이 없었는지는 모른다. 적거지에는 담이 없어 마음이 한결 푸근해지는 것을 느낄 수 있었다. 세한도에 그려진 소나무도 없고 초가집도 지금의 모습과는 다르다. 지금은 꽉 들어찬 집들과 도로가 직선길로 두부모처럼 나 있다. 남으로 그리고 또 북으로 유배를 다녀야 했던 한 선비의 옷깃에는 바람이 묻어서 펄럭였을 것이다. 북풍의 한기보다는 부드럽지만 섬이 주는 느낌은 갇힌 느낌을 실감나게 했을 것이다. 그 심정의 일단은 추사가 66세 때인 1852년 함경도 북청 유배지에서 풀려나 경기 과천에 머물 때 제자 이상적에게 보낸 편지 '기우선寄藕船'에 정쟁에 휘말려 만년에 유배지를 전전해야 했던 노 선비의 외로운 심경이 절절히 녹아난다.

······추위에 대한 고통이 북청에 있을 때보다 더하다. 밤이면 한호충寒號蟲, 즉 산박쥐가 밤새 울어대다가 아침이 돼서야 날아간다. 저무는 해에 온갖 감회가 오장을 휘감고 돌아 지낼 수가 없다······

제주도에서도 이곳은 조용한 어촌이다. 평지에 가까운 곳에 죽음을 겨우 면하고 강제로 떠밀려 온 제주에서 거친 바람을 맞으며 쓰리고 아픈 속을 달래기란 쉽지 않았을 것이다. 마음을 달래며 세상을 원망했을 시기, 세상에서 버려진 듯해 비참한 마음을 가늠하기 힘들어했을 때 자신을 멀리 먼 육지에서 산을 넘고 바다를 건너 자신을 찾아오는 사람이 있었다면 얼마나 반가웠을까. 죄를 지어 벌을 받으러 먼 곳에 감금되어 있는 사람인 자신을 만나는 것이 죄가 될 수도 있는 상황임에도 찾아온 사람, 힘도 없고 지쳤을 때 온갖 어려움을 무릅쓰고 자신을 찾아오는 사람을 맞으며 얼마나 벅찬 감회에 젖었을까. 추사 김정희는 그런 마음을 고마움과 회한에 젖어 자신의 인생과도 같은 그림을 그렸다. 아픔은 다 삭이고 뼈만 남긴 고사목처럼 서 있는 소나무와 전나무를 그리고 자신의 유배지의 초가를 그렸다. 그리고 그 그림을 먼 데서 찾아온 손님에게 주었다.

去年, 以大雲晩學二書寄來, 今年, 又以万滿畊文編寄來, 此皆非世之常有, 購之千萬里之遠, 積有年而得之, 非一時之事也. 且世之滔滔, 惟權利之是趨, 爲之費心費力如此, 而不以歸之權利, 及歸之海外蕉萃枯槁之人, 如世之趨權利者. 太史公云, 以權利合者, 權利盡而交疏, 君亦世之滔滔中一人, 其有超然自拔於滔滔權利之外, 不以權利視我耶? 太史公之言非耶? 孔子曰, 歲寒然後, 知松柏之後凋, 松柏是毋四時而不凋者, 歲寒以前, 一松柏也, 歲寒以後, 一松柏也, 聖人特稱之於 歲寒之後, 今君之於我, 由前而無加焉, 由後而無損焉, 然由前之君, 無可稱, 由後之君, 亦可見稱於聖人也耶? 聖人之特稱, 非徒爲後凋之貞操勁節而已, 亦有所感發於歲寒之時者也, 烏乎! 西京淳厚之世, 以汲鄭之賢, 賓客與之盛衰, 如下? 榜門, 迫切之極矣, 悲夫! 阮堂老人書.

지난해에 『만학집』과 『대운산방문고』, 두 권의 책을 보내주었고 올해 또 『황조경제문집』을 보내주었네. 이 책 모두 세상에 늘 있지 않아 천만 리 먼 곳에서 사오고 여러 해에 걸쳐 얻어 한번에 가능한 일이 아니었을 걸세. 세상 사람들은 권세와 이익만을 좇는데, 그대는 이 책들을 구하기 위해서 마음을 쓰고 힘을 들여 놓고도 권세와 이익이 있는 곳에 주지 않고 바다 밖의 초췌하게 말라서 몰락한 사람에게 주기를 마치 세상 사람들이 권세와 이익을 좇듯이 하였네.

태사공 사마천이 이르기를 "권세와 이익으로 합친 자들은 그 권세와 이익이 다하면 사귐이 시들해진다"고 하였네. 그대 또한 세상의 도도한 흐름 속에 있는 사람으로 초연히 세상의 권세와 이익을 좇는 풍조 밖으로 스스로 벗어났으니, 그대가 나를 권세와 이익으로 대하지 않는 것인가, 아니면 태사공의 말이 잘못된 것인가?

공자가 이르기를, "날씨가 추워진 뒤에야 소나무와 잣나무가 늦게 시드는 것을 안다"고 하였네. 소나무와 잣나무는 사계절 내내 시들지 않아 날씨가 추워지기 전에도 한결같이 푸른 소나무와 잣나무요, 날씨가 추워진 뒤에도 한결같이 푸른 소나무와 잣나무지만, 성인은 특별히 날씨가 추워진 뒤에 이를 일컬었네.

지금 그대가 나를 대함에 있어서, 귀양 오기 전이라고 해서 더 잘한 것도 없지만, 귀양 온 뒤라고 해서 더 못한 것도 없네. 귀양 오기 전의 그대는 특별히 일컬을 것이 없다 하더라도, 귀양 온 이후의 그대는 또한 성인에게 일컬음을 받을 만한 것이 아니겠는가? 성인이 특별히 일컬었던 것은 단지 늦게 시드는 곧은 지조와 굳은 절개 때문만이 아니라, 또한 날씨가 추울 때 느끼는 바가 있었기 때문이었을 것일세.

아아! 서한의 순수하고 후덕했던 시절에도 급암과 정당시같이 어진 사람들조차 빈객들이 시세에 따라서 많기도 하고 적기도 하였네. 심지어 하규의 적공이 문 앞에 방을 써 붙여서, "한번 죽었다 한번 살아남에 사귀는 정리를 알았고, 한번 가난했다 한번 부자됨에 사귀는 세태를 보았으며, 한번 귀해졌다 한번 천해짐에 사귀는 인정이 들어났다"고 했음은 그 박절함이 극에 달했던 것이니, 실로 슬픈 일일세! 완당노인이 쓰네.

추사의 세한도歲寒圖의 발문 내용이다. 예천에서 『참한농원』을 운영하고 있는 이현부씨의 번역이다. 여러 번역이 있지만 이 번역이 마음에 들어 손대지 않고 그대로 옮겼다. 추사체로 이름난 완당 김정희는 그 학문과 예술 세계를 다 가늠하기 어려운 위인이다. '세한도'라는 화제와 '우선시상 완당藕船是賞, 阮堂'이라는 관기款記의 글씨 크기와 방향, 그리고 '정희正喜'와 '완당阮堂' 도인圖印을 그림의 한 부분처럼 조화롭게 배치했다. 우선藕船은 이상적의 호이다. 1974년 12월 31일 국보 제180호로 지정되었다. 1844년(헌종 10년) 작품으로 종이 바탕에 수묵으로 그렸다. 크기는 가로 69.2센티미터, 세로 23센티미터이다. 김정희가 제주도에서 유배 생활을 할 때, 북경에서 귀한 책을 구해다 준 제자 이상적의 인품을 송백松柏의 지조에 비유하며 그 답례로 그려 준 그림이다.

그림은 수묵과 마른 붓질 및 필획의 감각만으로 그렸다. 옆으로 긴 화면에는 집 한 채와 주위에 송백 두 그루씩이 대칭을 이루어 간략하게 묘사되어 있을 뿐 나머지는 여백이다. 오른편 상단에는 '세한도'라는 화제와 "우선시상완당"이라는 글과 관지款識를 적었다. 이처럼 극도로 생략 절제된 요소들은 문인화의 특징이다.

추사는 직업 화가들의 인위적이며 허식적인 기교주의에 반발하여 골계와 거침의 미학을 창조해냈다. 파란의 인생살이를 거쳐 온 사람에게서 비롯된 필선과 먹빛, 풍기는 맛이 거칠면서도 힘이 있다. 선비가 가야할 길을 말하고 싶은 듯하다.

김정희는 정조 10년 충남 예산에서 태어났다. 좋은 환경에서 자란 김정희는 6세 때에 입춘첩을 썼다. 당시 42세이던 박제가가 그것을 보고 크게 경탄해 "오장교이성지吾將敎而成之" 즉, "내가 장차 가르쳐 이루어주겠다" 라고 했다. 7세 때 또 입춘첩을 써서 대문에 붙였는데 좌의정 채제공이 문 앞을 지나다가 입춘첩을 보고 일부러 집에 들러서 김정희의 아버지 김노경에게 일렀다. "이 아이는 명필로 이름을 떨치겠으나 글씨를 잘 쓰면 명이 기구하니 글씨를 그만 두게 하고, 만일 문장으로 세상을 울리면 반드시 화를 입게 될 것이다."라고 하였다.

"괴怪와 기氣"가 섞여 나온 글자체

『완당 평전』을 쓴 유홍준 교수는 추사 김정희의 글씨를 보고 이렇게 말했다.

> 세상에는 추사를 모르는 사람도 없지만 아는 사람도 없다.

추사 김정희는 19세기 전반기를 살며 국제적인 학자이자, 예술가, 사대부들의 정신적 지주이자 스승 노릇을 했다. 유최진은 『초산잡서』에서 추사체를 일러 '법도를 떠나지 않으면서 또한 법도에 구속받지 않는' 글씨라고 평했다. 김홍도 자신은 자신의 서체를 "괴怪와 기氣"가 섞여 나온 것이라고 말했다.

김정희는 조선 말기의 고증학자이자 금석학자이다. 또한 서도가로서 그의 위치를 굳힌 사람이다. 어릴 때부터 그의 총명함을 인정한 실학자의 거두 박제가에게서 수업하였다. 순조 14년, 1814년에 문과에 급제하여 벼슬이 병조판서에까지 이르렀다.

『세한도』는 추사가 '윤상도의 옥'에 관련되어 제주도에서 귀양살이를 하고 있을 때인 1844년에 그린 그림이다. 지위와 권력을 박탈당한 처지에 있는 자기에게 사제 간의 의리를 저버리지 않고 두 번씩이나 북경으로부터 귀한 책들을 구해 준 제자인 역관 이상적의 인품을 소나무와 잣나무에 비유하여 그에게 답례로 그려 준 것이다. '세한'이란 뜻도 자신의 처지와 그림 속의 풍경과의 중의적인 뜻이었음을 짐작할 수 있다. 세한도는 스산한 겨울 분위기 속에 서 있는 소나무와 잣나무를 그렸다. 여백에 예서로 된 세한도라는 그림 제목이 쓰여 있다. 작은 글씨로 쓴 '우선시상藕船是賞'이라는 관지가 이 그림이 이상적을 위해 그려진 것임을 확인시켜 주고 있다. 우선藕船은 이상적의 호이다. 지금은 새로 지어진 초가집 안에 세한도가 걸려 있다.

그림 끝에는 세한도를 그리게 된 연유를 담은 발문이 붙어 있고, 그 뒤를 이어 이듬해 이 그림을 가지고 북경에 가서 그곳의 명사 16명에게 보이고 받은 찬시들이 길게 곁들여 있다. 그리고 뒷날 이 그림을 본 추사의 문하생 김석준의 찬贊과 오세창·정인보·이시영 등의 시문 등이 실려 있다.

지금까지는 김정희의 자제自題만 일반에게 공개되었을 뿐 그 이상은 잘 알려지지 않고 있었다. 최근 국립 전주 박물관에서 두루말이 내용 전체를 공개 전시함으로써 16명의 중국인이 쓴 찬의 내용과 오세창·정인보·이시영을 비롯한 당대 인사들의 시문의 내용이 밝혀졌다. 두루말이 끝부분에 있는 오세창과 정인보의 발문에 세한도에 얽힌 이야기가 상세히 기록되어 있는데, 이를 종합해서 정리해 본다면 대략 다음과 같다.

완당 김 선생이 무고를 당하여 제주도로 귀양 갔을 때, 세한도를 그려 그의 뛰어난 제자였던 이상적 선생에게 보내 경계와 권면으로 삼도록 했다.

마침 이상적이 1844년 10월 동지사 이정응을 수행하여 연경에 갔을 때 세한도를 가지고 갔다. 1845년 정월 22일 이상적은 그의 옛 친구인 오찬의 잔치에 초대된 자리에서 주인, 주빈을 포함하여 여러 사람이 서로 문文을 이야기하고 시를 노래하였다. 이 자리에 이상적이 세한도를 내보이며 둘러 앉은 사람들에게 한 글을 청하자 여러 사람들이 문과 시를 적었다. 이때 참여한 사람이 모두 16명이었다.

　이상적은 우의가 넘치는 대접에 감격하여 모든 시문을 모아 한 두루마리로 만들었다. 그것이 완성되자 해도 천리의 탐라에 보내 완당의 쓸쓸함을 위로하였다.

　이후에 세한도는 이상적의 제자였던 김병선에게 돌아갔고, 그의 아들 김준학이 글을 쓰고 읊으면서 보관했다. 일본이 우리나라를 빼앗아 점령하고 모든 공사의 귀중한 서적과 보물을 온갖 수단을 다하여 탈취할 때, 세한도도 당시 경성대학 교수였던 후지쓰카를 따라 동경으로 가게 되었다. 이를 안타깝게 생각하던 손재형이 훌쩍 일본으로 건너가 거액을 들여 우리나라의 진귀한 물건 몇 점을 사들일 때, 그 가운데 세한도가 포함되었다. 그 후 현재의 소장자인 손창근이 보관하고 있다.

　세한도의 소나무와 잣나무는 갈필로 성글게 그려 표면적으로는 미완성 작품인 것처럼 보이기도 한다. 하지만 그 미완성의 형태는 동양적인 미의식을 마지막으로 결합시켜 주는 비움의 미학이다. 우리의 그림과 서예에서 보이는 빈 부분에 무엇을 그려 넣는다면 그만큼 한국화의 독특한 위치는 무너지게 될 것이다. 빈틈과 허전함은 결코 뜻이 빈곤한 것을 의미하지 않는다. 이것은 오히려 자기를 내세우거나 자랑하지 않고 겸손한 태도로 사양함을 의미한다.

　세한도는 바라볼 때 삼자적인 입장에서 바라보아야 한다. 바람의 자리였을 그림 바깥부분의 여백은 또 다른 완성의 길로 안내한다. 겉으로 보이는 여백에는 보이지 않는 동양적인 가득함이 숨어 있다. 가을날에 불어오는 산들바람처럼 보이지 않지만 분명히 있다. 그래서 세한도는 묘사된 형태로는 간소하지만 의미는 깊다. 세한도는 그런 심정을 그림으로 표현한 것이라 할 것이다. 말하자면 발문과 그림이 각기 표현의 방법은 달라도 드러내고자 한 뜻은 서로 같다. 따라서 그림의 소나무와 잣나무는 자연의 일부로서가 아니라, 김정희의 사상을 표현하는 데 봉사하는 매개체 구실을 하고 있다.

　세한도의 소나무와 잣나무가 지니고 있는 상징적 의미는 발문에서도 말했듯이 지조와 의리이다. 소나무와 잣나무가 지조나 의리의 상징형으로 인식되게 된 것은, 그것이 지닌 생태적 속성에 기인한다. 즉, 추운 겨울이 되면 다른 모든 식물들은 낙엽 지는데 오직 소나무와 잣나무만은 상록수의 푸름을 잃지 않는 속성이 의인화된 것이다. 문헌에 보이는 최초의 비유는 공자의 『논어』 자한子罕편의, '세한연후지송백지후조歲寒然後知松栢之後凋'라는 말에서 비롯되었다.

독창적인 삼위일체 예술을 추구한 김정희

　김정희의 대표적인 글씨 중의 하나인 '잔서완석루殘書頑石樓'는 '다 떨어진 책과 무뚝뚝한 돌이 있는 서재'라는 뜻으로 제주도 유배 후 한강 용산변의 강마을에서 살던 시절의 대표작이다. 밖으로 삐침이 넘치고 다독거리는 모양이 장독대에 독들을 나란히 거꾸로 세워놓은 것 같다. 인생의 거친 풍랑과 고요를 경험해 보지 않으면 이러한 품격 있는 자유를 그려내지 못한다. 추사의 글씨에 대하여 유최진의 『초산잡서』에는 이렇게 적혀 있다.

잘 알지 못하는 자들은 괴기한 글씨라 한다. 알긴 알아도 대충 아는 사람들은 황홀하여 그 실마리를 종잡을 수 없다. 글씨의 묘를 참으로 깨달은 서예가란 법도를 떠나지 않으면서 또한 법도에 구속받지 않는 법이다. 글자의 획이 혹은 살지고 혹은 가늘며, 혹은 메마르고 혹은 기름지면서 험악하고 괴이하다. 얼핏 보면 옆으로 삐쳐나가고 종횡으로 비비고 바른 것 같지만 거기에 아무런 잘못이 없다.

추사는 예서를 중하게 여겨 중국에서 공부한 서법에 적용시켜 작품화했다. 특히 정신이 없는 사람의 글씨는 비록 볼만하다 하여도 오래 찾아 즐길 만하지 못하고, 흥취가 일지 않는 사람은 글자 모양이 비록 아름답다 하나 겨우 글씨장이일 뿐이라고 했다. 이는 기세가 가슴 속에 있으면 글자 속과 글줄 사이에 그 기세가 흘러 넘쳐 웅장하기도 하고 혹은 느리기도 하여서 막을 수가 없게 된다는 말이다.

김정희는 당대의 호사스런 중국산 종이, 먹, 붓을 일체 사용하지 않았다. 토착적이고 민중적이고 한국적인 필기구만을 사용하였다. 스스로 자신만의 필기구들을 개발하여 사용했다.

예를 들면 칡뿌리 끝을 두드려 만든 갈필葛筆, 대나무로 만든 죽필竹筆, 앵우필鸎羽筆 같은 민중적인 필기구를 만들었다. 옷감을 이용한 글씨 연마법 개발, 한지의 재질 탐구 등이 이를 입증한다. 또한 김정희는 전주 한지의 질감과 특성을 깊이 탐구하여, 먹과 붓과 종이가 합일하는 독창적인 삼위일체 예술을 추구하였던 인물이다.

근육질 속에 피가 흐르게 된 것은
제주 유배 후의 일이었다

완당은 55세 때인 1840년 10월 제주 대정현에 위리안치되는 유배의 형을 받게 되었다. 이는 탱자나무 가시 울타리 속에서만 생활하도록 하는 형벌이다. 유배 가던 길에 있었던 일로 두 가지 이야기가 전해진다.

하나는 전주를 지날 때 그곳의 이름난 서가 창암 이삼만을 만난 얘기다. 명문가에서 태어났지만 가난한 형편 때문에 약초를 캐러 다니면서 나뭇가지와 지팡이로 글씨를 썼던 창암 이삼만은 서예를 자주적이고 민족 주체적인 서예 이론과 서예술로 전환시켜 놓은 인물이지만 전형적인 시골 서생으로 요즘으로 치면 지방 작가였다. 이삼만의 글씨는 속칭 유수체라 하여 그 유연성을 자랑하고 있었다. 그래서 꾸밈없고, 스스럼없는 천진스러움의 진국을 느낄 수 있는 글씨였다.

추사 김정희는 이삼만을 찾아 내 일찍이 선생의 글씨가 중국 본토에까지 알려졌다고 들었는데 여기까지 왔으니 선생의 글씨를 볼 수 있게 해 달라고 청하였다. 이삼만은 내 붓끝을 놀려 온 지 30년이라 해도 아직 자획도 잘 모른다고 사양했다. 추사는 다시 한 번 간곡히 청하면서 자신도 붓을 잡았다. 귀양길에 들어서도 이러한 풍경을 만들어내고 있는 사람이 선조들의 한 모습이다. 창암은 고난의 길을 떠나는 추사를 위해 이렇게 적었다.

江碧鳥逾白 山靑花欲然 今春看又過 何日是歸年
강벽조유백 산청화욕연 금춘간우과 하일시귀년

강물이 푸르니 새가 더욱 희고, 산이 푸르니 꽃이 더욱 빛난다.
이번 봄이 지나는 것을 또 본다. 어느 날이 고향 갈 해인가.

두보의 오언절구로, 두보가 안녹산의 난을 피해 성도에 머물 때 지은 시이다. 마치 귀양길에 올라있는 추사의 심경을 대변하는 듯했다. 이삼만은 김정희보다 열여섯이 더 많은 71세의 노인이었다. 이삼만의 글씨를 보면서 김정희는 한동안 말이 없었다. 남의 글을 보면 평이 있어야 하나 추사는 말이 없이 바라만 보았다. 글씨로 밥은 먹고 살겠다는 표정이었다. 이삼만도 그런 행동을 보여주는 추사의 글을 바라보고 있었다. 이삼만은 김정희가 문을 닫고 나가는 것을 보고는 이렇게 말했다.

"저 사람이 글씨는 잘 아는지 모르지만 조선 붓의 헤지는 멋과 조선 종이의 스미는 맛은 잘 모르는 것 같더라."

전주를 떠난 김정희는 해남 대둔사로 향했다. 절마당에서 대웅전을 바라보니 '대웅보전大雄寶殿'이라고 쓴 네 글자가 원교 이광사의 글씨였다. 김정희는 초의선사를 만난 자리에서 "원교의 현판을 떼어 내리게! 글씨를 안다는 사람이 어떻게 저런 것을 걸고 있는가!"라며 지필묵을 가져오게 해 힘지고 윤기 나며 멋스러운 글씨로 대웅보전 네 글자를 써주며 나무에 새겨 걸라고 했다.

김정희는 붓을 잡은 참에 '무량수각無量壽閣'이라는 현판 횡액을 하나 더 써주었다. 이 두 가지 전해 내려오는 이야기는 김정희 자신만이 최고라는 생각을 갖고 이광사의 글씨를 낮추어보는 데서 나온 행동이었다. 김정희는 그동안 누렸던 특권층의 삶과는 거리가 먼 척박하고 고독한 유배 생활 8년 3개월을 보내면서 풍상을 거친 사람만이 만들어낼 수 있는 멋과 미를 동시에 보여주는 세계를 갖추게 된다. 더 이상 어깨가 올라가는 일도 없어지며 골격은 힘 있고 필획의 울림이 강하게 느껴지는 추사체의 면모가 자리 잡게 된 것이다.

9년 뒤 유배에서 풀려 고향으로 돌아가는 길에 완당은 대둔사에 다시 들러 떼어 내리게 했던 원교 이광사의 대웅보전 현판을 다시 걸게 했으며, 전주에 들러 이삼만의 글씨를 잘못 알아본 미안함으로 창암 이삼만을 찾았으나 그때는 이미 세상을 떠난 뒤였다. 제주도 유배에서 풀려난 완당은 매우 궁핍한 생활을 하게 되었다.

이 시절부터 김정희 글씨의 특징을 보면 추사체의 파격과 개성, 이른바 살을 발라낸 근육질의 남성미가 완연히 드러남을 실감할 수 있다. 그 근육질 속에 피가 흐르게 된 것은 제주 유배 후의 일이었다. 붓 끝에는 힘이 실리고, 획에 금석기가 있으며 필세에 생동감이 있는 등 추사체의 참 멋이 두드러지게 나타나고 있다. 역경을 건너지 않아 본 인생은 영원한 미숙아일 수밖에 없음을 추사의 글씨에서도 만나게 된다.

임원경제지
林園經濟志

조선 최고의 지식 창고

한 사람이 백과사전을 만들 수 있을까 싶은데 그것이 가능함을 보여준 사람이 있다. 조선 말 서유구가 바로 그러한 인물이다. 온 정성과 노력을 기울여 인생의 후반기를 책을 쓰는 일에 몰두했다.

조선 말의 서유구는 혼자의 힘으로 조선의 지식과 정보를 수집해서 세상을 밝게 하겠다는 신념을 가지고 마침내 백과사전인 임원경제지를 완성했다. 임원경제지는 조선 최고의 백과사전이다. 그 양을 보면 놀랍다. 총 53책 113권에 달하는 방대한 분량이다. 혼자서 할 수 있는 분량이 아니다. 요즘은 책과 권을 같이 혼용해서 사용하지만 예전에는 구분해서 사용하였다. 지금의 단위로 이야기하면 113개의 내용으로 나누어져 있는 총 53권의 책이란 뜻이다. 한 사람이 53권이나 되는 백과사전을 만들었다는 것은 쉽게 이해가 가지 않는다. 한 분야를 파고드는 것도 힘든 일인데 조선 전체의 중요한 지식을 다 모으겠다는 일념으로 만든 책이기 때문이다.

개인의 학문적인 집대성이라기보다는 시대적인 지식의 총량을 모아서 책으로 만들어보겠다는 꿈을 실현시킨 인물이 바로 서유구이다.

서유구는 1764년에 태어나 1845년에 죽었다. 실학이 태동하고 조선의 변화가 눈에 띄게 보일 때이다. 조선은 사회·경제적 변동에 따른 여러 가지 사회적 모순에 직면해 있었다. 실학은 침체와 모순의 해결책을 찾는 과정에서 등장한 사회 개혁 사상으로 재야의 진보적 지식인들에 의해 연구되어 영·정조 때 전성기를 이루었다. 서유구는 정조 때 태어나 실학자들의 사상이나 개혁에 동참하고 있었다. 현실 개혁을 위한 사회·경제적인 문제, 천문학·수학·의학 등 자연 과학, 역사·지리·언어·문학·풍습 등 전 분야에 관심을 가졌다. 인문 과학과 새로운 철학 체계 등 다양하고도 전반적인 내용의 집합을 시도했다. 서유구는 지금까지 농학자 정도로 알려졌지만 과학자이자 실천가였으며, 조선 실학의 집대성자라고 할 수 있다.

정약용이 경세치용의 실학을 집대성했다면 서유구는 박지원·박제가 등의 북학 사상을 계승하여 이용후생의 실학을 집대성했다. 부국강병 같은 제도 개혁에 관심을 둔 북학파를 계승했지만 개인의 생활과 복리에 초점을 맞추었다. 실생활의 변화와 개혁이 진정한 조선의 변화와 개혁으로 연결될 수 있다고 보았다. 그러기 위한 방법 중 하나로 선진적인 과학과 변혁의 구체적인 실천을 내세웠다. 서유구는 실천 대상으로 목적적인 인간의 삶에 관심을 가졌다. 당장 처하고 있는 현재 삶의 질을 한 단계 높이는 일이 우선 당면 과제였다.

실학 중에서도 북학에 관심을 가진 서유구는 도달해야 할 목표를 설정하는 데 구애를 받지 않았다. 박제가가 중국을 대상으로 한데 비해 서유구는 일본, 서양을 망라하여 당대의 가장 높은 경지의 과학과 원리를 받아들이려 했다. 백성의 삶의 질을 향상시키기 위한 방법론과 대상에 막힘이 없었다. 서유구의 임원경제지는 정보의 양과 질적인 측면에서 당대의 서적으로는 견줄 만한 대상이 없다. 국문학자 안대회 명지대 교수의 발언을 들어보면 한마디로 서유구가 저술한 임원경제지가 어떠한 책이고 의미를 가지고 있는가를 확인할 수 있다.

조선 최대의 백과사전 임원경제지는 19세기 조선 문명이 달성한 최고의 지적 수준을 반영하는 백과사전으로 조선 문명이 도달한 지점이 어디이고 또 앞으로 어떻게 흘러갈지를 보여주는 책이다.

더불어 안대회 교수는 임원경제지가 113권에 달하는 방대한 분량의 책으로 학술과 밀접한 관계를 맺고 있다고 하였으며, 서유구를 19세기 북학 사상을 구체적으로 제시하고 집대성한 실학자로 규정했다.

조선 말은 백과사전의 시대였다

조선 말은 백과사전의 전성기였다. 조선과 마찬가지로 중국과 일본에도 현대의 백과사전과 유사한 서적이 있었다. 조선 시대 말에 출간된 현대의 백과사전과 유사한 서적들로 『지봉유설』, 『성호사설』, 『잡동산이』, 『산림경제』 등이 있다. 우리와 마찬가지로 유럽에서도 백과사전은 편찬되었다. 우연처럼 동양과 서양에서 동시대에 백과사전류의 서적이 나왔다.

서양 최초의 백과사전은 프랑스에서 발행된 『백과전서』였다. 세상에 널리 알려진 영국에서 만들어진 『브리태니커 백과사전』보다 17년이 앞선 백과사전이었다. 『백과전서』가 처음 발행되었을 때 프랑스 사회를 흔들 만큼 폭발적인 반응이 있었다. 지식과 정보가 고위층이나 전문가 집단에서만 가지고 있는 특별한 것이 아니라 만인에게 공표되어 더 이상 기밀 사항이 되지 않았으며, 이는 공감대가 최초로 형성되는 순간이었다.

기술은 장인에서 장인으로 이어졌고, 사상이나 철학, 종교의 중요한 핵심은 특권층에서 특권층으로 이어졌지만 백과사전이 완성되면서 누구에게나 똑같은 정보와 지식으로 전파되었다. 장인 기술이 표준화·일반화되고 특권층의 정보가 공개됨에 따라 산업 발전은 날개를 달았고 사상과 철학은 시민 계층과 서민에게도 전달되었다.

또한 자유와 평등 사상이 급속하게 전파된 결과, 사람은 다 같은 등위에서 인정받아야 할 소중한 존재임을 깨닫게 되었다. 즉, 백과사전의 보급은 사회 변혁의 기폭제 역할을 담당했다.

프랑스에서 발행된 『백과전서』는 당시에 25만 부나 팔렸다. 지식의 공증과 보편화가 이루어지게 되어 보다 나은 창조를 향한 열망이 커지고 산업 발전에 도움을 주었다. 프랑스의 『백과전서』보다 17년 늦게 발행된 『브리태니커 백과사전』은 영국의 스코틀랜드에서 1768년에 총 3권으로 완간되었다. 당시 인쇄 발행은 에든버러의 앤드루 벨, 편집은 콜린 맥파커, 집필은 스코틀랜드의 왕립아카데미 회원이 담당하여 세계적인 권위를 얻었다. 프랑스의 『백과전서』보다 더 큰 반향을 일으키며, 전 세계적인 사전이 되었고 더 큰 변화의 주역이 되었다.

우리에게도 빛나는 책이 발행되었다. 실학자인 서유구에 의해 1827년에 발간된 『임원경제지』이다. 『백과전서』와 『브리태니커』가 서구 문명을 총정리한 기념비적인 작품이라면 『임원경제지』는 1800년대 전후의 조선 문명과 풍습을 총망라한 위대한 작품이라고 할 수 있다.

『임원경제지』는 프랑스의 『백과전서』나 영국의 『브리태니커 백과사전』에 비하여 결코 뒤떨어지지 않는 책이다. 어떤 면에서는 앞서는 면이 여러 가지 있다. 조선 말에 발간된 여러 가지 백과사전류의 저술이 있었지만 단연 빛나는 것은 서유구의 『임원경제지』이다. 『임원경제지』는 유럽의 백과사전들이 계몽주의자들에 의한 공동 저술인 것에 비해, 개인의 힘으로 만들었으면서도 영국의 『브리태니커 백과사전』이나 프랑스의 『백과전서』보다 방대하면서도 폭넓은 정보와 지식을 보여주고 있다.

무려 800여 종의 문헌을 참고하여 만들었고, 중국과 일본 및 서구의 정보와 지식까지 실었으며, 우리나라 농업과 실생활 그리고 과학을 총망라한 분야를 집대성한 백과전서식 서적으로 조선 시대의 과학 기술사와 농업 기술사 연구뿐만 아니라 음식 문화와 당대의 생활을 이해하는 데 좋은 자료가 된다. 우선 혼자라고는 상상하기 어려운 엄청난 양의 정보와 지식이다.

『임원경제지』는 서유구가 의식주·여가생활 등 살림살이의 방법을 16개 분야, 114권으로 나눠 정리한 백과사전의 일종이다. 53권의 책이며, 글자 수가 250만 자 정도 되는 엄청난 분량의 저술이다. 상상하기 어려운 분량이기도 하지만 그 안에 든 정보와 지식은 혼자서는 섭렵하기 힘들다. 한 개인이 이토록 많은 정보와 지식을 수집했다는 것을 생각하기에는 감히 어렵다. 정보를 수집하는 방법 자체는 단순했다. 몸으로 가서 확인하고 직접 체험하는 방법 밖에는 없다. 그나마 쉬운 방법이 책을 통한 정보의 수집이었다. 꾸준함 말고는 어떠한 특별한 대안도 없었다.

서양의 백과사전이 세상을 바꾸어 놓는 저술이었던 반면 우리의 임원경제지는 별 반응 없이 묻혀버리고 말았다. 많은 과학적 발명이 제대로 꽃을 피우지 못하고 시들어버린 경우가 여럿 있다. 측우기를 세계 최초로 실용화시켰지만 그뿐이었고, 금속 활자 역시 우리가 만든 최초의 발명품이지만 그것도 묻히고 말았다. 상업화에 실패해서이다. 시장 경제가 활성화되지 못하는 사회 풍토가 언제나 걸림돌이었다. 관치에 길들여져 상업과 산업은 발전하지 못하고 좌절하고 말았다.

위대한 저술인 임원경제지도 마찬가지였다. 시민 사회의 신장에 절대적인 영향을 미쳤던 서양의 백과사전과는 다르게 임원경제지는 민중에게 보급되지 못하고 그대로 묻혔다. 하지만 지금도 그 안에 들어 있던 시대상은 조선 말의 상황을 파악하는 데 유익하다.

서유구의 독보적인 임원경제지 저술

엄격하게 말하면 『임원경제지』는 서유구 혼자의 작품은 아니다. 할아버지로부터 받은 전통적인 글쓰기의 완성이었다. 할아버지 대에서 시작한 사전류의 편찬이 이어져 서유구에게서 완성되는데 완성품인 『임원경제지』는 아들과의 합작품이라고 할 수 있다.

나는 수십 년 동안 저술에 공을 들여 임원십육지 백여 권을 최근에야 끝마쳤다. 그러나 책을 맡아 보관할 자식도 아내도 없으니 한스럽다.

『임원십육지』는 『임원경제지』의 다른 이름이다. 저술에 함께 매달렸던 아들 서우보가 죽자 서유구가 『금화경독기金華耕讀記』라는 책에 낙서처럼 적어 놓은 글이다. 『임원경제지』라는 위대한 저술을 마무리해 놓고 오히려 눈물을 흘리는 서유구의 마음을 흔들어 놓은 것은 아들의 죽음과 아내마저 없는 현실의 황량함이다. 아내는 이미 오래 전에 먼저 세상을 떴고 저술을 함께 하며 생의 위안이었던 아들 서우보마저 죽자 실의에 빠졌다.

서유구에게 『임원경제지』는 남다른 애착이 가는 저술이었다. 『임원경제지』를 쓰기 시작한 것은 서유구의 고난과 직접적으로 연결된다. 서유구는 1805년 조정으로부터 버림받은 이후 18년 동안 축출되어 야인으로 살아가야 했다. 동시대를 살았던 정약용의 18년 유배 생활이 한국 실학의 절정을 이루게 하는 600여 권의 저술을 낳았듯 조정으로부터 쫓겨난 서유구가 야인으로 머무는 시간은 조선 최고의 백과사전이며 엄청난 분량과 정보의 보물 창고인 임원경제지를 완성하게 하였다.

당시의 심정을 서유구는 이렇게 술회했다. "병인년 나는 시골로 쫓겨나 망가져 떠도는 신세가 되었다. 하루에도 세 번씩 죽기를 기도하여 스무 해 동안 그쳐 본적이 없다. 지금까지 죽지 못하게 한 것은 순전히 아들이 있기 때문이다." 고통을 이겨내게 한 것은 아들 서우보가 있었기 때문이라고 했다. 그런 아들마저 먼저 세상을 떠나 버렸으니 얼마나 통탄할 일이었겠는가. 서유구가 『임원경제지』를 완성하는 데 걸린 기간은 30년 정도이다. 서유구 인생의 상당 부분을 『임원경제지』 저술에 쏟아 부었다. 임원경제지가 완성되는 데에 아들과 동생의 도움이 컸다. 아들 서우보는 아버지의 저술에 적극적으로 동참하여 주었다. 인생의 동반자이기도 했던 아들 서우보가 1927년 33세에 요절했다. 아들과 저술이 생의 위안이었던 서유구에게 아들의 죽음은 낙망의 구렁텅이였다.

나는 이제는 많이 늙어 눈곱이 끼고 정신이 흐리다. 더 이상 책을 읽고 붓을 들지 못한다. 너는 빠진 것을 보완하고 군더더기를 덜어내는 일을 도와주었다. 격두格頭와 오사란烏絲欄 사이에 적힌 빼곡한 글자들은 네가 남긴 흔적이다. 너는 어디 가고 상자속에는 책만 덩그러니 들어 있단 말이냐? 내가 무슨 마음으로 다시 책을 들여다보겠으며 내가 무슨 심정으로 책의 편찬을 계속하겠느냐?

서유구가 아들의 죽음으로 실의에 빠져 아들의 제문에 붙인 글이다. 『임원경제지』를 쓸 때 많은 도움을 주었던 아들 서우보의 죽음 앞에서 비참한 심정을 토로한 것이다. 서우보는 서유구의 외아들이다. 고서를 보면 글자가 들어가는 넓은 네모 칸이 있고 그 안에 세로로 가는 줄이 10줄 정도 그려져 있다. 그 넓은 테두리는 굵은 선으로 그려져 있는데 그 밖의 공간을 격두라고 하고 세로로 친 줄에 의하여 만들어진 공란으로 글씨를 채워 넣는 빈 공간을 오사란이라고 한다. 아버지 서유구는 집필을, 아들 서우보는 교정을 맡았음을 보여주고 있다. 외로움과 세상으로부터 버려졌다는 현실을 극복하면서 저술에 매달렸다. 치열하지 않고서는 완성을 보기 어려운 과제였다. 임원경제지는 한 인생의 노고와 고통으로 빚어진 책이다.

『임원경제지』를 저술하게 된 바탕은 서유구의 선대로부터 시작된다. 서유구의 집안은 가업이라 할 정도로 농업에 대한 해박한 지식과 정보를 가지고 있었다. 당대로서는 도서관이라고 할 정도로 많은 서적을 집에 보유하고 있는 학자 집안이었다. 할아버지인 서명응은 청나라로 1755년과 1769년 두 차례에 걸쳐 사신으로 다녀온다. 돌아오는 길에 500여 권의 책을 가지고 돌아온다. 아버지 또한 학자로서 청나라 사신으로 다녀온다. 집안 대대로 외국의 정보와 실질적으로 이용할 수 있는 학문에 관심을 가지고 있었다. 아버지 서호수徐浩修가 지은 『해동농서海東農書』, 할아버지인 서명응徐命膺이 만든 『고사신서考事新書』가 가보로 이어져 임원경제지로 완성되었다.

『해동농서』는 우리나라 농학의 전통 위에서 우리나라의 자연 조건을 반영하고 중국의 농업 기술까지도 수용한 책으로, 정조 때 왕명으로 편찬하였다. 새로운 농업 경영에 바탕을 두고 편찬되었으며, 전제·수리·농기에 관한 문제들을 포함하는 새로운 농학의 체계화를 기도했다. 여기에는 농학에 관한 내용 이외에 의약학이나 복거卜居에 관한 내용까지도 수록하고 있다.

복거는 사람이 살만한 자리를 가려서 찾는 학문으로 풍수지리학에 중심을 두고 교통 및 지세를 보는 지리地理, 멀고 살만한 거리를 보는 생리生利, 사람의 인심人心, 산과 물이 어우러진 상태를 보는 산수山水 등을 보는 학문이다. 농업서이지만 농업에 대한 내용만을 기록하지 않고 복합적인 면을 다루는 것은 당시의 다른 일부 농서에서도 볼 수 있는 특징이다. 이러한 면이 백과사전인 임원경제지를 지은 아들 서유구에게 전수되었다고 볼 수 있다. 서유구의 저술은 할아버지 서명응에게서부터 전수되어 내려온 농업 전통과 새로운 지식을 찾아 현실에 구체적으로 이용하려는 학자적인 노력의 결실이다.

서유구 집안은 농학이 가업이었다

서유구 집안은 농업을 학문의 중심으로 끌어들인 조선 시대의 특별한 집안이었다. 할아버지로부터 출발한 농학은 대를 이어서 내려왔다. 서유구의 할아버지인 서명응이 말년에 서적을 저술하고 편찬하는 작업에 손자인 서유구는 중요한 역할을 했다. 이때부터 서유구는 이미 가학이 된 농학의 핵심 내용을 익히게 되었다. 마찬가지로 아버지인 서호수 역시 할아버지의 학문을 잇게 되었다.

농업이나 상업, 공업 역시 기본적인 토양이나 사상과 만나 길을 만들어 가는 것이 세상의 이치다. 세상이 한 사람의 힘으로 이루어지는 듯하지만 결국은 사회 전반의 공감과 이해의 기반 위에서 만들어지는 것이다. 산골에 사는 농사꾼으로부터 권력을 쥐고 있는 양반 세력과 왕에 이르기까지 하나의 연결 고리에 있음을 세상은 말해 주고 있다. 서유구도 세상과의 거리를 실감했다. 정치적인 패배인 낙향도 신념이 다른 세상과 이해의 거리였다. 농업도 마찬가지였다.

중국의 농업과 조선의 농업은 달랐다. 기후와 토양이 다르고 농사를 짓는 조선인들의 가치관이 달랐다. 당연히 농업에 접근하는 제도도 달라야 했다. 서유구는 조선의 현실과 환경에 맞는 농학을 완성해나가는 데 앞장섰다. 앞선 지식인 중국의 문물 및 제도를 받아들일 때 조선의 현실과 환경에 맞게 채용하려는 것은 할아버지 서명응에게서부터 출발하였다. 서유구 집안의 가학인 농업에 대한 일관된 태도였다.

그 당시 조선을 지배한 명분과 논리에 치중한 주자성리학의 시각에서 벗어나 실학의 가풍을 가질 수 있었다. 서유구는 이러한 가풍을 가진 농학에 눈을 떠 조선의 현실과 환경에 맞는 실용적 학문을 도입하고 이를 정착시켰다. 할아버지 서명응과 아버지 서호수의 가업인 농학을 실질적이면서도 과학적인 접근법으로 체화했다. 서유구는 일찍부터 실학의 대가로 거듭날 수 있는 자질과 능력을 가질 수 있었다.

서유구는 20대 후반의 나이에 문과에 급제한 후 출세가도를 달렸다. 이때 서유구는 정조의 어명을 좇아 농업에 관한 자신의 독자적인 견해를 내놓았는데, 수리水利 시설과 농기구의 개량, 농서의 편찬 보급, 한전론限田論으로의 토지 제도 개혁이다. 이러한 내용은 앞선 시대의 학자인 이익이나 박지원 등이 내놓은 농업 개혁론과 맥을 같이하는 것으로 획기적인 것이 아니다.

서유구의 학문적인 성취와 완성은 서유구 개인의 몰락과 깊은 관계가 있다. 앞서 말한 바와 같이 정약용처럼 정권에서 내몰린 귀양지에서 학문의 꽃을 피웠듯 서유구도 마찬가지이다. 서유구의 성공은 정치적 불행과 뒤이은 집안의 몰락과 이어진다.

정조는 서유구 집안의 정치적 후원자나 다름없었다. 정조의 갑작스런 죽음을 맞은 지 6년째 되는 1806년, 당시 서유구의 나이 44세였다. 작은 아버지 서형수가 귀양을 가게 되었다. 할아버지 서명응은 1787년에, 아버지 서호수는 1799년에 이미 사망했다.

격한 파도가 휘몰아치는 조종의 권력의 암투에서 벗어나 서유구는 스스로 홍문관 부제학을 사퇴하고 은둔 생활에 들어갔다. 서유구 개인의 인생에서 사회적인 입지로 볼 때 후퇴였지만 실질적인 학문과 성취로 볼 때는 가장 성공적인 인생이었다. 이때부터 1824년 조정에 복귀할 때까지 무려 18년 동안 서유구는 이곳저곳을 옮겨 다니면서 생계를 꾸렸다. 양반 사대부 신분에서 직접 논밭을 갈고 나무를 하면서 먹고살아야 하는 처지로의 전략을 스스로 택한 것은 해야 할 일이 있음을 구체화하기 위한 길이기도 했다. 서유구의 진술에서 더욱 구체적으로 드러난다.

사람이 살아가는데 있어서 나아가 벼슬하고 물러나 거처하는 두 가지 길이 있다. 세상에 나아가 벼슬할 때는 백성들에게 혜택을 주어야 하고, 물러나 거처할 때는 스스로 의식주에 힘쓰고 뜻을 길러야 한다. 세상을 다스리기 위해서는 정치와 교화가 필요하기 때문에 그에 관한 서책은 헤아릴 수 없이 많다. 그러나 향촌으로 물러나 거처하면서 자신의 뜻과 생업을 돌볼 수 있는 서적은 거의 없다. 우리나라에서는 겨우 『산림경제』 한 책을 찾아볼 수 있을 뿐이다. 그러나 이 책도 수집한 정보나 자료가 충분하지 못하다. 이에 나는 향촌과 시골 마을에 널리 흩어져 있는 모든 서적을 두루 모아 서책을 저술하기로 했다.

서유구의 임원경제지 '예언例言' 중의 글이다. 임원경제지는 실학자인 홍만선의 『산림경제』를 기본 축으로 삼아 저술했다. 생활 속에 실제적인 이익을 주는 『산림경제』의 경제 철학을 중심 내용으로 담겠다는 뜻이다. 탁상에서 이루어지는 이론적인 경제가 아니라 실제로 먹고 자고 입을 수 있는 것들에 도움을 주는 것들을 모았다.

임원경제지의 완성은 근대 자본주의가 싹틀 수 있는 계기를 마련하였다. 학문의 대중화가 가능하도록 한 서양의 백과사전처럼 조선의 정보와 지식이 공유되고 그 위에 새로운 학설과 창조적인 발전이 가능하도록 하는 단초가 마련되는 계기를 마련했으나 아쉽게 여기에서 그치고 만다. 더 이상의 발전적인 지식과 정보의 지평 확대는 이루어지지 못하고 만다. 폐쇄적인 사회 구조가 문제였다. 지식과 정보를 산업으로 연결시키는 작업을 당대의 지식층이었던 양반 계층이 외면한 까닭이다. 서유구의 임원경제지는 산업 사회와 상업적인 자본주의가 발전해가는 토대를 마련한 위대한 작품이었음에도 겨우 명맥을 유지할 만큼의 보급에 그친다.

임원경제지의 놀라울만한 정보는 더 이상 전파되지 않은 채 묻혔으며, 근대로 오는 징검다리 역할을 하지 못하였다. 지식과 정보가 재산이며 부국으로 가는 사다리였음을 인식하지 못한 지배 계층의 인식 부족이 결국 조선의 몰락을 가져온 것이다. 영국의 『브리태니커 백과사전』이나 프랑스의 『백과전서』처럼 발전의 원동력이 되지 못하고 최근에 와서 임원경제지는 보물 창고였음을 인정받았다.

서유구의 경제 사상에서는 근대 경제학의 낌새가 보인다. 위대한 선지자에 의한 임원경제지의 완성으로 발전의 병목 현상을 겪고 있던 조선의 활로가 보이는 듯했지만 서구와 일본처럼 근대로의 길목을 찾지 못하고 제자리를 맴돌고 말았다. 지금에 와서야 임원경제지가 얼마나 실생활에 중요한 정보였는가를 확인해 볼 수 있다.

그림에 명칭까지 상세하게 적어
한눈에 확인할 수 있도록 만든 획기적인 사전

서유구는 18년 동안 향촌에서 생활하면서 『임원경제지』의 저술에 매달렸고 아들이 죽고 나서도 손을 놓지 않았다. 1824년에 다시 서유구는 관직으로 나아가게 되는데 관직 생활 중에도 저술을 계속하였다. 『임원경제지』를 완성시키기 위한 집요한 노력이 서유구 후반 인생을 차지한다. 서유구는 죽을 때까지 『임원경제지』의 보완 작업을 계속했다. 그리고 대저작인 『임원경제지』를 대중에게 전달하고 싶었다. 역사에서 가정은 없지만 정조가 살아 있었다면 서유구의 위대한 저작인 『임원경제지』는 국가에서 간행하여 동의보감만큼이나 전파되고 팔려져 근대 문명을 만들어냈을 지도 모른다.

서유구는 『임원경제지』의 간행을 위해 무던히 애를 썼지만 끝내 뜻을 이루지 못했다. 아쉽게도 임원경제지를 비롯한 서유구가 저술한 책들은 필사본으로 아주 소수의 사람들에게 전해지다 흩어졌다. 그나마 『임원경제지』가 지금까지 전해진 것은 손자 서태순과 증손자 서상유 같은 후손들이 서유구의 뜻을 잇기 위해 필사해서 전했기 때문이다.

『임원경제지』의 원칙은 철저하게 먹고 사는 일로부터 출발한다. 농사짓기, 가축 기르기, 옷 만들기, 집짓기, 가정 경제 꾸리기, 취미와 여가 활용하기 같은 생활에 밀접한 내용부터 국가와 제도 운영에 대한 내용을 구체적으로 담았다. 둑의 높이를 계산하기 위한 수학, 농작물 심을 시기를 알기 위한 천문학 등 각 분야의 학문을 실질적이고 독립적으로 다루고 있다. 구체적이면서도 확실하게 기록하고 전달하고자 한 실학 정신이 돋보인다. 이전의 조선의 학문에서는 경험해 보지 못한 실질 학문이었다.

곡식을 심을 때 고랑과 이랑의 너비, 주변 통행로와 도랑의 너비, 면적당 곡물별 수확량, 성인 한 사람의 일 년 곡식 소비량, 거름을 마련하는 방법과 주는 방법, 곡물 재배 시기와 절차 그리고 파종 날짜를 기록하였고, 더욱 놀라운 것은 이를 확정하기 위해서 위도와 경도를 측정하여 기록하였다는 점이다.

조 낟알 하나를 심으면 이삭 하나에 낟알 3천 개가 열린다는 내용까지 자세하게 적고 있다. 그리고 구체적인 그림으로 표현된 책이며, 심오한 이론이라도 실생활에 구체적으로 써먹을 수 있도록 서술했다. 임원경제지에 실려 있는 그림들은 구체성의 정도를 알려준다. 삽과 호미뿐만 아니라 이름조차 생소한 다양한 농기구들이 세세하게 그려져 있다. 물을 이용한 물레방아 등 기계장치를 만드는 법과 실제 부품 전개도도 포함되어 있다. 그림으로 그려진 것도 대단하지만 서구의 영향으로 만들어진 기계장치에는 알파벳이 적혀 있기도 하다. 얼마나 치밀하고 정확하게 표현하고자 노력하였는가를 확인하게 해 준다. 개인의 저술이라기에는 놀라울 따름이다.

서유구는 1845년에 82세의 나이로 사망했다. 서유구는 위대한 학자이면서 스스로에게 채찍질을 가하며 완성을 이룩한 사람이었다. 채찍을 자신에게 내리치는 자는 완성된 자신을 만들지만 채찍을 남에게서 맞으면 노예가 된다. 채찍질을 남에게 하거나 남에게서 맞는 것은 수치다. 진정한 완성은 스스로에게 채찍질을 하는 데에 있다. 진정한 스승을 자신에게서 찾았던 서유구는 완성된 사람이었다.

천마도장니
天馬圖障泥

천마도는 신라의 그림 수준을 알려주는 귀중한 자료이다

천마도는 신라의 그림 수준을 알려주는 귀중한 자료이다. 그래서 더욱 천마도의 가치는 높다. 약 천오백 년을 무덤 속에서 잠자다가 막 깨어 나온 천마도는 눈부시다.

장니障泥란, 말 양쪽 배에 가리는 가리개로 흙이나 먼지를 막는 용도 외에 장식물로도 사용되었다. 장니는 우리말로 말다래라고 한다. 말을 탄 사람의 옷자락에 진흙 등이 튀어 묻지 않도록 말의 배 양쪽에 늘어뜨린 네모 난 판이다. 자작나무 껍질로 판을 만들어 중앙에 하늘을 나는 말을 그리고 그 가장자리에 당초문唐草文을 돌렸다.

지위가 높은 사람의 장식용으로 사용했다. 이 장니에 그려진 그림이 출토된 것이다. 이 무덤의 주인은 말을 타고 호방하게 달리던 높은 지위에 있는 인물이었음을 말해준다.

이 무덤의 주인공에 대해서는 제21대 소지마립간이라는 설과 지증마립간이라는 설이 있으나 확실하지 않다. 삼국사기에는 제19대 눌지, 제20대 자비, 제21대 소지, 제22대 지증 등 4대의 임금을 마립간이라 하였으나, 삼국유사에는 제17대 내물에서 제22대 지증까지 6대의 임금을 마립간이라 하였다.

삼국사기에 실린 내용에 의하면 임금을 마립간이라고 한다. 왕의 무덤인 것은 확실한 듯하다.

천마도장니는 천마총 출토품 가운데 세상을 가장 놀라게 한 유품이다. 자작나무 껍데기를 여러 겹으로 겹쳐서 누빈 위에 하늘을 나는 천마를 능숙한 솜씨로 그렸는데, 지금까지 회화 자료가 전혀 발견되지 않았던 고신라의 유일한 미술품이라는 데 큰 뜻이 있다. 이 고분의 이름을 천마총이라고 한 것도 여기에 연유한다. 지금은 이러한 것들을 볼 수 있도록 무덤 내부를 복원하여 공개하고 있다.

천마총은 1973년에 황남대총 발굴을 위한 시험 발굴을 하면서 알려지게 되었다. 원래 이름이 없이 155호분이라 불리었는데 이 무덤에서 무려 장신구류 8,766점, 무기류 1,234점, 마구류 504점, 그릇류 226점, 기타 796점으로 모두 1만 1,500여 점의 유물이 출토되었다. 이 중 일부가 국립경주박물관 별관에 보관되어 있는데, 특히 관심을 끄는 것은 금관과 천마도장니天馬圖障泥였다.

금관을 비롯한 그 많은 유물이 출토되었음에도 이 무덤의 이름은 천마총이다. 천마도가 가지는 의미와 중요성이 얼마나 큰가를 확인할 수 있는 증표이다. 신라의 그림이 우리에게 전해지는 것은 거의 없다. 삼국사기에 전설처럼 전해오는 내용이 있을 뿐이다.

솔거는 어려서부터 그림을 잘 그렸고 황룡사 벽에 그린 『노송도老松圖』에 새들이 앉으려다가 부딪쳐 떨어졌다는 일화가 있으며 그 후 오랜 세월이 지나 다른 사람이 단청을 하였더니 날아드는 새가 없었다고 한다. 그 밖에도 분황사의 『관음보살상』, 진주 단속사의 『유마거사상』 등을 그려 신이 그린 신화神畫라고 했다 하나 전하지는 않는다.

우리 역사상 화가로서 정사의 열전, 즉 삼국사기 열전에 실린 사람은 유일하게도 솔거 밖에 없다. 그만큼 솔거의 명성이 대단했던 게 사실이다. 뿐만 아니라 분황사의 『관음보살상』은 분황사의 좌전 북쪽 벽에 그려졌던 천수관음으로 생각된다. 삼국유사 권3에 나오는 내용과 일치된다. 만약 이것이 사실이라면 눈 먼 아이의 눈을 뜨게 한 기적을 이룬 그림의 작가가 되는 셈이다.

솔거는 일반 회화뿐만 아니라 불교 회화에도 뛰어난 인물로 생각된다. 황룡사에 그린 노송은 너무나 훌륭해 까마귀, 제비, 참새 등의 새들이 종종 날아들다 떨어지곤 하였다. 세월이 오래되어 중이 단청으로 보충했더니 새들이 다시 오지 않았다고 한다. 신라의 미술 수준이 상당히 높았던 것을 확인해 줄 수 있는 글이나 그림이 실제로 전하지 않아 확인할 길이 없었다.

고구려의 무용총에 보이는 수렵도를 보면 산을 넘어 달려가는 활달한 말과 그 위에 올라탄 사람의 활시위에서 보여지는 사내답고 힘찬 기상을 확인할 수 있다. 아쉽게도 이들은 우리 땅에 있지 않다. 이미 역사 속으로 사라진 땅이며 우리의 재산도 아니다. 이러한 아쉬움 속에 비밀에 묻혀 있던 신라의 그림이 얼굴을 드러냈다. 그것이 천마도이다. 천마도의 발굴로 비밀에 싸여 있던 신라의 회화가 세상에 모습을 드러내게 되었다. 참으로 의미 있고 또한 그림의 수준이 뛰어나 찬탄을 불러일으킨다.

언뜻 보면 백마가 구름 위로 날아가는 모습을 하고 있다. 구름의 역동적인 움직임이 말을 활력 넘치는 모습으로 보여준다. 말의 갈기와 목부분의 갈기가 힘차게 뻗어 강한 추진력을 가지게 했다. 말의 형상은 사실적인 그림으로 그려졌으나 색은 흰색만으로 이루어져 있어 사실성이 떨어진다. 그러나 백마를 가정해서 본다면 우리의 감각이 훨씬 상상의 공감을 일으키게 하는 장점이 있다.

천마는 말이 아니라, 상상의 동물 기린이다

1982년 11월 16일 국보 제207호로 지정되었다. 백화수피白華樹皮 2매로 되어 있다. 말다래의 크기는 가로 75센티미터, 세로 53센티미터이며, 두께 약 6밀리미터이다. 천년을 견뎌온 그림은 숨겨져 있던 신라의 숨결을 살짝 보여주는 계기를 마련해 주었다. 신라인의 직접적인 생활을 훔쳐볼 수 있는 그림은 아니지만 그들의 정신세계와 그림의 수준을 확인하는 데 아주 중요한 단서가 되었다.

천마도는 우선 쉽게 볼 때 말의 형상을 하고 있다. 구름을 상징하는 듯한 그림과 말의 갈기가 말이 달려가는 반대 방향으로 강하게 뻗쳐 있다. 하늘을 나는 말의 형상처럼 그려져 있어 천마도라 명명했을 것이다. 지금에 와서는 말이 아닌 다른 동물이라는 견해가 더 힘을 얻고 있다.

천마도는 국립 중앙 박물관에 소장되어 있다. 천마도는 백화수피를 여러 겹 겹친 뒤 그 위에 고운 자작나무 껍질을 입혀 종횡사선으로 각 14줄을 누비고 가장자리에는 가죽을 대었다. 그림의 보존 상태는 양호한 편이다. 말갈기와 꼬리털을 날카롭게 세우고 마치 하늘을 달리는 듯한 천마와 그 주위를 둘러싼 인동당초문忍冬唐草文을 흰색·붉은색·갈색·검정색으로 채색하였다.

천마도장니는 스키타이 문화와의 관련성을 보여줄 뿐만 아니라 고구려 고분 벽화 등 삼국 시대 미술사 규명에 좋은 자료이다. 비록 공예품이지만 고신라의 회화사를 엿볼 수 있는 중요한 작품이다. 신라의 그림을 거의 찾아볼 수 없는 상황에서 천마도와 기마 인물·봉황 등이 그려진 그림판의 발굴은 신라 회화 연구에 단비를 만난 것과 같다.

천마도에 보이는 표현 양식은 5세기경 통구 지방의 고구려 무용총의 천장 벽화에 그려진 날개 달린 말을 연상하게 한다. 인동당초문은 고구려 고분 벽화의 천장 문양과 같은 양식이다. 천마도는 공예품을 치장하기 위하여 그린 것으로 추정된다. 정통 화가가 아닌 공예가의 솜씨라고 가정해 본다면 당시 화가들의 솜씨보다는 다소 떨어지는 것이었으리라는 추정이 가능하다. 그렇더라도 천마의 그림은 나는 천마를 표현하기 위해 구름을 끌어들여 역동적인 모습을 만들어 낸 것이나 말갈기의 강한 뻗침은 가히 수준급이다.

천마총은 5세기 말~6세기 초의 전형적인 단곽식單槨式 돌무지덧널무덤이다. 지하에 무덤광을 파고 상자형 나무덧널을 넣은 뒤 그 주위와 위를 돌로 덮은 다음 다시 그 바깥을 봉토로 씌운 신라인의 특수 무덤이다. 천마총은 이 양식에 충실하게 만들어졌다. 지상에 높이 2미터 정도의 덧널을 짜

놓고 그 안에 널을 안치한 후, 이 덧널 위에 높이 약 4미터의 돌무지를 쌓고 그 위에 봉토를 덮은 구조로 무덤 전체의 규모는 바닥 밑지름 51.6미터, 높이 12.7미터이다.

천마는 날개가 달린 말로 상상의 동물이다. 헌데 천마총에서 출토된 천마도의 그림이 천마가 아니라 기린이라는 설이다. 지금은 기린이라는 설이 더 근거 있어 보인다. 천마와 기린은 다르다. 언뜻 보기에 천마지만 자세히 살펴보면 기린이라는 것을 확인할 수 있다. 그 근거는 여러 모로 타당해 보인다. 천마도 기린도 다 같이 상상의 동물인데 다르다. 한대에 출현한 사전류의 일종인 『이아爾雅』에서 기린에 대한 언급이 있다.

기린이 노루 같은 몸뚱이에 소꼬리를 하고 있으며 뿔이 하나이다.

『모시주소毛詩注疏』라고 하는 『시경詩經』 해석서에는 같은 면과 다른 면이 함께 실려 있다.

기린은 말 다리에 소꼬리, 황색에다 둥근 발굽, 외뿔이다.

이 두 내용을 종합해 보면 기린은 말의 다리에 소의 꼬리를 하고 있고 황색이며 발굽은 둥글다는 것으로 요약된다. 그리고 두 내용에 일치되는 것은 뿔이 하나라는 것이다. 『춘추감정부春秋感精符』라는 참위서에서도 외뿔이라는 언급이 보인다. 기록을 살펴보면 외뿔이 있다는 것은 공통적이다. 천마도를 적외선 사진 촬영한 결과를 보면 머리에 뿔 하나가 우뚝 난 것으로 밝혀졌다. 이로써 이 동물은 말이 아니라 기린임이 드러났다.

성군 그 자체 또는 성군이 다스리는
태평성세를 그릴 때에 기린으로 그렸다

　기린은 상상의 동물이기 때문에 문헌에 따라 그 실체가 다르게 묘사되고 있음을 확인할 수 있다. 예컨대 앞서 인용한 문헌 중 『모시주소』에는 그 색깔을 황색이라고 했으나, 후한 시대 반고의 『한서漢書』에는 백린白麟이라는 내용으로 바뀐다. 더구나 흰색 기린을 포획했다는 기사가 실려 있다.

　상상의 동물인 기린이 한반도에는 언제 어떤 경로로 입수되었는지는 알려져 있지 않다. 고구려 고분 벽화에는 기린을 형상화했다고 생각되는 동물이 보이고 있는 점이 주목된다.

　신라에는 고구려를 거쳐 들어왔을 것으로 추측된다. 신라에서 봉황이라든가 용을 활용한 환두대도와 같은 유물은 5세기 말에 축조되었다고 간주되는 경주 무덤에서 출토되고 있다. 봉황이나 용은 천마와 더불어 신령스럽고 상상의 동물로 한민족의 가슴에 한 자리를 차지하고 있었음을 알 수 있다. 마찬가지로 상상의 동물인 기린도 봉황이나 용 그리고 천마와 함께 한민족의 정신세계를 지배하던 동물이었음을 알 수 있다.

　고구려의 벽화에서 볼 수 있는 기린보다는 한결 뛰어난 수준의 작품이다. 신라의 그림이 전해지지 않는 상황에서 발견된 이 작품은 고귀하고 귀한 것임에 틀림없다. 기린이 지닌 신비성이라는 측면에서 한 고조 유방의 손자인 회남왕淮南王 유안이 식객들을 동원해 완성한 회남자라는 문헌을 주목할 수 있다. 기린의 신령스러움에 대해 적고 있다.

　기린은 반드시 땅을 가려서 노닐고, 살아 있는 곤충을 밟아 죽이지도 않는다. 살아 있는 풀을 해치지도 않으며, 무리지어 살지 않고, 덫에도 걸리지 않는다.

기린은 작고 하찮아 보이는 미물조차도 해치지 않는 신령스런 동물로 여겨졌다. 기린은 흔히 성군 그 자체, 혹은 그런 성군이 다스리는 태평성세를 가르치기도 하고 그러한 염원을 담아 지고한 존재인 왕과 연결시켰다. 임금이 훌륭한 정치를 펼쳐 평안하고 나라의 안녕이 이루어지면 봉황이 내려오고 기린이 나타난다고 생각한 것이다.

잃어버린 고구려 영토의 그림을 신라의 천마총에서 찾는다

신라의 회화 수준을 보려면 먼저 고구려를 염두에 두지 않을 수 없다. 고구려는 중국의 문화와 신기술을 가장 먼저 접하고 받아들여 고구려화했다. 고구려는 크고 활달하며 기개가 있음을 여러 면에서 확인할 수 있다. 우선 고구려의 활달함은 고분 속의 벽화 사신도에서 확인할 수 있다. 현실, 즉 널방의 4방 벽면에 청룡, 백호, 주작, 현무를 주제로 한 그림이다. 이 사신도는 방위신을 표현한 것이다. 동적이고 힘에 넘치는 고구려 회화의 절정이라고 할 수 있다. 주작이나 현무도를 보면 머리에서부터 꼬리까지 한 획에 그려진 듯한, 그래서 그 힘이 머리부터 꼬리까지 하나의 에너지원이라는 것을 느끼게 하는 매우 강한 역동성을 표현해 주고 있다.

이러한 특징이 두드러지게 나타나는 것은 중기인 6세기경부터라고 여겨진다. 6세기경에 축조된 것으로 추측되는 무용총의 수렵도를 보면 새로운 감흥에 젖어든다.

활을 겨누며 말을 달리는 기마 인물들이나 사력을 다해 달아나는 산짐승들이 모두 힘찬 운동감에 휘말린 상태로 표현되어 있다. 산과 물은 축약된 모습으로 그려져 있으며 간결하게 표현되어 현대 회화를 보는 듯하다. 굵고 짧은 선만으로 중첩된 산을 그려낸 솜씨는 일품이다. 상징적인 산들이 그림 전체의 흐름에 맞추어져 기마인의 활시위와 함께 강한 힘을 발휘하고 있다. 역동이란 말을 이곳에 쓰면 아주 적절한 말이로구나 생각된다.

고구려 수렵도는 표현하고자 하는 중점 대상 자체가 힘찬 동적 세계로 표현되어야 하지만, 그 힘과 율동적인 효과가 보여주는 정도에서 다른 어느 나라의 것보다도 강렬하고 힘차다. 이것은 무용총의 수렵도가 고구려인들의 기질을 아주 잘 표현해 주고 있다고 할 수 있다. 호랑이를 쫓는 무사의 모습을 담고 있는데 쏜살같이 달리는 말 위에서 이를 포획하려는 무사의 기백과 긴장된 움직임이 화면에 가득하다.

이러한 기백과 역동성을 가진 우리의 유품은 지금 중국땅에 있다. 우리의 유물이라고 주장하기에는 여러 가지 제약이 따른다. 그러던 차에 천마총에서 찾아낸 백마도는 새로운 기쁨을 안겨준다. 같은 수준의 백마도를 만났기 때문이다. 그리고 신라의 그림이 전해지지 않는 현실에 비추어 아주 귀한 유물이다. 한국인에게는 고구려의 수렵도에서 보이는 살아 움직이는 듯한 역동성과 신라의 천마도에서 보이는 상상력의 확대가 핏속에 흐른다. 한국, 한국인, 한민족은 다시 위대하다.

윤두서 자화상
尹斗緖 自畫像

당당함이 없으면 그리지 못할
이글거리는 눈빛의 자화상

사람이란 이름 앞에 당당하고, 내가 사람이란 이름을 가지고 살아가는 것에 대한 당당함이 있어야 그릴 수 있는 그림을 그린 사람이 있다. 윤두서이다. 자신의 얼굴을 전면에 가득 채운 당대로서는 도발적인 자화상이다. 자신의 얼굴을 그리는 것은 이처럼 당당하다 못해 도도해 보이기까지 하다. 살아있을 때 산 것처럼 살고자 한 사람의 얼굴과 눈빛이다.

당당함은 정면 응시, 사자갈기 같은 수염의 상승에서 단연 돋보인다. 정면 응시에서 보이는 강인함은 어느 자화상보다도 뚜렷하다. 입체가 평면화되는 약점을 가진 것이 그림이다. 입체화된 것을 표현하는 방법이 음영陰影과 색의 밝기 외에 없다. 천재성이 없으면 자화상에 인간의 감정이나 가치관을 그려 넣을 수 없다. 지금까지 보아온 서양의 많은 그림과 동양의 그림에서 윤두서의 자화상처럼 인간의 의지를 극적인 단계로 끌어올린 그림은 없었다. 기법도 기발하고 도발적이다.

세상에 대해 주먹을 휘두르고 싶은 깡패의 마음으로 그린 선비의 얼굴이다. 하지만 활화산처럼 타오르는 감정을 휴화산 같은 이성으로 다스려서 그린 그림이다. 윤두서 자화상은 두 가지 면에서 특별하다. 첫째로 의도적으로 현실을 왜곡해서 그려 인간 의지를 발현시켰다. 둘째는 작품의 한 부분이 지워져서 도리어 완성된 작품이다.

세상은 예정대로 돌아가지 않는다. 그 맛에 세상사는 맛도 난다. 정해진 대로 살아야 한다면 맥 빠진다. 긴장과 도전이 필요 없게 된다. 윤두서의 자화상에도 마찬가지로 광기와 우연이 겹쳐져 기가 막힌 불후의 명작이 탄생했다.

윤두서 자화상의 독특함은 화면 가득 정면 응시와 목이 없는 얼굴에서 찾아야 한다. 옷을 그려 넣는 순간 김빠진 풍선 같아진다. 윤두서 자화상에서 독보적인 위치를 점하고 있는 긴장과 도발적인 화면의 창조는 목이 없는 얼굴에 수염갈기의 왜곡된 상승에서 찾아야 한다.

당시 조선의 인물상은 있는 그대로의 모습을 그리는 것이 일반적이었다. 근대화 이전의 한국의 초상화 중 현재 전하는 것은 조선 시대의 작품이 대부분이다. 지금 한민족과 관련된 초상화로는 고구려 고분 벽화의 묘 주인 초상에서 기원을 찾을 수 있다.

삼국 시대의 그림에서 발견되는 것들은 왕이나 신분이 높은 사람은 크게 그리고 신분이 낮은 사람의 그림은 작고 자세하게 그리지 않았다. 과장과 축소의 이중적인 모습을 보이고 있다. 사실의 왜곡으로 신분 사회의 인물을 그렸다.

지금 남아 있는 고구려 고분 벽화 가운데 가장 규모가 크고 화려한 황해도 안악 3호분을 보면 알 수 있다. 높이가 6미터에 달하고 길이가 무려 33미터에 이르는 그림이다. 고구려 고분 벽화 가운데 가장 큰 무덤이며 인물화이다. 그림의 중심에 인물화 외에 다른 인물들이 그려져 있다. 아궁이를 갖춘 전통적인 고구려식 부엌에서 시루를 얹고 음식을 만드는 여인의 모습, 부엌 옆에는 고기를 저장하는 창고가 있고 외양간, 우물 등 집 구조가 그대로 묘사되어 있다. 일상생활을 상세하게 묘사한 풍부한 그림이다.

가장 조선적이면서 세계적인 그림

우리나라의 자화상은 삼국 시대 이래 계속 그려져 온 것으로 보인다. 허목의 『미수기언』이나 김시습의 『매월당집』에도 자화상에 대한 언급이 있는 것을 보면 고려 시대에도 있었던 것으로 추정된다. 지금 남아 있는 자화상 가운데 윤두서의 자화상은 표현 형식이나 기법에서 특이한 양식을 보인다. 그리고 우선 보는 사람을 압도하게 하는 능력을 가진 작품이다.

조선 시대의 초상화는 정확한 표현을 기본으로 한다. 표현하지 않아야 할 것 같은 것들도 빼놓지 않고 그리고 있어 오히려 특별하다. 얼굴에 난 검버섯이나 천연두 자국까지도 그대로 그렸다. 수염과 눈꺼풀, 눈의 흰자위에 나타난 핏기까지 그려낸 섬세함은 상상을 초월한다. 다른 나라의 경우에서는 보기 힘든 특질이다. 초상화는 있는 그대로를 그려야 한다는 강박관념이 보인다. 수염 한 올이라도 빼놓고 그리면 그 사람이 아니라는 의식에 사로잡혔다.

한국 초상화의 특별함은 재현의 극단에까지, 극도의 미세함까지 그리려는 데에 있다. 왜곡이나 변형을 통한 실제 인물 이상의 회화적 효과를 나타내려 하지 않았다. 인물의 특징을 강조하지도 않았다. 의도적 과장도 하지 않았고 흠도 제거하지 않았다. 오직 실제 인물과 같은 모습의 재현에 관심이 있었다.

또한 한국 초상화에서의 시선은 얼굴과 동일한 각도로 처리되었다. 눈의 모습도 실제 모습 그대로를 옮긴 듯 그렸다. 실제 인물을 정면으로 마주하고 있는 듯하다. 초상화는 예술적인 그림으로서의 표현이 아니라 실제의 재현이라는 목적이 뚜렷한 표현 양식이었다.

초상화의 인물이 가진 개성부터 인격적인 모습까지 담아내고 있다. 하나의 그림에 한 사람의 모든 것을 표현하고자 한 사실적인 표현이 지나치다 싶을 정도이다. 초상화의 인물이 가진 시대적 상황이나 초상화를 그릴 당시의 내면 심리까지 그리려 한 흔적이 보인다. 있는 그대로를 그리지 않는다는 것은 초상화가 아니라는 생각을 가진 사람처럼 사실성에 몰입되어 있다. 묘하게도 사실성에 대한 편벽성은 그림을 압도한다. 조선 시대 초상화의 극사실성에 기초한 면은 윤두서의 초상화에서도 보인다. 윤두서의 벗 이하곤의 『두타초頭陀草』에 실린 윤두서 자화상의 찬문을 보면 윤두서의 인품을 볼 수 있다.

6척도 되지 않은 사람이지만 사해四海를 넘는 뜻을 가지고 있다. 수염이 길고 얼굴은 기름지고 붉어 보는 사람은 사냥꾼이나 검객이 아닌가 의심한다. 자신을 낮추고 겸양하는 성품은 돈독한 군자에게 결코 부끄럽지 않다.

윤두서의 초상화는 남이 그린 그림이 아니라 자화상이다. 자화상은 자신의 모습 중에서도 얼굴을 그린 그림이다. 자신이 자신의 얼굴을 그리는 심성의 근원은 우선 '나를 바라보는 나의 시선'에서 출발한다. 존재 중에서도 실존으로서의 존재의 바라봄이다. 내 안에 있는 내가 내 밖의 나를 그리는 작업은 중심을 잃지 않을 때에 가능하다. 세상과의 소통과 불통의 이중적인 관계에 있는 나를 바라보는 성찰은 의미 있고 정체성의 발로이기도 하다. 나의 정체는 도대체 무엇인가라고 묻는 순간 자화상은 탄생한다.

　세상을 바라보는 유일한 창문인 제 눈을 송곳으로 찌른 최북이나 제 귀를 자른 고흐 같은 극단적인 자의식의 자해 행위만큼 자신으로의 몰입이 자화상으로 다시 태어난다. 가장 자화상을 많이 그린 사람으로는 아마 렘브란트가 아닐까 싶다. 자화상은 자의식의 출발이자 화가로서의 표현의 종점일지도 모른다.

　윤두서의 자화상은 근대 이전의 한국 회화 역사에서 독보적인 자리를 차지한다. 한국 화단의 거장은 두 인물이다. 한국인의 마음 안에 자리한 산하山河와 기질을 가장 한국적인 선線과 정情으로 잘 표현한 김홍도와 한국 회화의 정점을 파격으로 찍은 윤두서의 자화상이라고 본다. 윤두서의 자화상은 현대적인 감각과 개성을 300년 전에 이미 담고 있다.

　이러한 기발한 그림이 탄생하게 된 이유는 앞서 말한 대로 일부가 훼손, 정확히 말하면 밑그림이 지워져 도발적이면서도 발랄한 창조성을 지니게 되었기 때문이다. 목이 없어지고 옷을 입은 것이 지워짐으로 극적인 회화로서의 절대 미감을 만들어내고 있다. 미로의 비너스가 팔이 잘려나가 도리어 완성되었듯이 윤두서의 자화상이 일부가 지워져 오히려 완성도가 높아졌다.

세상을 만들어가는 것이 이성과 제도의 틀에 의해서 움직이는 것 같아도 상당 부분은 우연과 광기에서 비롯되었다는 것에 동감한다. 개인의 인생사도 마찬가지이다. 우연이 만들어낸 것이 인생을 바꾸는 경우가 많다. 인생은 결코 정해진 길로만 가지 않으며 원하는 길로 가지지도 않는다. 변수에 의해 인생은 곡절을 겪는다. 그래서 인생은 변화의 한가운데를 지나는 외줄타기이다.

벼슬을 버리고 은둔한 선비

윤두서는 선비였다. 윤두서를 역사에 남게 한 것은 누가 뭐라고 해도 자화상이다. 윤두서가 직접 그린 자신의 자화상으로 크기는 가로 20.5cm, 세로 38.5cm이다. 이 작은 그림 하나가 조선 회화의 단계를 몇 단계 끌어올렸다. 근대 이전의 회화를 세계 속에 자랑스럽게 내놓을 수 있는 작품 중에 하나이다.

윤두서는 1668년 태어나 1715년에 사망했다. 윤두서는 역사 속에서 한 축을 살다간 고산 윤선도의 증손자이며 한국 실학의 거두인 정약용의 외증조부이다. 윤선도와 정약용, 두 사람 모두 세상과 한바탕 싸운 인물이다. 조선 문학을 이야기하면 빼놓을 수 없는 인물이 윤선도이다. 하지만 문학 이외의 개인사를 들여다보면 굴곡의 사내이다. 전란과 당쟁이 소용돌이치는 격랑을 인생 전반에 들이고 산 인물이다. 의롭고자 했지만 유배 생활을 세 번이나 겪어야 하는 정쟁의 중심에서 자유롭지 못했고, 병자호란으로 왕이 항복하는 굴욕의 세상으로부터 은둔을 원해 보길도에 들어갔다. 하지만 나라의 치욕을 피해 들어간 보길도에서 풍광을 즐기며 마차에 기생과 술과 악기를 싣고 다니며 세연정을 짓고 풍류를 즐긴 인물이기도 하다.

가장 고고한 존재이기를 바랐지만 가장 세속적이기도 했던 인물이다. 조선의 최대 전란이자 일본의 침략인 임진왜란과 금나라가 쳐들어온 정묘호란이 윤선도의 생애 중에 있다. 한국 실학의 거두인 정약용의 일생도 파란의 연속이었다. 정약용도 18년의 강진 유배 생활을 했고 무려 500여 권이라는 상상하기 힘든 양의 저서를 남긴 인물이다.

그런 두 사람, 윤선도와 정약용의 한가운데 윤두서가 있다. 시대의 불운을 몸으로 받아서 생애를 살다간 시대의 논객이었다. 윤두서는 두 사람의 한중간에서 은둔했다. 앞선 윤선도와 뒤따른 정약용 사이의 시대를 산 윤두서는 세상으로부터 한 발 물러서서 생애를 다했다.

윤두서의 자화상을 살펴본다. 우선 윤두서의 눈빛에서는 번뜩이는 갈망이 보인다. 정면 응시, 독보적이면서도 일방적인 정면에 담긴 윤두서의 정체성은 예리하고 시대를 대변하고 있다. 하지만 그림에서는 말이 없다. 사대부란 이름에서는 사유와 성찰 그리고 세상으로 나아가 세상을 위해 헌신하고 세상을 변혁하려는 의지가 담겨 있다.

사대부는 집안에 있어야 하는 존재가 아니다. 출사出仕가 목표였다. 출사는 사내대장부로 태어나 세상에 나아가 세상을 향해 소리치고 세상을 바꾸어야 하는 것이었다. 그리고 출사는 사대부 선비의 목표였다.

하지만 세상은 혼란스러웠다. 세상이 혼란스럽지 않은 적이 없었고 앞으로도 없겠지만 선대의 혈족들이 참변을 당했고 어떠한 말도 통하지 않는 때에 있었다. '선비는 어진 사람이든 그렇지 않은 사람이든 조정에 들면 의

심 받는다'고 한 사마천의 경고가 있어서가 아니라 뜻을 펼치기에는 시대가 부르지 않았다. 하지만 윤두서의 시선에는 날카로운 비판 정신과 통렬한 발언이 들어 있다. 무서울 만큼 쏘아보는 시선에는 조선을 향한 용광로 같은 뜨거움이 있다.

다음은 수염갈기이다. 인간의 수염으로는 볼 수 없을 만큼 상승하고 있다. 가늘고 긴 수염에서 강직함과 고집이 보인다. 수염갈기는 세상을 향해 물구나무라도 서 있는 것처럼 보이기도 하고, 사자의 갈기 같기도 하다. 어디에서도 이러한 수염을 본 적이 없다. 세상에 대해 날카롭게 대립하고 있는 것 같다.

하지만 입은 굳게 다물어져 있다. 이러한 수염을 그리기 위해서는 현재에 전하는 붓으로는 어림없고 쥐 수염을 뽑아서 만든 붓으로만 가능하다고 한다. 이것은 KBS에서 방영한 『역사스페셜』에서 밝혀냈다.

마지막으로 윤두서의 자화상이 더욱 독보적이고 신비스럽게 한 것이 있다. 다른 요소보다도 이 부분이 윤두서의 초상화가 가장 윤두서답고 세계적인 독특함으로 보인다. 목이 없는 모습이다. 목이 그려지지 않아 참수형을 당한 것 같은 모습이기도 하고, 절망 그 안쪽의 발언 같다.

절묘하다는 말은 윤두서의 자화상에서 만날 수 있다. 독창성이 빛난다. 강렬함이 돋보인다. 눈빛과 수염 갈기가 주는 선뜻한 독창성에 놀랍지만 가장 강렬한 인상을 주는 것은 목이 없다는 점이다. 이 세 가지가 만나서 그림은 완성된다. 어디에 내놓아도 뒤지지 않을 자화상이다. 세계적인 독창성과 창조성 그리고 정신을 그려 넣은 그림이 바로 윤두서의 자화상이다.

일부가 훼손되어 도리어 완성된 윤두서의 자화상

윤두서의 자화상에서 목이 없는 것은 세월에 의해 지워진 결과였다. KBS에서 방영한 『역사 스페셜』에서 이 부분에 대해 밝혀냈다.

뛰어난 화가도 밑그림 없이 바로 원그림을 그리는 경우는 드물다. 밑그림은 일단은 바탕이 되는 한지나 명주 바탕에 유탄으로 그린다. 밑그림이 그려진 후에 초본이 되기까지 기본적인 윤곽을 잡게 된다. 유탄으로 그린 초본을 바탕으로 정밀하게 밑그림을 그리는데 밑그림을 초본草本이라고 한다. 초본을 바닥에 놓고 다시 원그림의 형태를 본뜬다.

밑그림은 원그림의 바탕이다. 원그림과 흡사하지만 채색이 되지 않은 상태이다. 밑그림을 아래에 배접하고 윗 그림을 그린다. 때로는 밑그림에 색을 넣기도 한다. 초상화의 대부분은 밑그림과 윗 그림의 합본이다. 윤두서의 초상화는 세월이 흐르면서 밑에 그린 그림이 지워졌다. 자세히 관찰해 본 결과 밑그림이 그려져 있는 것을 발견했다. 목 부분과 옷을 입은 모습으로 그려졌음이 밝혀졌다. 사라진 귀도 그려져 있었다. 조선 선비의 옷을 입은 모습이 확인되었다. 윤두서의 자화상에서 원래의 모습을 복원한 그림을 보면 무언가 강렬함이 빠져 있다.

결론은 사라진 밑그림으로 인해서 오히려 독창성과 창조성이 빛나게 되었음을 확인한다. 부분이 훼손되어 완성되는 기막힌 일이 벌어졌다. 앞서 말했지만 세상은 우연으로 이루어지는 일이 종종 있다. 윤두서의 자화상에서도 우연이 작품을 더욱 빛나게 하는 일이 일어났다. 살다보면 세상은 정석대로 이루어지는 것이 아닌 것을 알게 된다. 길이 있지만 길을 벗어난 곳에서 운명적인 일이 일어나는 것을 알게 된다.

윤두서의 자화상이 바로 그랬다. 하지만 윤두서의 자화상은 빛나는 작품으로, 시대를 벗어난 모습에서 특별함이 있다. 당대의 그림에서는 보기 어려운 전면을 가득 채운 얼굴과 머리 윗부분을 과감하게 생략한 것도 이색적이다. 선비가 갓을 쓰지 않은 것은 옷을 다 입지 않은 것과 같다. 탕건을 쓰고 있다. 탕건은 갓을 쓰기 위한 준비 단계이다. 탕건을 쓰고 마지막으로 갓을 써야 선비다. 갓은 선비의 상징물이며 정장의 완성이다. 갓을 쓰지 않았다는 것은 자신의 위치를 선명하게 보여주기 위한 장치였을 것이다. 세상으로 나아가지 않고 은둔한 자신은 선비가 아니라는 것을 보여주기 위한 것이었을지도 모른다.

세상에서 벗어나 있으나 세상을 응시하는 선비. 세상에 존재하고 있으나 선비의 역할이 거세된 존재로서의 자신의 실존감이 가슴 안에서 서걱거리고 있다. 윤두서는 겸재 정선과 현재 심사정과 함께 조선 후기의 삼재三齋로 불린다. 25세에 진사시에 합격했으나 남인 계열이었고 당쟁의 심화로 벼슬을 포기한다. 학문과 시·서·화로 생애를 보냈다. 윤두서는 다양한 능력을 가진 사람이었다. 그림뿐만이 아니라 경제·병법·천문·지리·산학·의학·음악 등에도 능했다. 새롭게 대두되던 실학에도 관심을 기울였다. 그림에도 산수·인물·영모·초충草蟲·풍속 같은 다양한 소재를 다루었다.

윤두서의 호는 공재恭齋이다. 공恭이란 '군자를 흠모한다'는 뜻이고 공재恭齋는 '군자의 길을 닦는 공부방'이라는 뜻이다. 군자의 길, 선비의 길을 가고자 한 사람이다. 그런 윤두서는 세상으로 나가지 못하고 주저앉았다. 출사에 대한 한이 없었을 리 없다. 군자와 선비는 출사를 제거하면 존재 가치가 사라지고 만다. 그러한 정신적인 면이 자화상에 드러나 있다고 할 수 있다.

다시 말하지만 윤두서의 특별함은 자화상에 있다. 초상화는 권력자의 산물이었고 그중에서도 드물게 자화상이 있다. 자화상은 말 그대로 자신의 얼굴을 자신이 그린 그림으로 권력과는 무관하다. 자신이 자신의 얼굴을 그리는 심정은 자못 의미심장할 수도 있고 장난스러울 수도 있다. 분명한 것은 자화상을 그리는 순간, 자화상을 그리는 사람의 마음이 그대로 담겨 있게 된다. 남을 위해 그리는 그림과 달리 표현이 자유롭고 자신의 의도대로 그릴 수 있다. 당연하게 자신의 정신을 자화상에 담을 수 있다. 그 표현이 그대로 살아있는 것이 바로 윤두서의 자화상이다.

의도된 왜곡으로 정신을 표현한 자화상

지금 전하는 그림들은 대부분이 초상화이다. 초상화는 왕의 위엄과 영원하기를 바라는 의미로 그려진 어진과 지금의 영정 사진처럼 선조의 사진을 걸어놓고 제사지내기 위한 사대부상, 공을 세운 신하를 위아여 왕이 하사한 공신상, 여인상과 스님상 그리고 돈을 받고 화가가 그린 일반인들의 초상화 등이 있다.

이러한 작품들은 전신상이나 반신상이다. 전면을 보고 있으나 관복이나 사대부의 옷을 입고 있으며 일상적인 틀을 벗어나지 않고 있다. 자화상으로서 강한 인상을 주는 것이 강세황의 자화상이다. 꼬장꼬장한 선비의 모습으로 검버섯까지 세밀하게 그려 있다. 날카로운 눈매와 선비의 차가운

기상이 보인다.

조선조의 초상화에서는 형상을 묘사하는 것이 곧 정신을 묘사하는 것이다. 이를 전신사조傳神寫照라 한다. 정신을 그리기 위하여 있는 그대로 그린다는 뜻이다. 중국의 화가였던 고개지가 했던 말이다. 고개지의 정신이 그대로 조선에도 전해졌다. 초상화는 사람과 다르게 그리는 것을 지극히 조심스러워했다.

一毫不似 便是他人 일호불사 변시타인
터럭 한 올도 닮지 않으면 다른 사람으로 보인다.

윤두서에 얽힌 일화를 보아도 사실성에 관심이 많았음을 알 수 있다. 윤두서는 심득겸과 친했다. 심득겸이 죽으니 윤두서가 심득겸의 모습을 생각하여 초상을 그렸는데 터럭 하나 틀리지 않았다. 그림을 심득겸의 집에 보내어 벽에 걸었다. 집안사람 모두가 놀라서 울었는데, 마치 죽은 이가 되살아온 것 같았다. 하지만 윤두서 자신의 작품은 분명히 왜곡되어 있다. 의도적으로 왜곡한 것은 자신의 세계를 보여주기 위한 방법이었다.

수염의 왜곡이 절정이다. 윤두서의 자화상만으로는 호상虎相이다. 대담한 구도와 인물의 표정에 대한 예리한 묘사는 조선 후기 다른 초상화와 비교해 볼 때 단연 압권이다. 돋보이는 수준을 자랑하고 있지만 화면 가득 얼굴만 묘사한 것은 당시의 인물화풍과 미의식과는 거리가 있다. 이러한 파격을 들인 자화상만큼 윤두서의 성품도 파격이었는지 자못 궁금하다.

언뜻 보기에 화가나 문인으로 보이지 않는다. 외모가 사내다웠다면 윤두서의 성품은 어떠했을까. 윤두서는 이름도 없는 하인들에게 이름을 지어주는 자상한 선비였고 직접 이름을 불러주었다. 정작 자신은 세상과 대적하고 있었음이 자화상에서 보인다.

    멈추어 서서 날카로운 눈으로 세상을 바라본 인물이다. 시대를 앞선 도전이 있었기에 강렬한 눈빛이 살아 있고 수염에게도 생명을 주어 상승하는 힘을 불어 넣었다. 화면 가득 넘치는 활력은 윤두서만의 세계를 잘 표현하고 있다. 조선의 그늘에서 태양이 이글거리는 세상을 꿰뚫어 본 조선의 당찬 선비였다. 윤두서의 자화상은 산 자의 그림이다.

수운잡방 需雲雜方 과 음식디미방 飮食知味方

조선 시대 민가의 요리서

안동은 정신 문화의 고장이라는 자긍심을 가진 곳이다. 선비의 고장이며 또한 음식의 고장이기도 하다. '음식' 하면 전라도 음식을 이야기하지만 안동만은 예외이다.

안동이 가진 음식을 보면 새삼 놀라게 된다. 들어보면 생각보다 널리 알려진 음식이다. 식혜에 고춧가루를 넣는 독특한 안동식혜, 제사를 지내고 먹거나 이웃을 의식해 제사를 지낸 것처럼 해서 만들어 먹었다는 헛제사밥, 한국인의 밥상을 점령하고 있는 안동의 자반고등어, 다 같이 둘러앉아 푸짐하게 먹을 수 있는 안동찜닭, 안동한우불고기와 건진국수, 북어찜, 보푸름이 있다. 보푸름은 황태를 물에 적셔 하루 정도 두었다가 방망이로 두들겨 누글누글하고 부들부들해지면 반으로 딱 벌려서 깨끗한 보를 펴놓고 솔로 살살 긁은 것을 참기름에 무친 것이다.

안동의 음식 중에서도 안동식혜, 자반고등어, 보푸름은 발효 식품이다. 한국 음식에는 발효 식품 및 기능성 식품이 많다. 또한 자연 친화적인 식품이라는 데에 강점이 있다. 한식의 대표 주자인 배추김치는 만들어진 지 100여 년밖에 되지 않은 새로운 음식이다. 불고기나 삼겹살은 1960년대 이후에 생겨 역사가 더 짧다. 음식은 진화하면서 발전한다. 발효 식품 중에서는 된장이나 김치와 같은 발효 음식이 특히 발전했다. 발효 음식은 영양이나 건강 면에서 뛰어난 효능을 갖고 있다. 한식은 또한 육식보다 채식이 발전한 음식이다. 현대인에게는 황금비율이라고 하는 육식과 채식의 비율이 7 : 3 정도로 적당하다. 한식은 음식을 섞어서 비비고 삶고 하는 것이 유달리 많다. 비빔밥이 그렇고 서민적인 음식으로는 국물을 주재료로 하는 설렁탕이나 매운탕이 있다.

한식은 유달리 주식의 위치가 강한 음식이다. 한식은 밥과 밥을 먹기 위한 반찬으로 나누어진다. 밥은 왕이고, 국은 왕비이며, 반찬은 신하라고 할 수 있다. 별식으로는 떡이 있다. 한식의 4대 요소이다. 밥은 맨밥으로 먹고, 국은 국물의 대명사격이다. 반찬에는 유난히 고추를 사용해 매운맛을 즐기는 것도 한식의 특징이다. 고추는 임진왜란 이후에 일본에서 수입되었다. 하지만 임진왜란 이후에 나온 『수운잡방』과 『음식디미방』에는 고춧가루가 들어간 김치에 대한 내용이 없다. 전국적으로 재배되어 보급된 것은 더 늦은 것으로 보인다.

병은 생활 습관과 먹는 것에서 온다는 말이 있다. 한국 음식 문화의 줄기는 음식에서 병이 시작되고 음식을 바꾸어 먹으면 병도 나을 수 있다는 의식을 바탕으로 한다. 평상시 식사를 통해 보양과 양생을 하려고 한 흔적을 발견할 수 있다. 음식에 한약 재료인 인삼·구기자·생강·대추·오미자·당귀 등을 넣는 것을 통해 알 수 있다. 음식 이름에도 약밥·약주·약과·약수 등과 같이 약藥이라는 글자를 많이 사용했다. 한식에는 여러 가지 특징이 있다. 음식을 이해하고 한 나라의 음식을 먹을 수 있다면 문화에 체화되었다고 볼 수 있다.

수운잡방과 음식디미방의 의미

한국은 중세 이전의 음식을 알 수 있는 기록이 드물다. 다행히 경상북도 지방의 음식을 알 수 있는 음식 조리서가 발견되었다. 『수운잡방需雲雜方』과 『음식디미방飮食知味方』이다.

음식 문화는 문화 중에서도 가장 종합적인 문화이다. 살아가고 있는 사람들의 시간과 공간의 총체가 음식 문화이다. 그리고 음식 문화는 깊고 은근하게 전파되어 소속된 사람들에게만 공감되는 특성이 있다.

우리의 된장, 간장, 고추장 같은 것들은 한국이 가진 상황, 즉 날씨, 토양, 기질 같은 것들이 총체적으로 만나서 이루어진 음식이다. 그만큼 음식 문화는 종합적이면서도 토속적일 수밖에 없다.

『수운잡방』은 1540년, 『음식디미방』은 1670~80년 사이에 지어진 것으로 추정된다. 경상북도 지방에서도 안동과 영양의 음식을 알 수 있을 뿐 만 아니라, 나아가 조선의 음식을 이해하는 데 중요한 자료이다.

안동 음식은 자극적이지 않고 심심한 것이 특징이다. 음식에 고춧가루나 젓갈을 넣지 않아 부드러운 맛이 난다. 안동은 선비의 고장답게 음식에 관한 책도 전한다. 안동이 자랑하는 조리책은 두 가지이다. 하나는 『수운잡방』이고 하나는 『음식디미방』이다. 안동의 대표적인 조리책으로 경상북도에서 두 책을 한국의 세계기록유산으로 등재를 준비하고 있다.

『수운잡방』은 선비인 김유가 지은 책이고, 『음식디미방』은 종갓집 며느리인 정부인 안동장씨가 지은 책이다. 같은 안동 사람이지만 하나는 선비의 책이고, 하나는 사대부집 며느리가 지은 책으로 각자 중요한 자리를 차지하고 있다.

　우리나라의 서적 중에서 음식 조리서는 드물다. 주방 문화를 중요시하지 않았던 유교적인 탓도 있지만 당시의 음식에 대하여 가치를 인식하지 못한 탓도 있다.

　우리나라 음식에서 중요한 자리를 차지하는 것은 제삿상과 잔칫상이다. 그래서 술에 대한 자료가 유난히 많고 자세하다. 하지만 구색을 갖춰 요리를 할 수 있는 집은 드물었다. 가지 수를 여럿 만드는 것도 서민층에서는 엄두도 내기 어려웠다. 음식을 할 수 있는 계층은 왕가나 사대부 집으로 상류층에 해당되었다. 안동에 음식 문화가 발달한 것도 선비의 고장인 것과 무관하지 않다. 자연스럽게 종갓집의 음식이 경상북도 음식 문화의 중요한 자리를 차지하였다.

　『수운잡방』은 현재까지 우리나라에 전하는 조리서로는 가장 앞선 책이고, 『음식디미방』은 한글로 서술한 최초의 조리서이다. 『수운잡방』은 안동의 광산김씨 집안에서, 『음식디미방』은 영양의 재령이씨 집안에서 각각 대대로 전해져 온 집안 내력 음식인 셈이다.

　우리의 생활에서 의식주가 차지하는 것이 막중하지만 식食은 생존과 직접적인 관계가 있다. 밥의 해결이 역대 왕조의 가장 중요한 일 중에 하나였다. 우리나라의 경우는 사계절이 뚜렷해 음식 문화가 발달하기에 좋은 조건을 가지고 있다. 계절마다 나는 채소가 다르고 과일이 다르다. 덥고 습기가 높아 상하기 쉬우나 채소와 먹을 것이 풍부한 여름에 먹는 음식과 일체의 식물이 살아남을 수 없는 동절기를 견디기 위하여 숙성시키거나 보관법이 발달했다.

음식의 재료는 자연스럽게 달라지고 조리법도 달라졌다. 세계에서 숙성시켜 먹는 나라는 많지만 우리나라처럼 숙성 음식이 발달한 나라는 드물다. 종류뿐 아니라 방법에 있어서도 다양하다.

우리나라의 발효 식품 중에서 가장 대표적인 것은 김치이다. 김치에 들어가는 재료 중에서 고추는 중요한 감미 재료인데 『수운잡방』과 『음식디미방』에는 고추의 사용이 보이지 않는다. 당대까지 고추가 김치에는 들어가지 않았다는 것을 보여주는 실례이다.

한국 음식의 특징

한국 음식은 단순한 듯하지만 복잡하고 미묘한 차이에 따라 음식의 맛과 조리법이 달라진다. 다른 나라의 경우 물이나 불에 익히고 기름에 볶거나 튀기는 것이 일반적이지만 우리나라의 경우는 음식 조리 방법에 있어서 다양하다. 완전히 익히는 것을 삶는다고 하고 살짝 익히는 것을 데친다고 한다. 찻잎도 손으로 열을 가한 솥에 열이 전달되도록 하면서 으깨는 것을 덖는다고 한다. 묵을 쑬 때나 엿을 만들기 위해 달이는 것을 곤다고 한다. 오랫동안 물과 함께 불을 지펴 열을 가하는 것을 말한다.

이외에도 떡은 찐다고 한다. 불의 강약과 열기를 가하는 시간을 잘 조절해야 제대로 된 한식을 만들 수 있다. 단순하지만 강약과 장단을 맞춰야 하는 고단수의 음식이 한식이다.

한식은 결코 단순하지만 않기 때문에 미묘한 차이를 잘 조절해야 그 진가를 발휘한다. 한국인의 기질이 그대로 담긴 음식이 한식이다. 나물이 가장 발달한 나라도 우리나라이다. 산이나 들에서 자라는 풀 중 맛과 향을 가진 것들을 오랜 기간 동안 취사선택해서 만들어진 것이 나물이다.

중국은 기름에 튀기는 것이 일반적이고 한국은 국물이 있는 음식이 특징이며 일본은 어패류를 주로 먹는다. 또한 한국 음식은 주식과 부식이 분명하게 구별되어 있으며 발효 식품이 발달되어 있다. 한중일 모두 젓갈을 사용하지만 중국과 동남아 일대에서는 생선으로 젓갈을 담그고 일본은 식물성 발효 식품을 만든다. 하지만 한국은 생선과 식물성 식품 모두를 발효 식품으로 만든다.

그리고 철제로 젓가락을 만들어 사용하는 나라는 한국뿐이다. 또한 음식을 한 상에 모두 차려 놓고 먹은 것도 중국과 일본과는 다른 점이다. 우리에게는 순차대로 먹는 음식이 발달하지 않았다.

한마디로 특징지으면 일본은 음식을 눈과 코로 먼저 먹는다는 말이 있듯이 예쁘고 정갈하며, 중국은 기름으로 튀기는 것이 대표적이며 다채롭고 화려한 것이 특징이다. 한국은 국물 음식이 발달했으며 담백하고 자연성이 가미되어 있다. 한식은 모양보다 맛에 중점을 둔 음식으로, 절충의 미학을 보여준다. 한국 고유의 음식을 만나볼 수 있는 중요한 역할을 『수운잡방』과 『음식디미방』이 하고 있다.

이 두 책은 경상북도 지방의 음식 문화를 이해하는 데 아주 중요하며 한식의 역사성을 알아 볼 수 있게 해 주는 역할을 한다.

서울, 경기 지방은 새우젓국으로 간을 한 음식이 많아 깔끔하고 담백한 맛을 낸다. 강원도는 음식이 단순하고 직접적이다. 콧등치기, 총떡, 올챙이국수, 꾹저구탕, 감자옹심이 등 이름도 재미있다. 호남 지방은 우리나라 제일의 곡창지대가 있는 음식 문화의 중심이다. 젓갈과 장아찌 등이 발달하고 간이 강하며 고춧가루를 많이 쓰는 것이 특징이다.

영남 지방은 따뜻한 날씨로 짜고 매운맛이 강하다. 고춧가루를 많이 넣은 양념을 사용하고 재료의 향이 강한 음식이 발달했다. 영남 지방에서도 경상북도의 두 종갓집 음식이 낳은 요리책이 『수운잡방』과 『음식디미방』이다.

수운잡방은 우리나라 최초의 요리서

음식은 생명의 근원이다. 동물은 살아 있는 생명을 먹고산다. 생명을 이어가는 방법이 또 다른 생명을 죽여야 한다는 것에 묘한 역설과 아픔이 있다. 하지만 현실은 무겁고 엄중하다. 그러한 현실을 거부할 수 없는 엄연한 상황에 직면해 있다.

산 자들의 생명을 이어주는 음식은 인류의 역사와 함께 한다. 인간이란 존재의 위대함과 존재 이유를 말하기 전에 살아야 한다는 절박한 현실이 있다. 절박함에 대처하는 방법으로 생겨난 것이 생존 방법이고 그것이 바로 문화이다.

문화란 현실 적응 방법이 체계화된 것이다. 같은 시대 같은 무리의 사람들이 공유하고 공감한 것들이 그대로 생활의 전형적인 모습이 된 것이 바로 문화이다. 우리의 선조들은 무엇을 먹고 어떻게 살았을까. 우리 선조의 음식 문화를 알 수 있는 길이 별로 없다. 더구나 일반 민중이 즐겨 먹었던 것들에 대해서는 알기 어렵다.

지금부터 약 500년 전에 선조들이 먹었던 음식을 적어 놓은 책이 있다.

지금까지 전하는 음식 조리서 중에 가장 오래된 책이다. 부엌에 들어가면 큰일이라도 일어난 것처럼 남성의 주방 출입을 금기시하던 조선 시대에 선비가 지은 책이다. 때는 유교가 자리를 잡아가고 그중에서도 성리학이 나라의 기둥으로 버티고 서 있을 때여서 남성과 여성은 철저하게 분리되었던 조선 중기이다.

특히 사대부 집에서는 남성과 여성은 같은 좌석에 앉는 것조차 금지되었다. 오죽하면 '남녀칠세부동석男女七歲不同席'이라고 하여 남자와 여자가 7세가 되면 같이 있으면 안 된다는 유교적인 가르침이 전해졌다. 같은 가족 내에서도 생활하는 장소가 달랐다. 안채와 사랑채로 나누어져 안채에서는 여자가 사랑채에서는 남자가 생활했고 그 중간에는 담이 쳐져 있었다. 내외담이라고 한다. 남녀가 내외한다는 말도 같은 뜻이다. 내외한다는 말은 안과 밖을 구분한다는 의미로 남자와 여자의 역할을 규정한 것이다.

그런 시절에 남자인 선비가 요리책을 만들었다. 있을 수 없는 일이었다. 하지만 요리책을 지은 선비가 있다. 홍길동의 저자로 알려진 허균이다. 시대와 맞서 싸우다 사형을 당한 허균이 지은 『도문대작屠門大嚼』이다.

『수운잡방』은 약 500년 동안 알려지지 않고 숨겨져 있던 책이었다. 가문 내에서만 전해져온 책으로 『수운잡방』이 세상에 빛을 보이기 이전까지는 허균이 지은 『도문대작』이 최고의 요리서였다. 『수운잡방』은 여러 가지 면에서 의미있는 책이다. 조선 초기와 고려 시대의 음식을 알 수 있는 귀중한 내용을 담고 있으며 한국 음식의 기본적인 것들에 대하여 기술하고 있다. 『도문대작』은 당대의 음식 소개와 기행에 머무르고 있지만 『수운잡방』에는 우리의 토속적이며 기본적인 장류를 담그는 방법이 들어 있다.

한국 음식의 뿌리인 장 담그는 법, 식초 만드는 법, 김치 담그는 법 등이 실려 있다

『도문대작』은 병이류 11종목, 채소와 해조류 21종목, 어패류 39종목, 조수육류 6종목, 차, 술, 꿀, 기름, 약밥 등과 서울에서 계절 따라 만들어 먹는 음식 17종으로 이루어져 있다. 이들 음식에 대해서 명산지를 소개하고 있어 나름 의미가 있다. 방풍죽은 강릉, 석이병은 표훈사, 백산자는 진주, 다식은 안동, 밤다식은 밀양, 칼국수를 지칭한 차수叉手는 여주, 엿은 개성, 웅지정과熊脂正果는 준양, 콩죽은 북청을 알려주어 당시의 상황을 알려준다.

반면 『수운잡방』은 근원적인 한국 토속 음식을 소개하고 있다. 우리의 가장 중요한 기본 음식인 식초를 제조하는 법과 김치와 장을 담그는 법이 나와 있다. 콩장 만드는 방법도 한 가지가 아니라 몇 가지가 나온다. 콩으로 만든 청근장, 기화장 등도 나오고 간장 담그는 법뿐만이 아니라 엿 만드는 법과 타락이라고 하여 우유를 이용하여 죽을 만드는 방법도 나온다. 타락을 만드는 방법에 이렇게 적혀 있다. 윤숙경 박사의 편역을 옮긴다.

유방이 좋은 암소로 하여금 송아지에 젖을 빨려 유즙이 나오기 시작하면 유방을 씻고 유즙을 받는다. 많은 때에는 1사발, 적을 때에는 반 사발 남짓한데, 체로 세 번 걸러서 죽을 끓인다. 끓여서 익힌 숙타락熟駝酪을 오지항아리에 담고 본타락本駝酪 작은 잔 하나를 섞어 따뜻한 곳에 두고 두껍게 덮어둔다. 밤중에 나무꼬챙이를 찔러 보아 누런 물이 솟아나면 그 그릇을 시원한 곳에 둔다. 만약 본타락이 없으면 탁주를 중바리로 하나 넣어도 된다. 본타락을 넣을 때 초를 조금 넣으면 더욱 좋다.

타락을 만드는 방법이다.『수운잡방』을 보면, 우리 전통 음식의 폭이 알려진 것보다 다양하다. 파종하는 시기까지 밝히고 있다. 오이씨 심기, 생강 심기, 머위 심기, 참외씨 심기, 연근 심기에서 심는 시기 및 방법까지 자세히 밝히고 있다.

『수운잡방』은 중종 때인 1540년 안동 와룡면 오천동의 광산 김씨 예안파인 김유金綏가 저술한 책이다. 김유는 1481년에 태어나 1552년 사망했다. 『수운잡방』은 김유가 생존해 있던 1552년 이전의 음식들을 적어 놓은 책이다. 광산 김씨만의 음식도 있지만 당대에 일반적으로 해 먹던 음식을 적어 놓았다. 물론 음식 문화가 한순간에 생기고 사라지는 것이 아니다. 더구나 조선 시대에는 늦은 변화 과정을 거쳤을 것이다.『수운잡방』에는 고려 말부터 조선 중기 직전까지의 음식 조리법을 적어 당대의 음식 문화를 알 수 있게 해 준다.

수운이란 격조 높은 음식이라는 뜻이고 잡방이란 여러 가지 방식이라는 뜻으로 "풍류를 아는 사람들에게 걸맞은 요리"라고 수운잡방 음식연구원에서는 밝히고 있다. 서문과 발문이 없어 저작 동기는 알 수 없다. 겉표지 다음 면에 적혀 있는 내용을 보고 김유의 마음을 부분적이나마 읽을 수 있다.

少情寡欲 節聲色薄慈味 時有四不出 大風大雨大暑大寒也
소정과욕 절성색박자미 시유사불출 대풍대우서대한야

감정에 치우치지 말고 욕심은 줄이고
성색聲色을 삼가고 당장 입에 맞는 맛에 빠지지 말라
바깥출입을 삼가야 할 네 가지 경우가 있으니
바람 사나운 날, 큰 비 내리는 날,

더위가 기승인 날, 추위가 매서운 날이다.

'절성색박자미節聲色薄慈味'에 대한 해석에서 절絶을 전체 문장을 받는 것으로 '박자미薄慈味'를 해석하면 '사랑스러운 맛을 줄여라'에 대한 해석을 현대적으로 하는 것이 쉽지 않다. 굳이 의역을 해서 '당장 입에 맞는 맛'으로 해석했다. 다시 말해 경박한 맛을 멀리하고 깊은 맛을 낼 수 있도록 하라는 당부라고 할 수 있다.

『수운잡방』은 김부륜의 종가인 경북 안동에서 약 470년 이상 보존해 오면서 책의 음식 내용을 적용하여 따랐다. 이것이 설월당 종가宗家의 내림 음식으로 전래되었다. 재료의 사용에서 조리, 가공법에 이르기까지 구체적이고 상세하게 안동을 중심으로 한 조선 전기 양반가의 식생활 모습을 알려주고 있다. 총 121개 항목으로 상편과 하편으로 나누어져 있다. 상편은 1~86항, 하편은 87~121항으로 글자체 및 필체가 달라 두 사람이 저술했다고도 하고 한 사람이 달리하여 적은 것이라고도 한다.

『수운잡방』은 다른 책을 참고로 해서 저술한 것도 있지만 그대로 베껴 쓰지 않았다. 저작자의 의도를 적기도 하고 세상에 알려진 속방俗方을 적기도 했고 집안에서 전해 내려오는 오천가법烏川家法이라고 별도로 적었다. 양반가에서 일상생활에 사용되고 있는 지방의 토착화한 조리법을 기록하기도 하여 더욱 진가를 발휘하였다.

김유가 금기시된 규방의 일에 관심을 갖게 된 것에는 개인적인 취향도 있었지만 선비 집안의 남아로서 세상으로 나가야 하는 출세를 포기하고 부모를 봉양하게 된 것에서부터 출발한다. 광산 김씨 예안파 입향 시조의 둘째 아들로 태어났다. 맏형은 김연이었다. 김연은 태어나서부터 영민하여 곧 벼슬길에 올랐고 외직에 나가고 김유는 부모를 봉양하고 집안일을 보살펴야 했다. 부모를 모시고 봉제사 접빈객 등 집안일 보살펴야 하는 책임을 맡게 되었다. 고향을 지키면서 효도와 풍류를 즐기며 살았다. 그 여가에 만든 것이 『수운잡방』이다. 『수운잡방』을 보관하고 있는 것은 김유의 장남 집안이 아니라 김유의 셋째 아들인 설월당이다.

최초의 한글 조리서 『음식디미방』

경상북도에서 자랑하는 음식 조리서로 『수운잡방』과 더불어 『음식디미방』이 있다. 우리나라에서 전하는 음식 조리법이 뜻밖에도 여자들에 의해서 전해진 것이 아니라 남성들인 선비에 의해서 저술되었다. 주방 출입을 하지 못하도록 되어 있고 여성의 일에 관심을 가지는 것은 졸장부의 일에 해당했음에도 남성들에 의해서 책은 만들어졌다.

『음식디미방』은 한글로 쓴 최초의 조리서로서 최초로 여성에 의하여 만들어진 책이다. 『음식디미방』은 장계향의 저작이다. 옛날부터 전해져 오거나 개발한 조리법 146가지가 담겨 있다. 원본은 장계향의 아들인 이휘일의 종가에서 보존해 왔다. 『음식디미방』의 서문격인 글이 책의 뒷부분에 적혀 있다. 정부인 안동 장씨가 딸들에게 당부한 필사기의 내용이다.

이 책을 이렇게 눈이 어두운데 간신히 썼으니 이 뜻을 알아 이대로 시행하여라. 딸자식들은 각각 베껴 가되 이 책을 가져갈 생각일랑 절대로 하지 마라. 부디 상하지 않게 간수하여 빨리 떨어져 버리게 하지 마라.

세 가지의 내용을 확인할 수 있다. 첫째는 정부인 안동 장씨가 말년 눈이 어두워진 후에 저술을 했다는 내용과 책은 아들집에 보관했다 것을 알 수 있다. 그리고 당부의 말이 적혀 있다. 딸자식들은 베껴가되 가져가지 말고 보관하는 사람은 잘 간수해 달라는 당부이다. 늙어서 눈이 어두워진 후에 책을 저술할 만큼 의욕적이었다는 것을 알 수 있다. 정부인 안동 장씨의 본명은 장계향이다.

정부인 장씨로 더욱 알려져 있는 『음식디미방』의 저자인 장계향은 1598년 안동 서후면 금계리에서 태어났다. 임진왜란이 일어나 피폐해질대로 피폐해진 후에 일본은 다시 14만 명을 이끌고 조선을 침공했다. 정유재란이다. 조선의 군사는 겨우 3만 명이었다. 조선 역사에서 가장 큰 국난이었던 정유재란이 끝나갈 무렵에 장계향은 태어났다.

어찌된 일인지는 알 수 없으나 장계향은 19세에 영해 인량리에 살고 있는 재령이씨 이함의 셋째 아들인 석계 이시명의 계실繼室로 출가하였다. 당시 이시명에게는 전실 김씨부인 사이에 1남 1녀가 있었고, 장계향과의 사이에서는 6남 1녀를 낳았다. 아들 이현일이 쓴 『광지壙誌』와 『장씨부인실기張氏夫人實記』에 장계향에 대한 행적이 실려 있다.

행적의 내용을 살펴보면 이렇다. 장계향은 서화와 문장에 뛰어나 훌륭한 작품을 남기고 있다. 흉년이 들어 기근으로 백성들이 고초를 겪자, 굶주린 백성들을 구휼하는 데 정성을 다하였다. 두들 마을의 서남쪽에 서있는 울창한 도토리나무들은 당시 장계향이 가족은 물론 고을 사람들을 위해 심은 것이라고 전한다. 또한 의지할 곳이 없는 노인을 돌보고, 고아를 데려다가 가르치고 기르는 등 인덕과 명망이 자자하였다. 장계향은 임신했을 때는 물론이고, 83세에 이르기까지 7남 3녀의 자녀들을 훈도하는데 힘을 쏟았다.

이후 재령이씨 가문은 더욱 크게 일어나 훌륭한 학자와 명망 있는 인재들이 대대로 배출되었다. 특히 1687년, 숙종 13년에 셋째 아들 이현일이 조정에서 대학자이자 산림山林으로 초청되어 이조판서를 지냈다. 이에 법전에 따라 세상을 떠난 장계향에게 의인宜人에서 정부인貞夫人의 품계가 내려졌다.

이때부터 '정부인 장씨'로 불리게 되었다. 장계향은 남편인 이시명을 따라서 1640년부터 1653년까지 영양의 석보石保에서 살았다. 1653년에는 영양의 수비首比, 1672년에는 안동의 도솔원兜率院으로 옮겨가며 살았다. 1676년 이시명이 사망하고 장례를 마친 뒤에 항재恒齋 이숭일이 석보 원리리의 유지로 돌아와서 지은 집으로 당시에는 '항재恒齋'라고 이름을 붙였다. 이곳에는 이숭일의 모친인 장계향이 살았던 집으로, 장계향이 세상을 떠나는 1680년까지 5년 동안 살았던 곳이다.

장계향이 태어나고 옮겨 다니며 살았던 곳과 장계향이 세상을 떠난 장소가 곧 『음식디미방』에 나오는 음식의 고향이다. 태어나고 살았던 안동과 영양이 『음식디미방』의 주무대이다. 전체 30장으로 된 1권 1책의 필사본으로, 가루 음식과 떡 종류의 조리법을 설명한 면병류麵餠類를 시작으로 모두 146가지의 조리법이 설명되어 있다. 면병류가 18개, 어육류가 74개, 주류 및 초류가 54개로 모두 146개 항목이다. 특별한 점은 개고기 조리법이 다양하게 나온다는 점이다. 당시에는 개를 애완동물이 아닌 가축으로 키웠음을 알 수 있다.

『음식디미방』에는 '맛질방문'이라고 적혀 있는 음식이 16가지 있다. '맛질방문'에서 '맛질'은 지명이고, '방문'은 조리법을 말한다. 다시 말하면 '맛질에서 만들어 먹는 조리법'이라는 뜻이다. 맛질에 대한 논의가 하나로 정리되지 않았다. 『음식디미방 주해』를 내놓은 백두현 씨는 탐문 결과 '맛질'은 장계향의 친정 마을로 예천의 맛질이라고 한다.

『음식디미방』이란 이름을 가지게 된 것은 내용을 적는 첫 머리에 『음식디미방』으로 적어서이다. '디미'에 대한 정의가 아직은 확립되지 않았다. 지미知味, 지미至美 등으로 의견이 분분하다. 겉표지는 『규곤시의방閨壼是議方』으로 되어 있다. 한 권의 책에 두 개의 책 이름이 있는 셈이다. 규곤閨壼은 여자가 생활하는 공간을 지칭한다. 곧 '여성 공간에서 음식을 만드는 바른 방법을 적었다'는 내용이다.

『음식디미방』이 전해져 내려온 석계고택은 장계향의 남편인 석계石溪 이시명의 호를 따서 지은 집이다. 이시명이 죽은 후 이사해서 지은 집으로 장계향이 죽기 5년 전에 이사와 살던 집이다. 지금은 석계고택 바로 옆에 석계종택이 있는데 문중에서 1800년 대에 새로 지었다.

한 집안을 일으켜 세운 장한 여인인 장계향은 집안의 음식을 후손에게 알려 대를 잇도록 하였다. 당시로서는 실용서였지만 지금의 우리에게는 우리나라 17세기의 음식 조리법을 알려주는 귀중한 한글 최고의 조리 관련 서적이다. 조선조의 음식 문화를 알 수 있고 한식의 근원을 파악하는 데 없어서는 안 될 중요한 책이다.

*본문·부록 사진 출처 : 문화재청(www.cha.go.kr)

한국의 세계기록유산

2012년 1월 10일 인쇄
2012년 1월 15일 발행

저자 : 신광철
펴낸이 : 이정일

펴낸곳 : 도서출판 **일진사**
www.iljinsa.com

140-896 서울시 용산구 효창원로 64길 6
전화 : 704-1616 / 팩스 : 715-3536
등록 : 제3-40호(1979. 4. 2)

값 15,000원

ISBN : 978-89-429-1264-3

* 이 책에 실린 글은 문서에 의한 출판사의
동의 없이 무단 전재 · 복제를 금합니다.